U0899109

欠发达地区绿色发展的理论与实践

中国发展研究基金会

图书在版编目（CIP）数据

欠发达地区绿色发展的理论与实践 / 中国发展研究基金会著.
—北京：中国发展出版社，2021.11
ISBN 978-7-5177-1260-2

Ⅰ. ①欠… Ⅱ. ①中… Ⅲ. ①不发达地区—绿色经济—经济发展—研究—中国 Ⅳ. ① F124.5

中国版本图书馆 CIP 数据核字（2021）第 224325 号

书　　名：欠发达地区绿色发展的理论与实践
著作责任者：中国发展研究基金会
出 版 发 行：中国发展出版社
联 系 地 址：北京经济技术开发区荣华中路 22号亦城财富中心 1号楼 8层（100176）
标 准 书 号：ISBN 978-7-5177-1260-2
经　销　者：各地新华书店
印　刷　者：北京市密东印刷有限公司
开　　本：710mm × 1000mm　1/16
印　　张：18
字　　数：223 千字
版　　次：2021 年 11 月第 1 版
印　　次：2021 年 11 月第 1 次印刷
定　　价：79.00 元

联 系 电 话：（010）68990630　68990692
购 书 热 线：（010）68990682　68990686
网 络 订 购：http://zgfzcbs. tmall. com
网 购 电 话：（010）88333349　68990639
本 社 网 址：http://www.develpress. com
电 子 邮 件：370118561@qq.com

本书编委会

主　编　程会强

副主编　都　静　朱美丽

编委会成员（按姓名首字母排序）

程会强　都　静　范振婷　郭兆晖　李姚姚

刘　阳　穆献中　潘灿平　朱美丽

各章作者

第一章　李姚姚　程会强

第二章　朱美丽　程会强

第三章　潘灿平　李姚姚　李佳奇

第四章　穆献中　陈　健

第五章　郭兆晖

第六章　刘　阳　范振婷　朱美丽　丁嘉莹

第七章　都　静　朱美丽　李姚姚

序 言

党的十八大以来，绿色发展理念深入融入生产生活，经济建设与生态改善协调并进，山水林田湖草生命共同体渐成规模，美丽中国新图景逐步展开。党的十九届五中全会又进一步提出，深入实施可持续发展战略，完善生态文明领域统筹协调机制，构建生态文明体系，促进经济社会发展全面绿色转型，建设人与自然和谐共生的现代化。

进入新发展阶段，开启全面建设社会主义现代化国家的新征程，欠发达地区亟须将巩固拓展脱贫攻坚成果同实现乡村振兴有效衔接，明确下一阶段工作重点变化，深入分析问题、寻找差距，厘清思路、找准路径，充分发挥生态优势，在推动乡村振兴的实践中积极探索绿色发展与经济建设`相互促进的新模式，最终实现可持续发展。

总体来看，我国大部分欠发达地区自然资源丰富、生态环境优越，具备走绿色发展、形成后发优势的先天条件，应以习近平生态文明思想为指引，深入贯彻新发展理念，提高绿色发展自觉，将重点放到厚植绿色发展根基上，充分挖掘绿色潜力。通过转变观念、发展产业和建立机制，采取适合欠发达地区的绿色发展方式，让保护环境转变为经济发展的前提、基础和动力，实现经济、社会、生态的高效、协调、和谐、可持续发展。

为了更准确全面地了解欠发达地区的发展状况，为欠发达地区推动绿色发展提供具有理论与实践价值的政策建议，基金会成立了专门的课题组，并邀请中共中央党校（国家行政学院）、中国农业大学、北京工业大学的教授等担任课题组专家。课题组扎根实践、集思广益，多次赴贵州毕节、浙江湖州、江苏苏州等地进行实地调研、对比研究，组织了十余场现场座谈和专题研讨，对欠发达地区的生态建设、绿色产业、乡村振兴等情况进行全面系统的考察，并对欠发达地区绿色发展的主要思路、产业规划、当前困难和发展诉求等进行深入了解。研究发现，欠发达地区的绿色发展与脱贫攻坚取得了瞩目成绩，在基础设施建设、生态环境修复、城乡协同发展等方面都取得了非常显著的进步，在产业转型发展、园区循环经济、数字经济、现代农业以及全域生态旅游等方面都有非常积极的创新探索。但不可忽视的是，一些地区还存在绿色发展定位不清、区域发展不平衡等问题，因而厘清当前的情况与问题，对于未来可持续发展至关重要。欠发达地区须以绿色发展为前提和底色，结合自身自然生态禀赋和经济社会发展水平，厚植绿色发展根基，培育新增长点，更好地优化发展路径和模式，在吸引优质资源、增强绿色活力上下功夫，不断提升内生发展动力，实现生态和经济协同发展。

本书立足于全面贯彻落实新发展理念，推动欠发达地区绿色发展这一基本出发点进行深入研究，抓住欠发达地区绿色发展的重点领域和关键环节，着重探索农业绿色生产、能源绿色转型、生态产品价值实现的路径和机制。通过国内外大量绿色发展案例分析、实地调研、对比分析等方法，本书剖析了欠发达地区绿色发展的现状、障碍与路径选择；在此基础上，对欠发达地区绿色发展提出了相应的战略思考和政策建议。面对乡村振兴战略的重大使命，绿色发展将是欠发达地区实现跨越式发展的重要途径，今后应更加注重通过绿色发展形成比较优势和后发优势，通过绿色转型实现经济、社会和生态效益的共赢，加快资源循环型社会建设，让百姓切实感受到经济社会高质量发展、生态环境改善带来的安全感、获得感、幸福感。

本书围绕欠发达地区发展现状，依托绿色发展理论，聚焦实践难题，突出了构建绿色发展格局、打造绿色产业体系、形成现代绿色治理体系、完善绿色发展长效机制的战略地位，在一定程度上填补了国内相关研究领域的空白，为欠发达地区通过绿色发展实现跨越式发展提供了实际经验借鉴和决策参考。

当前，全国绿色发展还处在不断实践和推进中，我们的课题研究也是一个探索性的研究。本书抛砖引玉，聚焦欠发达地区绿色发展，期望能引起学界、实务领域共鸣，进一步思考将发达国家和地区以及国内发达地区的成功经验科学地应用到欠发达地区，指导这些地区加快绿色发展，实现跨越式发展。

未来，我们将在本书研究的基础上，继续深入推进绿色发展相关领域的课题研究，例如，结合欠发达地区乡村振兴和全面实现现代化要求，进一步研究绿色产业、绿色治理、林业与绿色发展等重要议题，助力欠发达地区探索出一条通过绿色发展实现后发优势的新路，为推动国家乡村振兴战略实施作出新贡献。

受研究水平所限，书中难免存在疏漏和不足之处，敬请各位读者批评指正。

方 晋

中国发展研究基金会秘书长

2021年8月

目　录

第六章

第七章

第一章

绿色发展是建设新发展理念示范区的基石

新发展理念是党和国家以史为鉴、面向未来，本着对国家、民族、子孙后代负责提出的发展理念，是以习近平同志为核心的党中央集体智慧的结晶和马克思主义中国化的又一次飞跃，是国家未来发展模式的根本遵循。新发展理念示范区是新发展理念的物质化载体，其建设具有重要的意义和作用。绿色发展在新发展理念示范区建设中居于突出地位，绿色发展是新发展理念示范区的基石。总结人类发展经验，绿色发展可以独特、丰富的路径、机制推动新发展理念示范区建设。本章主要研究三个总括性、基础性问题，即新发展理念、新发展理念示范区是什么；建设新发展理念示范区的价值；绿色发展在建设新发展理念示范区中的价值。

2015年10月，党的十八届五中全会召开，鲜明提出了创新、协调、绿色、开放、共享的发展理念。2016年1月，在省部级主要领导干部学习贯彻十八届五中全会精神专题研讨班开班式上，习近平总书记对贯彻落实新发展理念作出系统阐释，阐明了许多关键问题[①]。

新发展理念五个部分是有机联系的：创新是发展的核心与动力；协调既是发展手段又是发展目标，还是评价发展的标准和尺度；绿色发展是解决人与自然关系的基本规律问题，即保护自然则兴、毁坏自然必会受到自然的报复；开放发展是顺应全球化潮流趋势的必然选择；共享发展是实现共同富裕的必然要求，共同富裕是马克思主义政党的基本目标。五个部分功能不同，创新发展解决发展动力问题、协调发展解决发展不平衡问题、绿色发展解决人与自然和谐问题、开放发展解决内外联动问题、共享发展解决社会公平正义问题，但统一于新时代、新发展理念之中。新发展理念再次回答了中国特色社会主义的发展道路是什么，如何发展，为谁发展的基础性、本质性问题。

新发展理念的物质化载体是新发展理念示范区。2017年2月23日，习近平总书记在河北雄安新区规划建设工作座谈会讲话时提出，雄安新区将是我们留给子孙后代的历史遗产，必须坚持“世界眼光、国际标准、中国特色、高点定位”的理念，努力打造贯彻新发展理念的创新发展示范区。要坚持生态优先、绿色发展，划定开发边界和生态红线，实现两线合一，着力建设绿色、森林、智慧、水城一体的新区。打造优美生态环境，构建蓝绿交织、清新明亮、水城共

---

① 《习近平这样阐释新发展理念》，新华网，2019年10月24日，http://www.xinhuanet.com/politics/xxjxs/2019-10/24/c_1125144509.htm。

融的生态城市[①]。2018 年 7 月 19 日，毕节试验区建立 30 周年之际，习近平总书记强调，现在距 2020 年全面建成小康社会不到 3 年时间，要尽锐出战、务求精准，确保毕节试验区按时打赢脱贫攻坚战。同时，要着眼长远、提前谋划，做好同 2020 年后乡村振兴战略的衔接，着力推动绿色发展、人力资源开发、体制机制创新，努力把毕节试验区建设成为贯彻新发展理念的示范区[②]。2018 年 2 月，习近平总书记在视察四川天府新区时指出，天府新区是“一带一路”建设和长江经济带发展的重要节点，一定要规划好建设好，特别是要突出公园城市特点，把生态价值考虑进去，努力打造新的增长极，建设内陆开放经济高地[③]。2020 年 1 月，习近平总书记主持召开中央财经委员会第六次会议，对推动成渝地区双城经济圈建设作出重大战略部署，明确要求支持成都建设践行新发展理念的公园城市示范区[④]。至此，雄安新区、毕节、成都成为建设贯彻新发展理念示范区的三个先行地区。

雄安新区要打造贯彻新发展理念的创新发展示范区，强调“绿色城市”“生态城市”“绿色交通”；毕节建设贯彻新发展理念示范区要着力推动绿色发展；支持成都建设践行新发展理念示范区，强调“生态价值”“公园城市”这一绿色发展方向。可见，绿色发展在三个新发展理念示范区中都处在突出位置，根本原因是绿色发展解决的是人与自然关系的基本规律性问题，在五大发展理念中处于基础性定位，贯穿其他四大发展理念，具体关系为：创新发展必须遵循绿色发展理

---

① 《回顾：一年来习近平的“雄安金句”》，人民网，2018年3月31日，http://finance.people.com.cn/n1/2018/0331/c1004-29900351.html。

② 《习近平对毕节试验区工作作出重要指示》，新华网，2018年7月19日，http://www.xinhuanet.com/politics/leaders/2018-07/19/c_1123150609.htm?agt=7014。

③ 《人民日报：加快建设美丽宜居公园城市》，人民网，2018年10月11日，http://www.xinhuanet.com/politics/2018-12/09/c_1123827389.htm。

④ 《习近平主持召开中央财经委员会第六次会议》，新华网，2020年1月3日，http://www.xinhuanet.com/politics/leaders/2020-01/03/c_1125420604.htm。

念，适应绿色发展的要求，在将科技成果运用于生产与经营过程时必须充分考虑并防范新科技成果给生产和经营活动可能带来的负效应及其对环境造成的破坏，不能让创新发展以经济效率为唯一目的。协调发展必须遵循绿色发展理念，在区域协调发展、城乡协调发展特别是支援革命老区、民族地区、边疆地区、贫困地区的过程中不能忽略这些区域的绿色发展方面的指向，要注重提升这些区域生产方式的层次，维护其生态环境质量。开放发展也为绿色发展拓展了更为广大的时空条件，主要是提供来自全球不同地域的机会与空间及其可借用的各种资源与渠道。共享发展规定了绿色发展的价值目标，使良好生态环境成为“最公平的公共产品”“最普惠的民生福祉”，让最广大人民群众真正享有绿色发展的果实，而不是让绿色发展变成少数人独享的“桃花源”，体现了人与人之间关系上的和谐要求①。综上所述，新发展理念示范区建设过程中，创新、协调、开放、共享中都要融入、体现、长久坚持绿色发展。因此，也可以说绿色发展是新发展理念示范区建设的基石。

绿色发展并非仅仅是对雄安、毕节、成都等新发展理念示范区建设提出的，而是从历史中来，面向全国、面向世界、面向未来的一贯要求。这个要求在新发展理念示范区建设中标准更高、更严、更全，在未来国家发展中更迫切。

从历史发展脉络看，党和政府始终高度重视在发展中保护生态环境，但成体系的绿色发展理念最终在中央层面、地方层面、社会群众心中形成共识则是十八大以来的事情。党的十八大以来，以习近平同志为核心的党中央本着对历史负责、对国家和民族负责、对子孙后

① 张定鑫：《深刻认识绿色发展在新发展理念中的重要地位》，新华网，2019年12月12日，http://www.xinhuanet.com/politics/2019-12/12/c_1125337731.htm。

代负责的态度，将生态文明建设纳入中国特色社会主义现代化理论体系，完成了从十六大的经济建设、政治建设、文化建设“三位一体”，十七大的经济建设、政治建设、文化建设、社会建设“四位一体”，向经济建设、政治建设、文化建设、社会建设、生态文明建设“五位一体”的飞跃。党的十九大报告又明确提出，为把我国建设成为富强民主文明和谐美丽的社会主义现代化强国而奋斗；十三届全国人大一次会议审议通过的《中华人民共和国宪法修正案》新增“贯彻新发展理念”“生态文明”等表述。十九届五中全会审议通过的《中共中央关于制定国民经济和社会发展第十四个五年规划和二〇三五年远景目标的建议》提出，要推动绿色发展，促进人与自然和谐共生，“十四五”时期生态文明建设实现新进步，国土空间开发保护格局得到优化，生产生活绿色转型成效显著，能源资源配置更加合理、利用效率大幅提高，主要污染物排放总量持续减少，生态环境持续改善，生态安全屏障更加牢固，城乡人居环境明显改善；到 2035 年要广泛形成绿色生产生活方式，碳排放达峰值后稳中有降，生态环境根本好转，美丽中国建设目标基本实现。

党的十八大以来，生态文明建设理论逐渐丰富化、体系化、法制化，集中体现为习近平同志关于生态文明建设的全部观点、科学论断、理论体系和话语体系。习近平生态文明思想不是孤立的思想，而是习近平新时代中国特色社会主义思想体系的有机组成部分；不是单纯追求生态文明建设，而是将生态文明建设寓于社会主义现代化国家建设、中华民族伟大复兴的历史进程之中。因此，习近平生态文明思想是追求发展和进步的思想，是为国家未来发展指明新方向、提供新思路、输出新动力的思想。

习近平生态文明思想和新发展理念要落地生根，要在全国产生实际效用，要成为支持世界发展的中国知识，必须有实际的抓手、看得见的载体、可供总结的典型，新发展理念示范区正是为此而生、承担此重任。要将新发展理念示范区的构想变为现实，需要先厘清三个认识方面的基础问题：一是新发展理念示范区的内涵是什么，有什么特征；二是建设新发展理念示范区有什么意义和作用；三是绿色发展推动建设新发展理念示范区的路径和机制有哪些。

第一节　新发展理念示范区的内涵与总体特征

一、新发展理念示范区的内涵

新发展理念是指创新、协调、绿色、开放、共享的发展理念。顾名思义，新发展理念示范区是以新发展理念为指导，破除传统发展思路，改变传统发展模式，先试先行、探索方法、积累经验，重点探索以创新解决发展动力问题，以协调解决不平衡问题，以绿色解决人与自然和谐问题，以开放解决内外联动问题，以共享解决社会公平正义问题，力求在新发展理念某一方面或多个方面取得实际成效、形成特色、产生示范效应的地区。新发展理念内容宏大、丰富、全面，新发展理念示范区初期往往很难面面俱到，因而起步时可能各有侧重。例如，毕节建设贯彻新发展理念示范区基于自身自然生态脆弱、经济相对欠发达、社会总体发展水平不高，重点突出绿色发展、人力资源开发、体制机制创新三项任务；雄安新区基于承接北京非首都功能及推进京津冀协同发展战略定位，重点承接高校、科研院所、医疗机构、知名企业总部、金融机构和事业单位，对标新发展理念中的创新发展示范区建设，同时坚持生态优先、绿色发展；成都则基于独特的气候、水文、地理特色，以建设公园城市为切入点，为超大城市发展提供方向性探索。未来随着贯彻新发展理念程度的深入、经验的积累，五大发展理念都将得到充分应用、充分体现。

二、新发展理念示范区的总体特征

（一）试验性与创新性并重

我国是世界上最大的发展中国家，中国特色社会主义道路没有成熟经验可用，要实现政治稳定、经济发展、社会和谐需要中央制定统一政策规范。但各省区市先天自然条件、历史形成的发展路径、各自积累的资源禀赋、面临的关键问题不同，决定了中央在出台统一政策前必须谨慎论证，充分平衡普遍性与特殊性、一般性和具体性之间的关系。历史探索中，我国形成了独特的“政策试点”治理模式，即划定某一地区范围为试点，赋予其清晰的目标定位、必要的财政支持、良好的政策环境，创新、试验社会政策，之后再总结经验确定是否推广的治理方法。政策试点在我国改革和发展中发挥了巨大作用，例如，20 世纪 70 年代末开启的经济特区建设、80 年代开启的农村改革试验、2013 年开启的自由贸易试验区建设，均避免了央地结构性矛盾冲突，实现了中央顶层设计和地方自主创新相结合，取得了有益经验。

贯彻新发展理念示范区是新时代政策试点的又一举措。创新、协调、绿色、开放、共享的发展理念是指导性顶层设计，是各省区市未来发展必须遵循的基本原则，但具体实施方式各地又需要因地制宜，因此先行先试的雄安新区、毕节、成都作为贯彻新发展理念示范区自然就具备了试验性特征。试验性特征体现在三个方面：一是具有更大的行动自主权，只要是符合新发展理念的体制机制改革、生产生活方式变革均能获得支持；二是对自主探索创新要求较高，示范区肩负为其他地区提供经验的重担，其探索缺乏符合自身的现成经验，对学习能力、创新能力有较高要求；三是探索成功与否均有重要意义，贯彻新发展理念示范区的探索重要的是积累经验，示范区可以通过试错机制发现问题，对失败有较强的包容性，失败本身也是成功。

（二）特色化与高标准并重

2016 年 1 月 29 日，习近平总书记在中央政治局第三十次集体学习时强调，新发展理念就是指挥棒、红绿灯[①]。各地在中央战略部署引导下积极调整自身发展规划，将贯彻新发展理念作为未来发展的基本原则，但获得中央肯定、定位为建设贯彻新发展理念示范区的目前还仅有雄安新区、毕节、成都三个。在赋予光环的同时，建设贯彻新发展理念示范区也有较高的要求，至少应该包括以下两点。

一是必须因地制宜、富有特色、突出创新，杜绝千篇一律、换汤不换药。例如，雄安新区建设贯彻新发展理念的创新发展示范区的基础是中央高位推动、总体科学规划、企业科研资源丰富；毕节建设贯彻新发展理念示范区的起点是 1988 年被定位为“开发扶贫、生态建设”试验区，30 多年探索后有了显著成效，为解决“人民贫困、生态恶化、人口膨胀”三大难题积累了经验；成都提出建设公园城市的前提条件是主导气候为亚热带季风气候，植被茂盛、四季常青，降水丰沛、城市水系发达，经济基础坚实，在大城市建设过程中逐渐积累了治理经验。三地依照自身条件设计了各有特色、各有创新的路径，而非简单追求大而全。

---

① 《中国这5年：坚定不移贯彻新发展理念（砥砺奋进的5年）》，人民网，2017年08月05日，http://politics.people.com.cn/n1/2017/0805/c1001-29451257.html。

二是必须有代表性、有影响力、可推广。雄安新区、毕节、成都三个建设贯彻新发展理念示范区的选择看似毫无联系，但背后有深远用意。毕节生态脆弱，大量输出劳动人口、高度依赖煤炭等自然资源是历史形成的发展路径，旅游业、新能源、现代农业发展还在爬坡阶段，总体发展难度较大，经济发展转型需要找到突破口，在全国范围内具有一定代表性。雄安新区是规划先行、面向未来的模式，受历史条件限制少，不存在路径依赖，对全国城市未来新区建设、发展方向具有一定借鉴价值。成都属于经济基础相对较好的超大城市，如何实现人与自然在城市中的和谐共存、如何进一步提升居民生活品质是亟待回答的问题，这也是其他超大城市关注的问题。总体上，三个地区分别代表了一类城市和地区，高要求、高标准的探索经验能够为同类型的城市和地区提供可资借鉴的经验，影响力和示范价值相对较强。

（三）整体性与动态性并重

新发展理念中，创新、协调、绿色、开放、共享五个部分是有机联系的，回答的是中国特色社会主义的发展道路是什么、如何发展、为谁发展的基础性、本质性问题，只有五个部分共同推进才能达到新发展理念最终目标，任何割裂看待五个部分的认识都是错误的，也不能称为新发展理念。雄安新区、毕节、成都建设贯彻新发展理念示范区以某一方面为切入口，如绿色或者创新，并非不要其他，而是根据各自当前发展阶段、发展重点，选择最有利的突破口、最具特色的领域，从长远来看仍然是要实现新发展理念的全部内容。事实上，新发展理念示范区一定是将个别领域与总体发展相结合、特殊性与普遍性相结合、当前与长远相结合、内部与外部相结合的，具体体现为以下三个方面。

一是注重地区内部整体性。一个地区内部经济、社会、人文等子系统必定是相互制约、相互联系的，各子系统有机结合，整体性能才能发挥。建设贯彻新发展理念示范区的布局充分体现了对内部整体性的尊重。雄安新区依托北京疏解的非首都功能，能够短时间内聚集大量企业、高校科研机构，首先在创新上求突破是发挥比较优势的选择，新区建设过程中也同时强调生态保护、绿色发展的重要性。毕节建设贯彻新发展理念示范区突出绿色发展、人力资源开发、体制机制创新三项，是为了应对高度资源依赖导致的生态脆弱和环境污染，人口素质总体不高、人才缺乏，传统发展路径转型困难、思路创新不足等迫切、基础性问题。成都将新发展理念融入“五中心一枢纽”整体发展战略之中，在建设全国重要经济中心、科技中心、国家西部金融中心、全国重要文创中心、全国重要的对外交往中心、国际性综合交通通信枢纽过程中突出超大城市的生态宜居性。

二是注重国内国际整体性。四十多年来中国总体经济水平获得了显著提升，但还存在东中西发展不均衡、地区内部城市之间发展不均衡、城市内部各领域发展不均衡的问题，中国未来发展必须是全面、充分、均衡的发展；同时，中国的发展与世界是紧密相连的，作为负责任的国际大国，中国在积极履行环境保护、消除贫困、维护地区经济稳定、促进公平正义等职责。新发展理念的提出既符合我国当前和长远利益，更符合全球利益。建设新发展理念示范区的探索目的一方面是解决地区自身发展问题，带动区域均衡发展，促进国家稳定繁荣；另一方面是为全球贡献中国知识，提供新发展思路。

三是注重动态渐进调整。新发展理念中创新、协调、绿色、开放、共享五个部分不是有待实现的静止目标，而是有程度差别的需要适时调整的动态过程，这个动态过程包括从低水平向高水平发展，以及五个部分的互相调试两个方面。我国当前经济发展已经包含了新发展理念的五项要素，只是水平还不够高、效果还未充分体现，在未来一段时间内不断提高新发展理念五项要素水平仍是头等大事。各地基础不同，五项要素发展均衡程度也参差不齐，需要各地根据自身情况相机调整战略重点，将各要素发展控制在相对均衡状态，否则总体发展一定会矛盾重重。

第二节　建设新发展理念示范区的意义与作用

一、建设新发展理念示范区的意义

（一）鲜明的政治意义

党的十八大站在历史和全局高度，总结过去、面向未来，提出建设中国特色社会主义总体布局是五位一体的，即要全面推进经济建设、政治建设、文化建设、社会建设、生态文明建设，从理论和实践结合上系统回答了新时代坚持和发展什么样的中国特色社会主义、怎样坚持和发展中国特色社会主义这个重大时代课题。党的十八届五中全会提出创新、协调、绿色、开放、共享的发展理念，并把创新放在五大发展理念之首，强调创新是引领发展的第一动力，必须把创新摆在国家发展全局的核心位置。新发展理念是管全局、管根本、管长远的导向，具有战略性、纲领性、引领性。建设新发展理念示范区是党的理论和党的路线方针政策落地生根的载体、推进工作的抓手、布局未来工作的参照、实现远大目标的推动，肩负着党和国家的期望、承载着人民对美好生活的向往，建设新发展理念示范区深刻体现了党和国家以人民为中心，对人民负责、对民族负责、对历史负责的态度与精神。

（二）突出的经济意义

当今世界是风险社会，逆全球化潮流涌动，世界正面临百年未有之大变局；2020 年突如其来的新冠肺炎疫情，让全球经济受到巨大冲击，中美关系不确定性增大，使我国正处于“三期叠加”、正适应新发展阶段的经济发展雪上加霜。2020 年 5 月，中共中央政治局为应对经济发展挑战、破解经济发展僵局，提出了深化供给侧结构性改革，充分发挥我国超大规模市场优势和内需潜力，构建国内国际双循环相互促进的新发展格局的经济发展思路。双循环是在国际市场、国际贸易受到严重冲击的背景下，向内挖掘自身经济发展潜力、维持经济发展稳定的针对性策略，其实现仍然要依靠新发展理念，二者在逻辑上是一致的。在未来经济增长压力、不确定性增大的背景下，新发展理念示范区承载着创新发展思路、增强内生发展动力、开拓发展新路径的重任，事关地区乃至全国经济发展转型、经济持续稳定发展。

（三）深远的文化意义

被称为“人类学之父”的英国文化人类学奠基人爱德华·伯内特·泰勒在 1871 年出版的《原始文化》中指出，文化和文明是复杂的总体，包括知识、信仰、艺术、道德、法律、习俗以及包括作为社会成员的个人而获得的其他任何能力、习惯在内的一种综合体[①]。文化包含了如何处理人与自然、如何处理自我与他人、如何理解自我与自我相处三对关系，新发展理念中的创新、协调、绿色、开放、共享同时包含

① [英] 爱德华·伯内特·泰勒：《原始文化》[M]，广西师范大学出版社，2005年版。

并体现了这三对关系。在处理人与自然关系时，新发展理念提倡创新和绿色，要求减少资源消耗、保护生态环境；在处理与他人关系时，新发展理念倡导协调、开放、共享；在认识理解自我时，强调自我与他人、社会、自然是一个整体，个体的自我认知和发展进步只有寓于整体中才有可能，要通过创新、协调、绿色、开放、共享才能获得整体发展，进而带动自身发展。新发展理念实质上是中国共产党领导下的中国继承优秀传统文化、结合时代创新的成果，而新发展理念则是这种文化成果的物质化载体，是中华文明的一部分，体现着中华民族悠久的历史积淀和文化内涵。

（四）深刻的社会意义

新发展理念是党在新时期为坚守初心和使命、为中国人民谋幸福、为中华民族谋复兴而提出的发展道路构想。中国共产党在为国家富强、民族振兴、人民幸福而奋斗。虽然我国经济社会发展水平得到了显著提高，但仍存在发展不平衡、不充分，各地人民生活获得感、幸福感还有待提升的问题；仍一定程度地存在法制不健全、社会公平正义保障水平不高、社会矛盾冲突频发等问题；仍一定程度地存在社会主义核心价值观、传统优秀文化被冲击、弱化、漠视，社会道德社会诚信缺失、价值观扭曲的问题。新发展理念包含了解决发展不平衡、实现共同富裕、维护社会公平正义、提高居民获得感和幸福感的要求。建设新发展理念示范区就是要在社会发展方面实现突破，实现社会向更高层次的公平正义、更高层次的道德素质、更高层次的和谐美丽迈进，集中体现中国未来社会发展的定位、面貌。

（五）持久的生态意义

新发展理念与传统发展理念的关键区别之一就是发展模式不同。传统发展路径高度依赖土地、劳动、资本、自然资源投入，必然会与生态保护产生矛盾和冲突，是一条不可持续之路；新发展理念明确要求以创新为发展动力、以绿色发展为基本要求，目标是建构生态、宜居、人与自然和谐共生的城市。新发展理念示范区的生态价值广泛而持久，首先表现为城市之中有水质良好的河网、湖泊，有相当数量、规模、功能的城市公园和城市绿地，道路有绿色景观，四季有景、季季不同，绿色融入日常生活之中；其次表现为生活、生产中充分体现节能环保，如交通工具以节能公共交通、新能源汽车为主，工业以无污染的行业、企业为主，现代服务业高度发达，生活、生产过程中废弃物、污染物的产出总量低，回收再利用水平高，绿色生活、绿色生产模式成熟、理念深入人心；最后表现为良好的生态环境会吸引更多的人才、企业落户，形成滚雪球效应、示范效应，促进示范区生态发展进入良性循环。

二、建设新发展理念示范区的作用

建设新发展理念示范区主要有经验积累、树立标杆、促进地方全面发展三个作用。第一，实践检验、经验积累。新发展理念示范区带有试验区的性质，在体制机制改革、政策创新方面容易获得支持，目的是探索、验证新发展理念指导下的各项发展新举措，总结改革创新中面临的共性问题、解决办法，建设过程中的探索办法无论是成功的还是失败的，都具有重要价值，都是其他同类地区的宝贵经验。第二，树立标杆、形成示范。当前全国各地都提出了贯彻新发展理念的发展规划，但新发展理念示范区建设要求比其他仅仅提出贯彻新发展理念的地区高，目标是必须产生示范功能、辐射效应，示范区建设过程中的工作机制、工作方法、工作成果均能够成为其他地区借鉴的样板。第三，促进区域全面发展。新发展理念示范区建设既是试验，也是实干，具有双重属性，在建设过程中以新发展理念指导改革、发展，能够促进转变经济发展方式、改善生态环境、提升区域内发展协调性、促进社会公平正义、提升居民获得感和幸福感，最终实现区域全面发展。

第三节　绿色发展推动建设新发展理念示范区的路径与机制

在新发展理念中，创新是引领发展的第一动力，协调是持续健康发展的内在要求，绿色是永续发展的必要条件和人民对美好生活追求的重要体现，开放是国家繁荣发展的必由之路，共享是中国特色社会主义的本质要求，新发展理念是不可分割的有机整体[①]。新发展理念示范区必然也是内部有机联系的整体，绿色是永续发展的必要条件和人民对美好生活追求的重要体现，要持续发展必须走绿色发展道路，要不断满足人民群众对美好生活的追求还是必须依靠绿色发展模式。绿色发展实际上是新发展理念示范区乃至新发展理念的基石。

绿色发展是指以不破坏、有利于自然环境本身，有利于人与自然和谐、持续共存的方式发展的模式，区别于传统过度依赖、开采自然资源、污染环境、破坏生态的发展方式。绿色发展主要包含生产方式的绿色化、生活方式的绿色化。绿色发展是基于人与自然一体共存关

---

① 刘奇葆：《新发展理念蕴含的理论特质和品格》，人民网-人民日报，2016年8月17日，http://opinion.people.com.cn/n1/2016/0817/c1003-28641374.html。

系的发展模式，在我国的思想渊源可以追溯到春秋战国时期。道家先哲老子在《道德经》中讲：“故道大，天大，地大，人亦大。域中有四大，而人居其一焉。人法地，地法天，天法道，道法自然。”这是天人一体的思想，具有广泛的联系性、整体性，人不违地乃得全安，地不违天乃得全载，天不违道乃得全覆，道不违自然乃得其性；在方而法方，在圆而法圆，于自然无所违也。《庄子・齐物论》提出“天地与我并生，而万物与我为一”的观点。《庄子・天道》提出：“夫明白于天地之德者，此之谓大本大宗，与天和者也。所以均调天下，与人和者也。与人和者，谓之人乐；与天和者，谓之天乐。”儒家典籍《礼记・祭义》中有载，“曾子曰：‘树木以时伐焉，禽兽以时杀焉。’夫子曰：‘断一树，杀一兽，不以其时，非孝也’”，将对自然的开发利用上升到德孝的高度。《吕氏春秋・十二纪》中记载了阴阳家的思想，阴阳家根据阴阳消长和五行运转说明天地自然生态变化的机制，通过一年四时、十二月、二十四节气清理出一个有序化的生态系列，由此制定人事活动必须遵循的生态律令，即“序四时之大顺”[①]。法家先驱管仲在《管子・禁藏》中提出：“当春三月……毋杀畜生，毋拊卵，毋伐木，毋夭英，毋拊竿，所以息百长也。……故春仁、夏忠、秋急、冬闭，顺天之时，约地之宜，忠人之和，故风雨时，五谷实，草木美多，六畜蕃息，国富兵强，民材而令行，内无烦扰之政，外无强敌之患也。”保护环境的思想不仅存于诸子百家思想中，还形成了正式法律，如《秦律十八种・田律》等。

诸子百家思想大多持有天人一体的观点，反对违背规律的过度人为干预，这种思想影响了后世，成为中华文明的特殊基因。传统社会生产力相对较低，对自然的利用相对有限，破坏也相对有限。人类进

① 刘文英：《阴阳家的生态观念及其历史地位》[J]，《文史哲》，2005（01）：28-33。

入工业社会以后，生产手段、生产能力大幅提升，人口急剧膨胀，对自然的利用程度大幅提升，环境污染、气候变暖、物种灭绝等问题逐渐显现。美国科普作家蕾切尔·卡逊 1962 年出版的《寂静的春天》描绘了化学药品和肥料产生的生态灾难，引发了人类对环境保护的反思。罗马俱乐部 1972 年发布的著名研究报告《增长的极限》进一步将环境问题推上世界行动日程。1987 年 2 月，在日本东京召开的第八次世界环境与发展委员会上通过了《我们共同的未来》报告，后经第 42 届联合国大会辩论通过，1987 年 4 月正式出版。至此，环境保护问题成为全球性共识。世界近百年的经验和教训深刻证明了，只有保护环境才有持续发展，各国半个多世纪的绿色发展经验表明，保护环境与人类发展并不矛盾，而是可以相得益彰的。当下和未来，我国贯彻新发展理念、建设新发展理念示范区进程中，绿色发展可以多种路径和机制发挥核心作用。

一、绿色发展推动建设新发展理念示范区的路径

（一）绿色农业推动建设新发展理念示范区

绿色农业是以绿色环境、绿色技术、绿色产品为主体，充分运用先进科学技术、先进工业装备和先进管理理念，以促进农产品安全、生态安全、资源安全和提高农业综合经济效益的协调统一为目标，以倡导农产品标准化为手段，以生产绿色食品为核心，推动人类社会和经济全面、协调、可持续发展的农业发展模式[①]。绿色农业包含内容非常广泛，涵盖了农、林、牧、渔等领域，人们常提到的有机农业、

① 赵大伟：《中国绿色农业发展的动力机制及制度变迁研究》[J]，《农业经济问题》，2012, 33（11）：72–78+111。

生态农业均属于绿色农业范畴[①]，白色农业、蓝色农业、黑色农业、园艺农业、观光农业、信息农业等均属于绿色农业的具体形式，无公害农产品、绿色食品、有机食品均为绿色农业的具体产品。绿色发展在国内已经成为未来农业发展的共识性道路，国家也在大力推动农业绿色发展综合性试验示范平台建设，2017 年和 2020 年农业农村部等八个部门分别确定了两批国家农业绿色发展先行区，共计 81 个示范区。中国农科院发布的《中国农业绿色发展报告 2019》显示，绿色农业推动经济发展成效显著。因此，绿色农业在新发展理念示范区建设中也能够大放异彩。

（二）清洁能源推动建设新发展理念示范区

清洁能源是指在开发和利用过程中不产生或产生很少污染物的能源，常与可再生能源画等号，包括可连续再生的风能、太阳能、水能、生物质能、地热能、海洋能等。全球清洁能源发展有三大特点，一是清洁能源在世界能源结构中比重大幅上升，2017 年全世界有 17 个国家九成以上电力来自清洁能源；二是全球清洁能源投资持续高位增长，2017 年全球非水清洁能源发电投资已超过化石燃料与核能发电投资的两倍以上；三是技术革新带动清洁能源成本大幅下降，已经具备了与传统化石能源发电成本竞争的能力[②]。党的十八大后，面对能源供需格局新变化、国际能源发展新趋势，习近平总书记从保障国家能源安全的全局高度，提出“四个革命、一个合作”能源安全新战略，这是习近平新时代中国特色社会主义思想的重要组成部分[③]。他要求立足

① 张春梅：《绿色农业发展机制研究》[D]，吉林大学，2017。

② 张锐，寇静娜：《全球清洁能源治理的兴起：主体与议题》[J]，《经济社会体制比较》，2020（02）：182–191。

③ 署名文章：《习近平能源安全新战略的浙江探索》[EB/OL]， 新华网，2019年7月2日，http://www.xinhuanet.com/politics/leaders/2019-07/02/c_1124699821.htm。

国内多元供应保安全，大力推进煤炭清洁高效利用，着力发展非煤能源，形成煤、油、气、核、新能源、可再生能源多轮驱动的能源供应体系，同步加强能源输配网络和储备设施建设[①]。近些年，我国清洁能源稳步发展，国家统计局公布数据显示，2019 年我国天然气、水电、核电、风电等清洁能源消费量占能源消费总量的23.4%，比上年提高 1.3 个百分点。单位 GDP 能耗比上年下降 2.6%[②]。2020 年 11 月《中共中央关于制定国民经济和社会发展第十四个五年规划和二〇三五年远景目标的建议》指出，要“推进能源革命”，“提升新能源消纳和存储能力”。新发展理念示范区建设中大力发展清洁能源必有广阔市场。

（三）生态产品价值实现推动建设新发展理念示范区

2010 年，《全国主体功能区规划》（以下简称《规划》）首次引入“生态产品”概念，并将生态产品定义为：维系生态安全、保障生态调节功能、提供良好人居环境的自然要素，包括清新的空气、清洁的水源和宜人的气候等；生态产品同农产品、工业品和服务产品一样，都是人类生存发展所必需的；从需求角度，这些自然要素在某种意义上也具有产品的性质；保护和扩大自然界提供生态产品能力的过程也是创造价值的过程，保护生态环境、提供生态产品的活动也是发展[③]。《规划》还指出人民群众对生态产品的需求不断增强，但生态产品提供能力却有所减弱，因此，未来国土空间开发和区域发展必须着重提高生态产品提供能力。生态价值产品研究是相对较新的领域，1998 年学者

① 署名文章：《习近平能源安全新战略的浙江探索》[EB/OL]，新华网，2019年7月2日，http://www.xinhuanet.com/politics/leaders/2019-07/02/c_1124699821.htm。

② 《国家统计局社科文司统计师李胤解读2019年中国创新指数》，国家统计局，2020年10月30 日。

③ 《国务院关于印发全国主体功能区规划的通知》，中华人民共和国中央人民政府网，2011年6月8日，http://www.gov.cn/zwgk/2011-06/08/content_1879180.htm。

Robert Costanza 发表题为《世界生态系统服务和自然资本的价值》的文章[①]，介绍了生态系统服务，其含义与生态产品价值类似；2001—2005 年联合国组织了千年生态系统评估项目（Millennium Ecosystem Assessment，2005）[②]，美国环保署（EPA）建立了国家生态系统服务分类系统（NESCS）[③]，均对生态系统服务进行了分类研究。新发展理念示范区建设中，生态产品价值实现也是一条价值巨大、潜力无穷的道路。

二、绿色发展推动建设新发展理念示范区的机制

（一）市场交易机制

绿色发展将作为新发展理念示范区的基石发挥作用，新发展理念示范区的第一、第二、第三产业将不断提升绿色发展要求、实现绿色发展转型。转型过程同时也是产品附加值提升的过程。新发展理念示范区第一产业可以通过发展绿色农业、有机农业、休闲观光农业改造传统农业发展模式，通过创意、绿色包装，申报地理标识农产品，提升农产品品牌价值。绿色农产品既可以通过网络电商直接销售给消费者，也可以出售给相关工业企业，成为制造绿色食品、绿色日用品的原材料。第二产业绿色发展可以探索生产清洁能源、环保建材、环保工业原料、环保交通工具等，以满足日益增长的绿色消费市场。第三产业可以靠绿色发展吸引康养、旅游、住宿、餐饮、购物、会务、展览、

---

① Robert Costanza，Ralph d' Arge，et al. The Value of the World' s Ecosystem Services and Natural Capital. *Ecological Economics*，Vol.25，Issue 1，1998（4）：3-15.

② Guide to the Millennium Assessment Reports.

③ National Ecosystem Services Classification System：Framework Design and Policy Application [EB/OL]. United States Environmental Protection Agency.

赛事等，同时大力拓展绿色工艺设计、绿色发展综合方案提供等智力型产品生产。从市场发展趋势看，未来第一、第二、第三产业的绿色概念产品市场潜力巨大，新发展理念示范区具有通过市场交易机制完成绿色产品价值实现、实现整体发展的较大可能性。

（二）生态补偿机制

生态补偿机制是在综合考虑生态保护成本、发展机会成本和生态服务价值的基础上，采取财政转移支付或市场交易等方式，对生态保护给予合理补偿，是明确界定生态保护者与受益者的权利义务、使生态保护经济外部性内部化的公共制度安排[①]。2005 年，党的十六届五中全会《关于制定国民经济和社会发展第十一个五年规划的建议》首次提出，按照谁开发谁保护、谁受益谁补偿的原则，加快建立生态补偿机制；党的十八大报告明确提出，建立反映市场供求和资源稀缺程度、体现生态价值和代际补偿的资源有偿使用制度和生态补偿制度；党的十九大报告指出，要建立市场化、多元化生态补偿机制。经过十多年的探索，我国对生态补偿机制的认识在不断深化，保障机制不断健全，新发展理念示范区通过市场化、多元化的生态补偿机制完全能够获得经济收入、实现地区稳定发展。国内外一些地区进行了有益探索，如通过“绿色银行”“生态银行”“碳汇交易”“绿色金融”等进行市场交易，获得来自受益省区市的横向经济补偿，实现外部效应内在化。此外，上级政府与中央也可通过纵向财政转移支付补偿绿色发展生态涵养区。2020 年 9 月，习近平主席在第七十五届联合国大会一般性辩论上发表重要讲话时提出“二氧化碳排放力争于 2030 年前

---

① 《国务院报告明确界定生态补偿内涵 要求加快机制建设》，中国人大网，2013年4月23日。

达到峰值，努力争取2060年前实现碳中和”[①]，未来生态补偿机制将发挥大作用，为新发展理念示范区提供重要机遇。

（三）创新驱动机制

著名经济学家约瑟夫·熊彼特1912年发表的《经济发展理论》一书创造性地提出了“创新”在经济发展中的作用，他认为创新就是通过生产要素的重新组合建立新的生产函数，经济发展的本质就是企业家不断将之前从未被使用过的生产要素和生产条件组合应用到生产体系之中从而获得超额利润的过程；而经济波动则源于创新过程的非连续性和非均衡性特性；熊彼特提出的五种创新形式可以归纳为产品创新、技术创新、市场创新、资源配置创新和组织创新[②]。世界经济发展证明了熊彼特理论的价值，创新或者企业家才能逐渐获得独立生产要素地位。我国历来高度重视创新在经济发展中的作用，从20世纪60年代提出的“四个现代化”、80年代提出的“科学技术是第一生产力”，到十八大提出的“创新驱动发展战略”、十九大提出的“加快建设创新型国家”和“创新是引领发展的第一动力”，再到十九届五中全会通过的《中共中央关于制定国民经济和社会发展第十四个五年规划和二〇三五年远景目标的建议》提出的“强化推进创新驱动发展的重大举措”，半个多世纪以来的战略部署充分表现了党和政府走创新发展之路的坚定决心和持之以恒的毅力。新发展理念示范区建设是新时期探索发展道路转型、挖掘不竭发展动力的重要举措。创新是对新发展理念示范区建设的基本要

---

① 《习近平在第七十五届联合国大会一般性辩论上的讲话（全文）》，新华网，2020年9月22日，http://www.xinhuanet.com/politics/leaders/2020-09/22/c_1126527652.htm。

② [美] 约瑟夫·熊彼特：《经济发展理论——对利润、资本、信贷、利息和经济周期的考察》[M]，商务印书馆，1991年版。

求，理念、体制、机制、政策、技术创新将为新发展理念示范区持续发展提供强大驱动。

新发展理念示范区是贯彻新发展理念的先试先行地区，起带动、示范作用，未来新发展理念示范区数量还可能增多，但最终目标是全国各地都能按照新发展理念示范区的标准发展经济。不同地区的先天禀赋、后天积累不同，按照新发展理念示范区发展经济的难度也就不同。比较来看，欠发达地区经济水平相对落后、产业相对传统、人力资本水平相对较低、对外吸引能力弱，是全国发展的薄弱环节、重点关切、工作重心，转向新发展理念、新发展模式的困难更大。但在欠发达地区建设大批新发展理念示范区的意义又是重大的，首先是能够解决当地经济社会发展问题，促进公平、均衡、充分发展；其次是更能充分证明新发展理念的优越性，更能为其他经济相对较好的地区提供激励，起到“四两拨千斤”的功效。

欠发达地区要想实现后发优势、变道超车，必须从自身实际出发，找准突破口。现实中欠发达地区往往与生态脆弱相关联，但是众多欠发达地区的自然环境又是得天独厚的，例如，秦岭以南地区的山水秀美、四季常青，旅游资源丰富，因而选择绿色发展为突破口既是理所应当，也是明智之举。另外，有些北方中西部欠发达地区植被稀少，生态恶化严重，这类地区发展经济首先要解决生态保护问题，良好的自然环境是吸引投资的重要因素之一，因而这类地区选择以绿色发展为突破口，既是被迫无奈，也是“救命稻草”。

综上，建设新发展理念示范区是推动新发展理念落地、生根、推广的重要举措；在欠发达地区多建新发展理念示范区具有必要性、紧迫性、战略优先性，具有示范价值、推广价值、激励价值；欠发达地区以绿色发展为突破口，建立新发展理念示范区是最优的策略选择。

第二章

欠发达地区迫切需要
通过绿色发展建设新发展理念示范区

党的十九届五中全会明确提出“推动绿色发展，促进人与自然和谐共生”的发展目标，在2035年基本实现社会主义现代化的远景目标下，欠发达地区的绿色发展水平高低将决定整体绿色发展目标能否如期实现。“十四五”规划中还提出“推动区域协调发展”目标，其中，补齐欠发达地区发展短板，更好地促进欠发达地区和发达地区共同发展，加大对欠发达地区发展的支持力度是“十四五”时期的重点任务之一。因此，本章内容聚焦欠发达地区，明确全面贯彻落实新发展理念的重点是做长欠发达地区这块短板，而绿色发展是做长欠发达地区短板的最优路径。

本章在厘清欠发达地区概念与基本特征的基础上，分析欠发达地区绿色发展程度及其后发优势，深入剖析欠发达地区绿色发展的制约因素及障碍，从中发现农业绿色生产、以能源为代表的工业绿色转型与生态产品价值实现是欠发达地区通过绿色发展建设新发展理念示范区的重要路径。

第一节　欠发达地区的界定与主要特征

"欠发达"是相对于"发达"状态的一种表述，是一个动态的、相对的概念，其基本含义就是发展程度低或发展不充分。欠发达地区目前尚没有精确、统一的定义，学界多以经济发展水平为判断依据，形成不同的统计口径，最窄的界定范围是将欠发达地区范围等同于贫困地区，中等界定范围是将经济发展水平低于全国平均收入的地区认为是欠发达地区，最宽泛的界定方式则是从全球视野出发，按照国际标准比较，认为多数地区都仍处于欠发达状态。但随着经济社会不断发展，对欠发达地区的界定方法和标准也在不断更新。

一、欠发达地区的界定

目前，学界对欠发达地区的定义方式存在较大差异。英国经济学家琼·罗宾逊指出，欠发达经济是指那些不满于现在的经济状态而迫切要求发展的经济，每个经济都曾经一度是不发达的，那些现在认为是发达的经济，在历史上都曾经历过一个加速积累的艰苦过程[①]。区域科学创始人瓦尔特·艾萨德教授通过运用区域投入产出表对美国密西西比州和拥有 8 个县的费城都市区域进行研究，结论显示可以将人均收入作为划分欠发达地区与发达地区的依据。美国经济学家迈克尔·P. 托达罗通过描述欠发达地区的结构和特征，认为欠发达地区的实质表现为三个方面：数量和质量上都十分低下的生活水平；缺乏自我尊重；非常有限的自由[②]。如何界定我国欠发达地区，国内不少学者对此进行了深入的研究。综合现有研究成果，国内学者对这一概念的界定主要采用三种划分方法。

一是地域划分法，粗略分为东部发达地区和中西部欠发达地区。黄万林和罗序斌指出我国欠发达地区主要集中在中西部地区，将中部地区的江西、安徽、湖南、湖北、河南、山西等6个省份，以及西部地区的四川、贵州、宁夏、陕西、新疆、云南、青海等 7 个省份视为主要的欠发达地区[③]。邓须军等认为我国欠发达地区主要以中西部地区为主，也包括部分华南区域，主要涉及的省份包括广西、海南、贵州、内蒙古、西藏、云南、新疆、宁夏、甘肃、陕西、青海等[④]。王颖翔通过对欠发达地区的概念以及范围的界定研究，初步确定青海、甘肃、贵州、云南、广西、宁夏、四川 7 个省份作为欠发达地区的研究对象[⑤]。

二是单一经济划分法。一般采用某地区人均国内生产总值（人

---

① 吴国春：《我国欠发达地区经济发展政策支撑研究》[D]，东北林业大学经济管理学院，2004: 10。

② [美] 迈克尔·P. 托达罗：《 经济发展与第三世界》[M]， 中国经济出版社，1992年版。

③ 黄万林，罗序斌：《欠发达地区经济与生态协调发展的制约因子研究》[J]，《江西社会科学》，2016，36（02）：68–73。

④ 邓须军，李玉凤，韦明：《欠发达地区农业硕士“社会导向型”培养模式研究——以海南省为例》[J]，《高等农业教育》，2017（01）：90–93。

⑤ 王颖翔：《数据分析视角下的青海标准化现状研究》[J]，《中国标准化》，2018（20）：202–203+206。

均 GDP）与全国平均水平的比较来衡量地区的欠发达程度。胡鞍钢以省份为单位，按收入分组划分各地区发展水平，将人均 GDP 低于全国平均水平的地区界定为欠发达地区，具体包括贵州、广西、甘肃、云南等 19 个省区市[①]。杨晓光等以县为单位，将人均 GDP 低于全国平均水平 60 %（3000 元）的县（县级市）列为欠发达地区，对于革命老区、边境地区、少数民族地区、库区和自然条件恶劣的地区适当放宽欠发达地区标准，最终划入欠发达地区的县（县级市）共有 808 个[②]。邓文博等以地级市为单位，将人均 GDP 低于全国平均水平的 177 个地级市作为欠发达地区，其中包括东部经济带的 39 个市、中部经济带的 84 个市和西部经济带的 54 个市[③]。值得说明的是，人均 GDP 在一定程度上比较准确地反映了大多数地区的发展程度。但是这种以人均 GDP 为主的单一指标衡量方式，将经济增长当作发展的“全部”，具有明显的局限性，因而饱受争议。但是依照国际社会的惯例，GDP 仍然是衡量国家或地区经济发展程度的最普遍做法。

三是综合划分法。林勇等从经济发展水平、社会发展程度以及资源与环境发展水平三个维度出发构建各地综合发展指数，将陕西、重庆、宁夏、青海、河南、湖南、江西、四川、安徽、西藏、甘肃、广西、海南、云南和贵州等 15 个综合发展指数较低，且不及全国平均水平 75% 的省区市界定为欠发达地区[④]。时岩运用“综合发展指数”

---

① 胡鞍钢：《欠发达地区发展问题研究》[J]，《改革》，1994（03）：110–117。

② 杨晓光，王传胜，盛科荣：《基于自然和人文因素的中国欠发达地区类型划分和发展模式研究》[J]，《中国科学院研究生院学报》，2006（01）：97–104。

③ 邓文博，宋宇，陈晓雪：《区域一体化带动长三角欠发达地区经济增长效应评估——基于DID模型的实证研究》[J]，《华东经济管理》，2019，33（07）：14–20。

④ 林勇：《 欠发达地区类型界定及其指标体系应用分析》[J]，《重庆大学学报（自然科学版）》，2007。

和人均 GDP 排名，将陕西、重庆、宁夏、青海、四川、西藏、甘肃、广西、云南、贵州等省区市划为欠发达地区[①]。谷树忠等以地级市（区）为单位，采用层次分析法，选用 11 个区域发展综合指数评价指标，将综合发展指数排名在 200 位以下的 137 个地区划为欠发达地区[②]。张鹏飞等从欠发达地区的内涵入手，立足"经济发展""社会发展""资源与环境发展""地区发展趋势"四大指标类，共 38 个具体指标的构建基础，运用主成分分析法对我国新时期的欠发达地区进行了认知重构[③]。韩佳宾运用厉以宁（2000）在《区域发展新思路》中采用的聚类分析法，选取收入状况、工业化、城市化、市场化、开放程度、教育水平、健康状况等代表地区经济社会发展水平的指标，对 31 个省区市进行聚类分析，最终把内蒙古、安徽、广西、重庆、四川、贵州、云南、西藏、陕西、甘肃、青海、宁夏、新疆等列为欠发达地区[④]。陈爽英等从结构水平、经济效益、经济规模、人民生活和开放水平这五个方面，构建各省区市经济发展的评价指标体系，并划分出经济发达和经济欠发达两类地区，其中，经济发达地区主要包括浙江、江苏、上海、福建、山东、广东、北京、天津共 8 个省级区域；经济欠发达地区则包括其余的 23 个省级区域[⑤]。

参考学界对欠发达地区的定义，整体上我们认为，欠发达地区是相对于发达地区而言的，是具有一定的发展基础和发展潜力的，

---

① 时岩：《 中西部欠发达区域特色资源产业化模式研究》[D]，江西财经大学，2009。

② 谷树忠，张新华，钟赛香，谢美娥，鲁金萍：《中国欠发达资源富集区的界定、特征与功能定位》[J]，《资源科学》，2011，33（01）：10–17。

③ 张鹏飞，李锦宏：《欠发达地区的认知重构：一个分析框架》[J]，《现代经济信息》，2016（07）：466–469。

④ 韩佳宾：《 我国人工智能对就业影响的地区差异》[D]，山西财经大学，2020。

⑤ 陈爽英，雷波，冯海红：《发达地区和欠发达地区工业数字化的组态路径——基于"技术–组织–环境"的理论框架分析》[J/OL]，《科学学研究》：1–19[2021–04–20]，https：//doi.org/10.16192/j.cnki.1003–2053.20210402.003。

但由于受到生产力和科技发展水平的制约，还不够发达的区域。一方面，欠发达地区是在一定地理空间范围中的一个相对概念，是该范围内相对于发达地区而言的。参照对象不同，欠发达地区的内涵也不同，因而地理区位的范围也不同。例如，相对于我国东部沿海地区，中西部属于欠发达地区；与发达国家和发达地区相比，发展中国家和不发达国家都属于欠发达地区。另一方面，欠发达地区同发达地区和不发达地区一样，都属于动态的发展概念。欠发达地区处于发展的状态，但相较发达地区发展的速度慢、水平低，但未来一段时间内可以通过技术进步、绿色发展、科技创新等途径实现经济起飞，向发达地区转型（见表 2.1）。

表2.1　已有研究对欠发达地区与发达地区的界定

划分主体	划分单元	划分方法	欠发达地区	发达地区
胡鞍钢（1994）	省区市	单一经济划分法（人均GDP）	贵州、安徽、广西、甘肃、河南、云南、四川、江西、湖南、陕西、西藏、宁夏、内蒙古、山西、河北、湖北、青海、海南和吉林	辽宁、广东、天津、北京和上海
杨伟民（1997）	省区市	综合划分法（发展程度指数）	四川、陕西、广西、宁夏、新疆、青海、甘肃、云南、贵州和西藏	北京、上海、天津、浙江、江苏、广东
杨晓光等（2006）	县（县级市）	单一指数法（人均GDP）	共808个县，涵盖2000年扶贫重点县的95%	
王雷等（2006）	省区市	综合划分法	欠发达地区包括：河北、山西、辽宁、吉林、黑龙江、安徽、江西、河南、湖北、湖南、广西、海南、重庆、四川； 落后地区包括：内蒙古、贵州、云南、陕西、甘肃、青海、宁夏、新疆、西藏	

续表

划分主体	划分单元	划分方法	欠发达地区	发达地区
林勇等（2007）	省区市	综合划分法（IDI 指标体系）	陕西、重庆、宁夏、青海、河南、湖南、江西、四川、安徽、西藏、甘肃、广西、海南、云南和贵州	上海、北京、天津、浙江、广东、江苏、山东、辽宁、福建
贵州省高等学校人文社科基地，贵州省财经学院欠发达地区经济发中心（2009）	省区市	地域划分法	河南，河北，湖北鄂西，欠发达地区包括燕山坝上地区、黑龙港地区、太行山地区、沿海盐碱地区、西部十二省区（重庆、四川、贵州、云南、西藏、陕西、甘肃、青海、宁夏、新疆、内蒙古、广西）	
谷树忠等（2011）	地市州盟	综合划分法	137 个欠发达地区； 70个欠发达资源富集区，包括： 江西：赣州、吉安 湖南：娄底、张家界、湘西 湖北：恩施 河南：南阳、商丘、平顶山、濮阳 青海：海东地区、果洛州、玉树州等	
张鹏飞和李锦宏（2016）	省区市	综合划分法	江西、四川、湖南、黑龙江、海南、广西、宁夏、新疆、云南、青海、西藏、甘肃及贵州	
肖萍（2016）	省区市	地域划分法	河南省、河北省欠发达地区（包括燕山坝上地区、黑龙港地区、太行山地区、沿海盐碱地区）、吉林省延边州以及西部12省（自治区）包括重庆、四川、贵州、云南、西藏、陕西、甘肃、青海、宁夏、新疆、内蒙古、广西	

续表

划分主体	划分单元	划分方法	欠发达地区	发达地区
黄万林和罗序斌（2016）	省区市	地域划分法	中部地区（6个）：江西、安徽、湖南、湖北、河南、山西，西部地区（7个）：四川、贵州、宁夏、陕西、新疆、云南、青海	
邓须军等（2017）	省区市	地域划分法	广西、海南、贵州、内蒙古、西藏、云南、新疆、宁夏、甘肃、陕西、青海	
王颖翔（2018）	省区市	地域划分法	青海、甘肃、贵州、云南、广西、宁夏、四川	
邓文博等（2019）	地级市	单一经济划分法（人均GDP）	177个欠发达地级市：东部经济带的39个市、中部经济带的84个市和西部经济带的54个市	
陈爽英等（2021）	省区市	综合划分法	经济发达地区以外的23个省级区域	浙江、江苏、上海、福建、山东、广东、北京、天津

资料来源：本书课题组收集整理。

二、欠发达地区的主要特征

从经济发展水平看，我国东部地区的GDP、人均GDP和居民收入等都位于前列，中西部地区经济发展水平普遍低于东部，传统的东部与中西部地区之间的差距仍非常明显，南北方差距也开始逐渐凸显，如张红梅等基于现价人均GDP加权基尼系数、加权变异系数和最大最小值之比的研究发现，我国区域差距经历了一个由大幅缩小到快速扩大再到缓慢扩大的发展历程。具体来说，1978—1990年区域差距大幅缩小，1991—1996年区域差距快速扩大，1997—2004年区域差距缓慢扩大，2005—2014年区域差距显著缩小，2015年至今区域差距缓慢扩大①。2015年至今区域差距缓慢扩大的原因在于各区域内部的分化，且主要是南北方经济增速差距扩大所致。总体来看，我国欠发达地区与发达地区之间的发展差距越来越成为影响我国社会主义现代化目标实现的主要短板。

根据国家统计局2011年6月13日的划分标准，为科学反映我国不同区域的社会经济发展状况，按照《中共中央　国务院关于促进中部地区崛起的若干意见》《关于西部大开发若干政策措施的实施意见》以及党的十六大报告的精神，将我国经济区域划分为东部、中部、西部和东北四大区域。以这一划分方案为依据，并参考目前对欠发达地区范围的研究，可以发现，不论是从经济发展水平还是从综合发展水平来看，西部地区仍然属于传统意义上的欠发达地区。因此我们以西部地区的11个省区市（内蒙古、广西、四川、贵州、云南、西藏、陕西、甘肃、青海、宁夏、新疆）作为欠发达地区的研究对象，在此基础上深入分析我国欠发达地区的基本情况。

（一）经济发展水平相对落后

从发展成效来看，近几年以西部省区市为代表的欠发达地区发展仍处于相对落后状态。在国内生产总值上，2009—2019年，欠发达地区国内生产总值占全国的比重由16.26%提升至18.33%，说明欠发达地区对全国经济增长的贡献有所提高，区域间发展差距扩大的势头略有减缓。2009—2019年，欠发达地区年平均GDP增长率为

---

① 张红梅，李善同，许召元：《改革开放以来我国区域差距的演变》[J]，《改革》，2019（04）：78-87。

9.98%，略高于全国年平均 GDP 增长率 7.84%。同时，欠发达地区人均 GDP 水平也显著增长，其均值从 2009 年的 17733 元增长至 2019 年的 51544 元，同比增长 190.67%，高于同期全国人均 GDP 增长率 170.79%，年平均增长率为 11.26%，略高于同期全国年平均增长率 10.45%。尽管如此，从数值上看，欠发达地区各省区市人均生产总值仍基本落后于全国平均水平（少数省区市数值受国民生产总值统计调整影响）（见图 2.1）。在居民人均可支配收入上，2014—2019 年，欠发达地区居民人均可支配收入均值显著提升，从 14740 元提升到 23137 元，同比增长 56.9%，高于同期全国居民人均可支配收入增长率 52.3%，年平均增长率为 4.61%，略高于同期全国年平均增长率 4.31%（见图 2.2）。然而，从数值上看，欠发达地区绝大多数省区市的居民人均可支配收入仍低于全国平均水平，其中部分省区市明显落后。因此，虽然这些年来欠发达地区经济发展水平显著提高，但与发达地区差距大的现实未能得到有效改观。

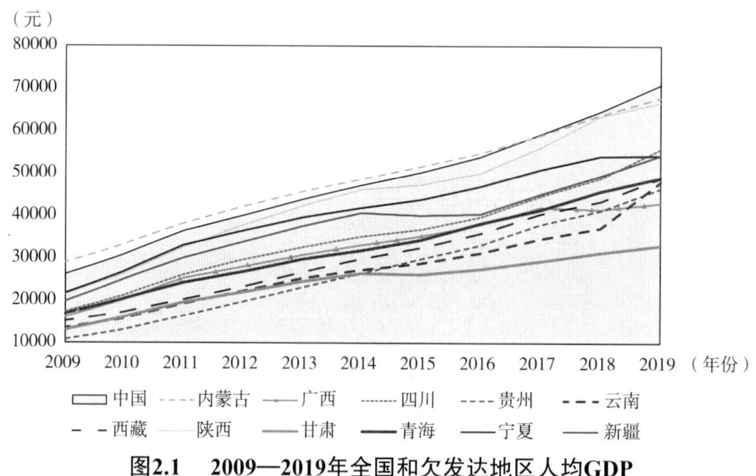

图2.1　2009—2019年全国和欠发达地区人均GDP

资料来源：中国统计年鉴（国家统计局）。

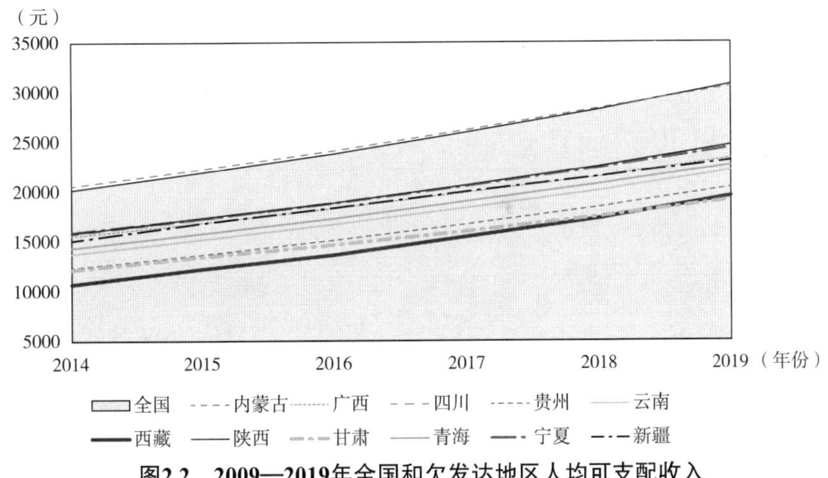

图2.2　2009—2019年全国和欠发达地区人均可支配收入

资料来源：中国统计年鉴（国家统计局）。

欠发达地区经济发展相对落后，究其原因在于：一方面缺乏必要的基础设施、资金、科技资源等要素支撑，区域创新发展活动往往难以开展和持续；另一方面受制于地理区位、交通、教育以及历史文化等因素，欠发达地区创新意识不强，跨越式发展的体制机制还不健全。

（二）产业结构整体水平低

分产业来看，近十年欠发达地区三次产业增加值占全国生产总值的比重分别由24.5%、15.6%、15.1%上升至29.6%、17.6%、17.3%，三次产业占比均有所上升，其中第一产业占比增幅较大（见图2.3）。对比各省区市三次产业人均增加值与全国平均水平可以发现，欠发达地区中大部分省区市的第一、第二产业人均产值超过了全国平均水平（见图2.4），这说明随着“三农”工作的推进与优先发展农业农村战略的落实，农业对于欠发达地区而言不再是“拖后腿”的产业，而是促进增收的部分；同时也说明随着沿海地区产业转移进程加速，以及铁路、公路的不断扩张蔓延，欠发达地区承接的工业产业已达到新的高度，区位劣势将逐渐被发展的交通、传播的技术弥补，广阔的土地与较低的物价逐渐成为其工业发展的竞争优势。与此同时，欠发达地区所有省区市的第三产业人均产值均低于全国平均水平。

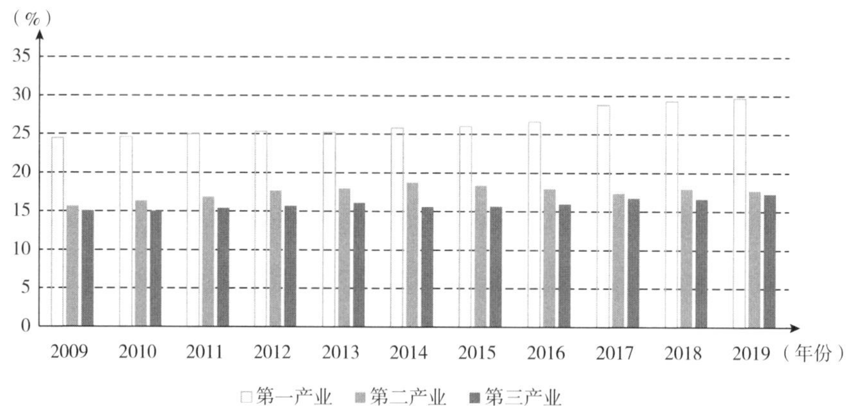

图2.3　2009—2019年欠发达地区三次产业增加值占全国的比重

资料来源：中国统计年鉴（国家统计局）。

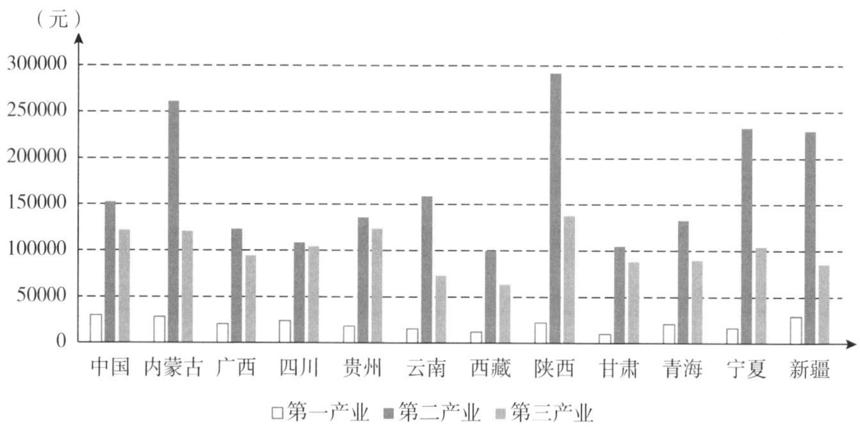

图2.4　2017年全国和欠发达地区三次产业人均增加值

资料来源：中国统计年鉴（国家统计局）。

欠发达地区的转型并不顺利，究其原因在于以下三点。第一，部分省区市工业基础薄弱。创造附加价值的服务业必须依托创造价值的工业发展。尽管第二产业人均产值超过全国平均水平，但部分省区市工业起步较晚，还未打造坚实的工业基础，相应的第三产业也仅仅是低端的服务业，创造附加值低，自然人均产值也较低。第二，科技不足与人才短缺。高附加值要求创新，尽管政府出台了吸引人才的政策，对于欠发达地区而言，创新驱动力不足仍是严重的短板。第三，部分省区市市场狭小。市场分散、需求有限、消费水平较低使得欠发达地区服务行业利润不高，企业没有动力垄断，进而没有动力改变与创新，第三产业发展缓慢。

（三）具备绿色发展的后发优势

欠发达地区土地面积占我国国土总面积的 70.71%，人口约占全国人口总数的 25.03%。欠发达地区自然资源极其丰富，拥有全国 78.78% 的天然气储备、32.58% 的铁矿石储量、45.63% 的煤炭储量、41.71% 的石油可采储量。我国的黄河、长江、珠江等重要的大江大河全部发源于西部地区，欠发达地区的生态环境直接影响黄河、长江中下游的生态环境，欠发达地区具有十分丰富的生物多样性。这些基础条件使得欠发达地区具有包括生态资源、能源富集的优势，新兴产业、环境友好产业快速植入的优势，技术知识输入的后发优势，制度设计和运用的后发优势，政策支持的优势，资本和劳动力后发优势等。当然，目前这种后发优势只是一种潜在的优势，要使潜在的优势转变为现实的优势，需要坚定不移地走绿色发展道路。

第二节　欠发达地区通过绿色发展建设新发展理念示范区的必要性与迫切性

我国欠发达地区面临着复杂的发展问题，经济增长、社会建设与生态保护之间的矛盾日益突出，传统经济发展方式无法有效缓解目前的困境。推动欠发达地区以新发展理念为指引，采取适合欠发达地区的绿色发展方式，实现经济、社会、生态的高效、协调、和谐、可持续发展，是当前亟待重视与解决的议题。“十四五”规划给欠发达地区的发展提供了明确的指引。一是健全区域协调发展体制机制。建立健全区域战略统筹、市场一体化发展、区域合作互助、区际利益补偿等机制，更好促进发达地区和欠发达地区、东中西部和东北地区共同发展。提升区域合作层次和水平，支持省际交界地区探索建立统一规划、统一管理、合作共建、利益共享的合作新机制。完善财政转移支付支持欠发达地区的机制，逐步实现基本公共服务均等化，鼓励引导人才向西部和艰苦边远地区流动。完善区域合作与利益调节机制，支持流域上下游、粮食主产区主销区、资源输出地输入地之间开展多种形式的利益补偿，鼓励探索共建园区、飞地经济等利益共享模式。二是实现巩固拓展脱贫攻坚成果同乡村振兴有效衔接。建立完善农村低收入人口和欠发达地区帮扶机制，保持主要帮扶政策和财政投入力度总体稳定，接续推进脱贫地区发展。提升脱贫地区整体发展水平。实施脱贫地区特色种养业提升行动，广泛开展农产品产销对接活动，深化拓展消费帮扶。在西部地区脱贫县中集中支持一批乡村振兴重点帮扶县，从财政、金融、土地、人才、基础设施、公共服务等方面给予集中支持，增强其巩固脱贫成果及内生发展能力。坚持和完善东西部协作和对口支援、中央单位定点帮扶、社会力量参与帮扶等机制，调整优化东西部协作结对帮扶关系和帮扶方式，强化产业合作与劳务协作。

新发展理念就是指挥棒、红绿灯。欠发达地区通过全面贯彻新发展理念加快发展，通过转变观念和发展产业、建立机制，让保护环境从过去经济发展的负担，转变为经济发展的前提条件、基础和动力，将“绿水青山”转化为“金山银山”，实现“越保护、越发展”，走出一条经济、环境、文化、社会和治理相互促进的良性发展道路，对于全国乃至全球都具有重要示范意义。

一、欠发达地区通过绿色发展建设新发展理念示范区的必要性

全面建设社会主义现代化国家这一目标的实现很大程度上取决于能否缩小区域之间的差距，这既需要发达地区加快发展，更需要欠发达地区跨越式发展，越是欠发达地区越需要实施绿色发展战略。

（一）推动绿色发展是做长欠发达地区这块短板的最佳选择

2019年的中央经济工作会议指出，必须适应我国发展进入新阶段、社会主要矛盾发生变化的必然要求，紧紧扭住新发展理念推动发展，把注意力集中到解决各种不平衡不充分的问题上。在我国当前面临的发展不平衡不充分问题中，区域发展不平衡是一个重要方面。解决好区域发展不平衡问题，需要加快欠发达地区发展。绿色发展是新时代的发展特征，符合发展规律，是大势所趋，为欠发达地区提供了新的发展机遇。

协调发展、绿色发展既是理念又是举措，务必政策到位、落实到位。要采取有力措施促进区域协调发展、城乡协调发展，加快欠发达地区发展，积极推进城乡发展一体化和城乡基本公共服务均等化。要科学布局生产空间、生活空间、生态空间，扎实推进生态环境保护，让良好生态环境成为人民生活质量的增长点，成为展现我国良好形象的发力点[①]。大部分欠发达地区都具有生态脆弱这一特

① 《习近平在华东七省市党委主要负责同志座谈会上强调抓住机遇立足优势积极作为系统谋划“十三五”经济社会发展》，人民网，2015年5月29日，http://military.people.com.cn/n/2015/0529/c172467-27072982.html。

征，普遍有着自身的生态特征和发展困惑，在发展过程中面临着经济压力与生态压力双重限制。经济落后决定着必须走跨越式发展之路，生态脆弱决定着必须走绿色发展之路。绿色发展在经济价值与生态价值之间建立关联，可以有效解决经济发展与环境保护之间的矛盾，是欠发达地区全面贯彻新发展理念的关键路径。大力推动欠发达地区绿色发展，是补齐欠发达地区发展短板的最佳选择。

（二）推动绿色发展是欠发达地区实现跨越式发展的必由之路

欠发达地区多数具有丰富的自然资源，然而受制于区位条件、经济基础、城市体系、资源禀赋，欠发达地区粗放发展带来资源环境约束日益趋紧，经济增长与生态环境保护之间的矛盾张力逐渐增加，“金山银山”与“绿水青山”之间连接机制缺失的问题越发突出。作为“金山银山”基础的生态环境问题逐渐积累，一方面导致欠发达地区环境生态基础不牢固，环境风险逐渐凸显；另一方面环境问题和环境风险制约经济发展路径选择，进一步影响经济转型，严重制约经济发展。因此，欠发达地区必须探索有别于传统经济增长模式的跨越式发展路径，改变传统的“高投入、高消耗、低效率”的发展模式，探索走发挥生态环境、资源禀赋优势的绿色发展道路，有效建立“绿水青山就是金山银山”的转化机制，从而发挥后发优势，实现跨越式发展，确保经济社会的可持续发展。

（三）推动绿色发展是欠发达地区推动产业转型升级的必然选择

欠发达地区多数都面临产业结构单一、产业结构不合理等问题。欠发达地区当前仍然具有强烈的发展需求，产业是经济发展的基础，要实现新的发展，必须在新发展理念指引下优化产业结构，积极推动产业绿色转型升级。2010 年 10 月 10 日发布的《国务院关于加快培育和发展战略性新兴产业的决定》（国发〔2010〕32 号）明确提出了战略性新兴产业，包括节能环保产业、新一代信息技术产业、生物产业、高端装备制造产业、新能源产业、新材料产业、新能源汽车产业等，这些产业具有知识技术密集、物质资源消耗少、成长潜力大、综合效益好的特点，符合绿色发展的理念，已经成为我国新的增长点，也必将成为欠发达地区新的经济增长领域。

（四）推动绿色发展是欠发达地区更好满足人民美好生活需要的关键路径

有人才有发展，好的发展一定是以人为核心的发展。欠发达地区多数具有人口出生率高、人口负担重等问题，长期以来粗放发展带来的环境问题进一步加剧人民的负担。好的生态环境是最好的公共产品，是最普惠的民生福祉。切实改善欠发达地区的生态环境，走绿色发展道路，不仅事关数亿人的生活与健康，更有助于满足人民日益增长的美好生活需要，有助于从根本上提升当地居民的获得感、幸福感、安全感，进一步有助于吸引人才、留住人才，破解当地人力资本困境，为发展奠定人才基础。

二、欠发达地区通过绿色发展建设新发展理念示范区的迫切性

在全国范围内全面贯彻落实新发展理念战略，需要认真考虑区域发展之间的均衡发展与异质性发展问题。特别是改革开放以来，我国

形成了区域梯度发展的态势，发达地区和欠发达地区之间经济社会发展形成明显的差异。欠发达地区全面贯彻落实新发展理念是全国新发展格局中的重要一环，也是最具挑战性的一环。如果没有欠发达地区全面贯彻落实新发展理念，全面贯彻落实新发展理念的目标则不能实现。在新时代我国社会主要矛盾已经转化为人民日益增长的美好生活需要和不平衡不充分的发展之间的矛盾背景下，欠发达地区亟须通过绿色发展实现跨越式发展。

（一）欠发达地区迫切需要通过绿色发展发挥后发优势

欠发达地区具有资源丰富、人均占有率高、环境承载量大等特征。以西部地区为例，西部天然气和煤炭储量占全国的比重分别高达 87.5% 和 39.0%；在全国已探明储量的 156 种矿产中，西部地区有 138 种；西部土地面积占全国的 71.4%，人均耕地面积 2 亩，是全国平均水平的 1.3 倍。但与此同时，多数欠发达地区产业发展仍存在“高投入、低产出、周期短”等特征，绿色产业规模及科技支撑力还远远不足，绿色产业集群化仍有很多潜力可挖。从产业发展条件和区域资源基础来看，绿色是欠发达地区发展的核心潜力。在新发展阶段，充分挖掘绿色潜力，推动绿色发展是欠发达地区发展的当务之急。

（二）欠发达地区迫切需要通过绿色发展解决现实产业转型难题

多数欠发达地区的产业大多存在产业链短、附加值低、替代性高等问题，特别是资源型产业已经步入行业夕阳期，发展动力不足，在制造业、服务业高速发展的今天会使依赖资源产业的欠发达地区与发达地区的差距越来越大。不可再生的资源还有枯竭的担忧，尽快实现产业转型才能摆脱资源的桎梏。绿色产业往往都是高技术含量、附加价值高的或具有地方特色、替代性小的，具有广阔的发展前景和可观的经济效益。欠发达地区迫切需要通过绿色产业转型摆脱资源桎梏。

（三）欠发达地区迫切需要通过绿色发展建立可持续发展机制

下一阶段，欠发达地区资源环境约束条件将日益强化，一是从总量上看，欠发达地区资源富集、环境容量大，但尚未把资源环境优势转换成经济发展优势；二是从资源环境约束的相对指标看，未来一段时间内，欠发达地区可能面临更加严峻的资源环境相对约束，特别是在 2030 年实现碳达峰和 2060 年实现碳中和目标约束下，欠发达地区碳排放、环境污染排放率、单位 GDP 资源消耗等指标可能构成硬约束条件。这种硬约束需要欠发达地区探索绿色发展的新道路。我国欠发达地区若不发展绿色、环保技术，污染产业只能转移而非消除，根本上没有实现保护环境与经济发展并重。因此，绿色发展是欠发达地区实现由内而外全面转型的根本路径。

第三节　欠发达地区通过绿色发展建设新发展理念示范区的现状与障碍

绿色发展是经济高质量发展与环境高水平保护的内在统一，同时环境高水平保护也是经济高质量发展的基础和支撑。党的十九大报告指出，我们要建设的现代化是人与自然和谐共生的现代化，既要创造更多物质财富和精神财富以满足人民日益增长的美好生活需要，也要提供更多优质生态产品以满足人民日益增长的优美生态环境需要。良好生态环境是影响高质量发展的重要元素和内生变量。实现更高质量的发展，关键是要处理好绿水青山和金山银山的关系，这不仅是实现可持续发展的内在要求，而且是推进社会主义现代化建设的重大原则。坚决摒弃损害甚至破坏生态环境的发展模式，牢固树立保护生态环境就是保护生产力、改善生态环境就是发展生产力的理念。向高质量发展阶段迈进，必须贯彻创新、协调、绿色、开放、共享的发展理念，摆脱速度情结、路径依赖，加快形成资源节约和环境友好的空间格局、产业结构、生产方式、生活方式，给自然生态留下休养生息的时间和空间。基于此，本节将使用经济高质量发展与环境高水平保护这两个维度的数据来剖析欠发达地区绿色发展的现状。

经济高质量发展是保持经济持续健康发展的必然要求。我们从经济水平、创新质量、产业转型 3 个维度入手，运用人均 GDP、人均可支配收入、全员劳动生产率增长率、GDP 增长率、每万人高价值发明专利拥有量、研发经费投入强度增长率、第三产业 GDP 占比以及生产性服务业占比等指标剖析欠发达地区经济高质量发展现状。

环境高水平保护是发展所需、民生所盼。我们从资源利用、环境质量、生态保护、政策支持 4 个维度剖析欠发达地区环境高水平保护现状，具体涵盖单位 GDP 能耗、单位 GDP 水耗、工业固体废弃物综合利用率、废水排放量、二氧化硫排放量、氮氧化物排放量、烟（粉）尘排放量、一般工业固体废物产生量、

PM2.5 浓度、森林覆盖率、财政支出中环境保护支出占比、环境污染治理投资总额 GDP 占比以及城市环境基础设施建设投资额 GDP 占比等指标。

一、欠发达地区绿色发展的基本现状

欠发达地区有着迫切的发展诉求，在发展过程中也面临着特殊的困境，特别是面临的经济增长与生态保护的双重压力越来越大。我们从欠发达地区绿色发展现实来看，各个地区处于不同的绿色发展阶段。如图 2.5 所示，综合经济高质量发展与环境高水平保护两个维度来看，欠发达地区在经济发展方面明显低于全国其他地区，绿色发展水平也低于全国平均水平。

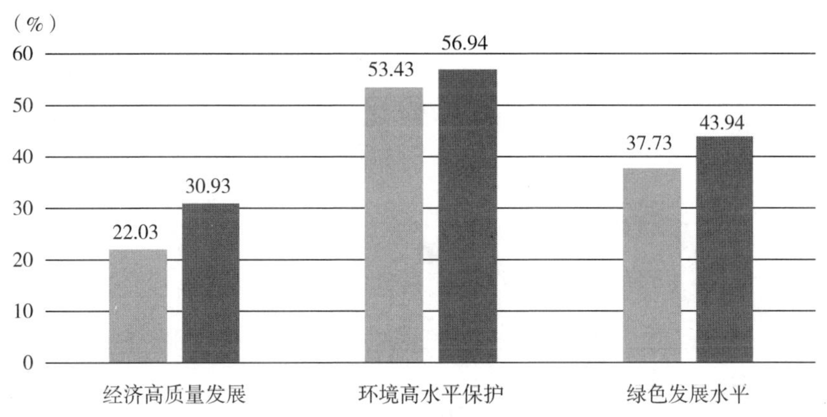

图2.5 欠发达地区绿色发展现状

资料来源：中国统计年鉴（国家统计局）、课题组整理计算。

从经济高质量发展、环境高水平保护和绿色发展水平的分布上可以看出，经济高质量发展与环境高水平保护以及经济高质量发展与绿色发展水平之间存在显著的正相关关系。此外，除北京和上海外，其他地区的经济高质量发展与环境高水平保护之间具有明显的聚集分布特征。对欠发达地区而言，大部分省份的经济高质量发展水平都相对较低，均在全国各地区经济高质量发展的平均水平之下。部分省份在环境高水平保护方面表现较好，如西藏、广西、青海，这些省份尽管经济发展相对落后，但在环境保护方面表现得相对较好（见图 2.6），因此对于这些省份应以环境保护为抓手推动实现跨越式发展。有部分省份的经济发展排名表现良好，例如宁夏、青海、西藏、贵州，其中西藏和青海的环境高水平保护与绿色发展水平在欠发达地区内部表现均较为突出（见图 2.7）。

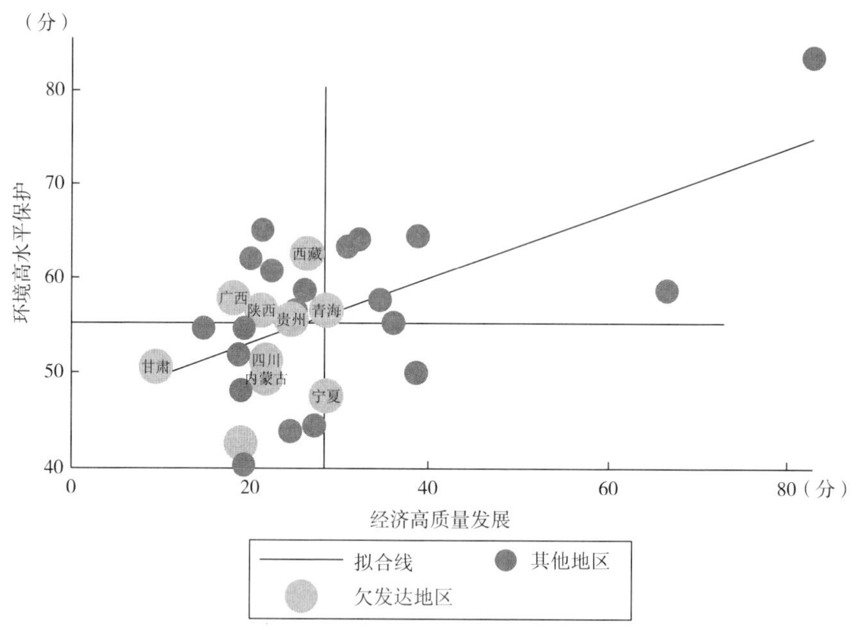

图2.6　经济高质量发展与环境高水平保护

资料来源：中国统计年鉴（国家统计局）、课题组整理计算。

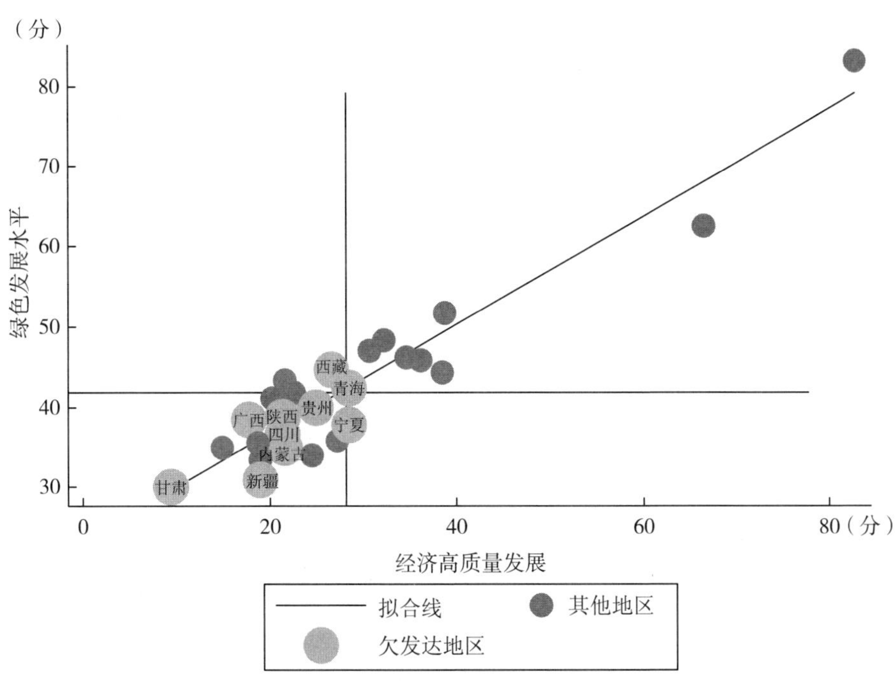

图2.7　经济高质量发展与绿色发展水平

资料来源：中国统计年鉴（国家统计局）、课题组整理计算。

选取经济发展的两个具体指标——人均可支配收入和人均GDP，观察人均可支配收入和人均GDP同环境高水平保护之间的分布，发现两种分布十分相似。除内蒙古外，欠发达地区人均可支配收入和人均GDP均位于全国平均水平之下，部分省份在环境高水平保护方面表现优秀，比如西藏、云南、青海，这些省份在环境保护方面具有较大潜力（见图2.8和图2.9）。陕西在人均GDP和环境高水平保护方面表现相对较好，说明陕西在经济发展过程中，努力为居民改善生活水平的同时，也在努力为居民创造良好的生活环境。

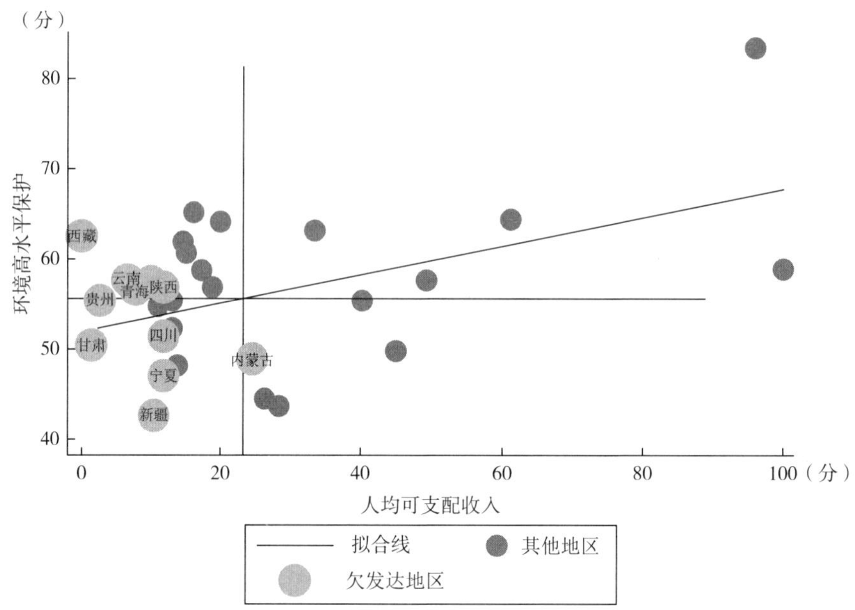

图2.8　人均可支配收入与环境高水平保护

资料来源：中国统计年鉴（国家统计局）、课题组整理计算。

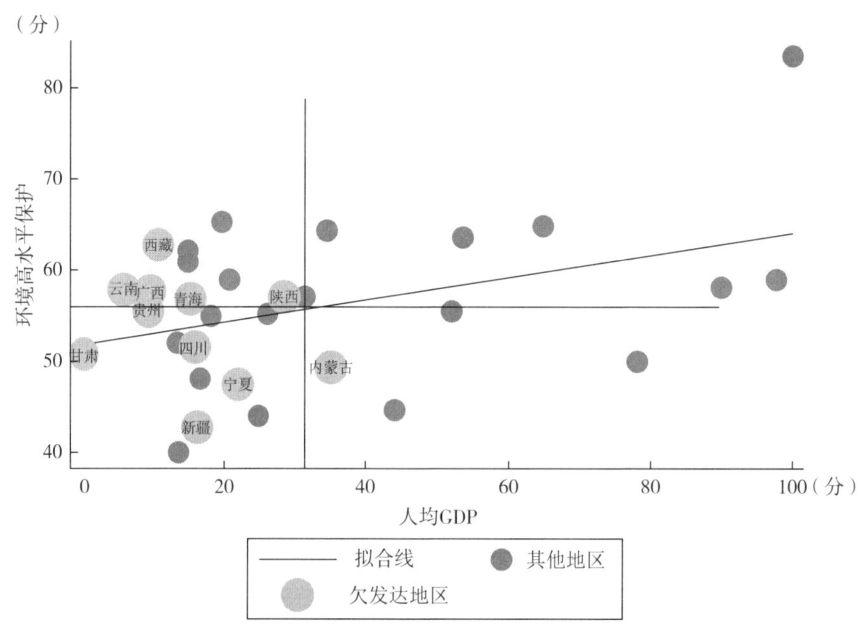

图2.9　人均GDP与环境高水平保护

资料来源：中国统计年鉴（国家统计局）、课题组整理计算。

绿色发展是在传统发展基础上的一种模式创新，是建立在生态环境容量和资源承载力的约束条件下，将环境保护作为实现可持续发展重要支柱的新型发展模式。具体来说，其要点为：一是将环境资源作为社会经济发展的内在要素；二是把实现经济、社会和环境的可持续发展作为绿色发展的目标；三是把经济活动过程和结果的“绿色化”“生态化”作为绿色发展的主要内容和途径。基本特征是绿色和发展的有机统一，即“三低”（低消耗、低排放、低污染）和“三高”（高效能、高效率、高效益）的有机统一。实现绿色发展就必须实现由过度消耗资源、污染环境的发展方式向资源节约循环利用、生态环境友好的绿色发展方式转变。对于欠发达地区绿色发展的具体表现，从 11 省份近十年每单位第二产业产值一般工业固体废物产生量与工业废物综合利用率的对比可以发现，大部分省份单位工业固体废物产生量长期或短期内处于下降态势，个别省近几年有所提高；一般工业固体废物综合利用率有所上升或维持在较高水平（见图 2.10）。工业固体废物产生量的下降与工业废物综合利用率的提高均与绿色发展“低排放”的要求相契合（见图 2.11 至图 2.13）。但在危险固体排放和利用上，除西藏外其余省份情况大体不容乐观（西藏数据存在大量缺失无法评估）。2007—2017 年这十年间，与大部分欠发达地区省份单位第二产业产值相伴随的是危险固体排放量上升，危险固体综合利用率略有下降。近年来，在绿色农业高速发展的背景下，绿色农业空间布局持续优化、生态环境持续改善、绿色农业发展初具规模，发展绿色农业已成为实现我国农业可持续发展的必由之路。环境保护方面，各省紧跟国家战略，在大气、水源、绿地等方面严格治理，环境改善明显。通过对比欠发达地区废气中二氧化硫排放情况可以发现，各省严抓废气排放，十年中二氧化硫排放量大幅下降，空气质量持续明显改善（见图 2.14）。通过对欠发达地区十年森林覆盖率的对比可以明显发现，各省在植树造林、保护植被上都卓有成效，典型代表如甘肃八步沙地区的治沙造林行动（见图 2.15）。

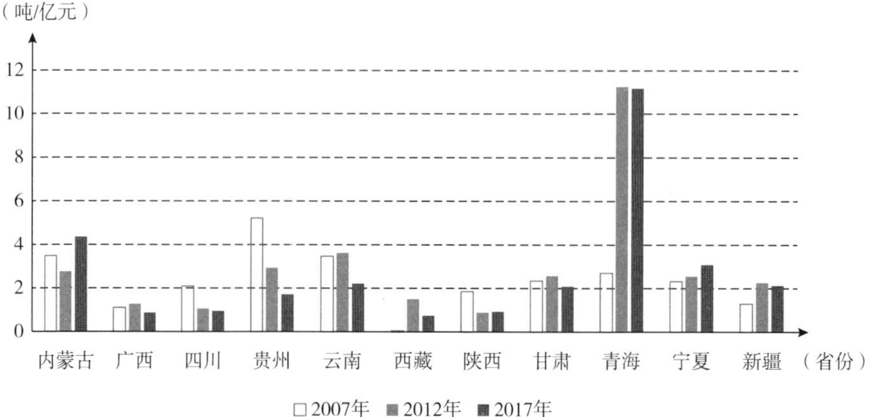

图2.10 欠发达地区各省份单位第二产业产值一般工业固体废物产生量

资料来源：中国统计年鉴（国家统计局）。

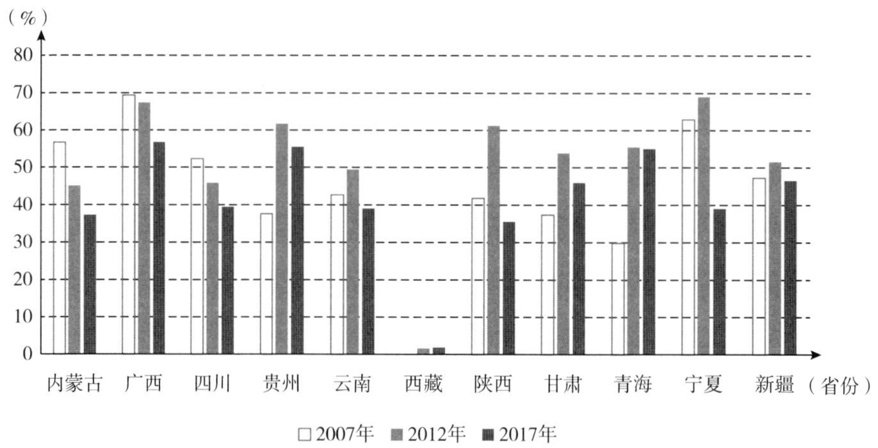

图2.11 欠发达地区各省份一般工业固体废物综合利用率

资料来源：中国统计年鉴（国家统计局）。

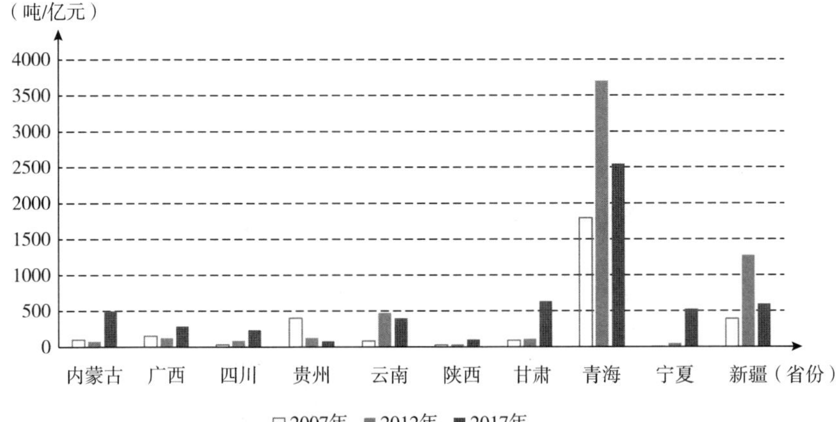

图2.12　欠发达地区各省份单位第二产业产值危险废物产生量

资料来源：中国统计年鉴（国家统计局）。

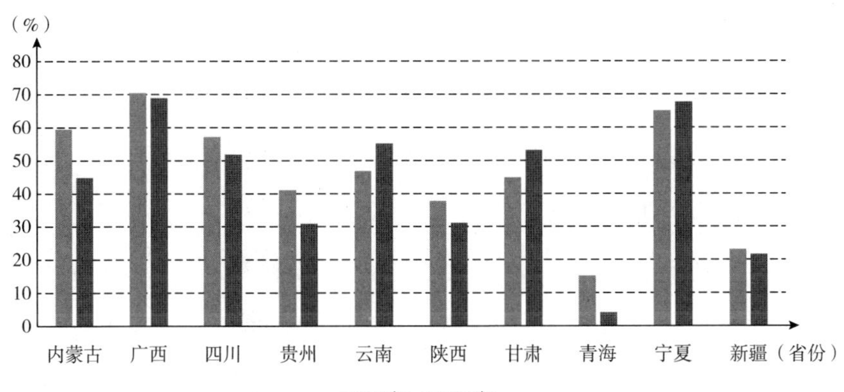

图2.13　欠发达地区各省份危险废物综合利用率

资料来源：中国统计年鉴（国家统计局）。

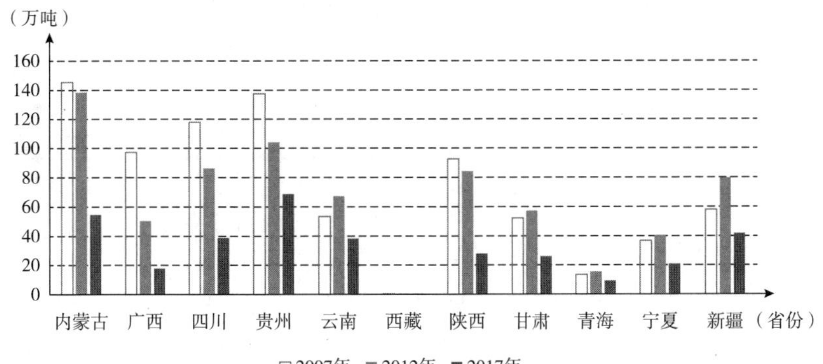

图2.14　欠发达地区各省份二氧化硫排放量

资料来源：中国统计年鉴（国家统计局）。

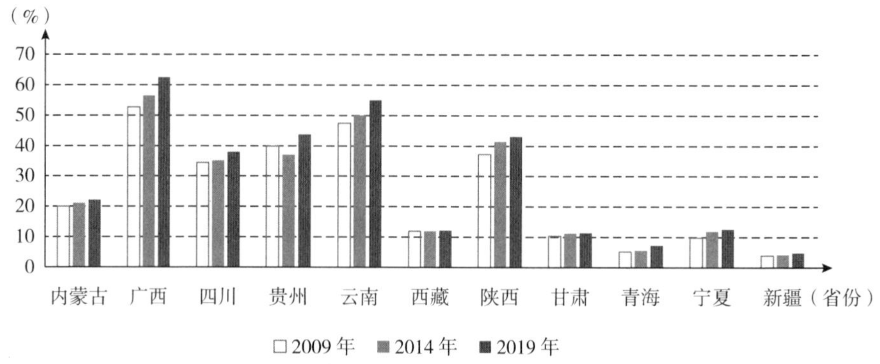

图2.15 欠发达地区各省份森林覆盖率

资料来源：中国统计年鉴（国家统计局）。

从近期实践来看，各地都在积极探索推动走绿色发展道路。欠发达地区大多从产业转型升级、环境保护与修复、加强监管与考核三方面着手推进绿色发展。产业转型升级即加速淘汰落后产能，对现有设备进行升级改造，引入节能减排的新设备、新技术与新工艺，发展新型制造业、服务业等，逐渐摆脱对资源或帮扶的依赖，建立新的经济增长机制。环境保护即对大气、水源、土壤、森林等环境成分严格监控，尽可能把对周围环境的负面影响减到最低，包括控制化学排放、控制污水排放、控制固体废物处理、建立生态保护区保护动植物资源等。环境修复即对过去发展过程中造成的环境破坏进行修复和补偿，包括退耕还林还草、培育人工林、矿山周边绿色修复等。加强监管考核即在明确了产业转型、环境保护与修复目标，并制定了相应具体政策和要求后，将责任落实到具体部门，依规检查政策落实情况和目标完成情况，例如，设立“河长制”、制定详细评分标准、严惩违规滥排企业等。

具体来看，依据地区资源禀赋的不同，欠发达地区可以分为资源型欠发达地区与非资源型欠发达地区两类，前者又可根据拥有的具体资源种类分为矿产资源型、植被资源型和水利资源型三小类。禀赋不同使各地区推进绿色发展的具体方式有所差异。

资源型欠发达地区大都存在区位条件不利、铁路或水路运输不便的客观问题，过去多以直接的资源开采与使用为经济增长基础，一方面产业结构单一、技术含量较低；另一方面生态环境破坏严重，整体发展受阻。为了避免“资源诅咒”的发生，这些资源型欠发达地区都在追求两个目标：第一，使资源优势转换为经济优势，使资源开采带动经济增长；第二，对传统能源产业转型升级，培育、发展新的支撑产业，逐步调整产业结构。具体来说，对于现有的能源产业，各地逐步转向更高效、环境破坏更小的开采方式，完善开采程序，保障开采安全；大力发展和应用科学技术，使以生产要素资源投入为主转变为以资本投入为主、生产要素资源投入为辅的经济发展模式，同时提高能源利用率、提高清洁能源使用率、降低能源引致污染；保障第一产业的发展、控制第二产业的发展、扶持第三产业的发展，关停第二产业中低效率的部分，将有限的资源给予高效产业、高附加值及高科技含量产业和一三产业的发展。以森林资源为主的地区还可以发展生态旅游业，从另一个角度发挥资源优势。

自然资源不丰富的欠发达地区同样存在区位条件不利的客观因素，大多以第一产业为主，尽管工业污染较少，但由于土地产出效率较低，经常出现因过度砍伐、过度开垦、过度放牧导致的水土流失、草场退化等生态问题，典型代表为黄土高原地区。各地多致力于发展特色农业或产业，打造地方品牌；对不宜居住地区的村民进行易地搬迁，修复被破坏的土地，保障生态环境；以优美的自然风光和淳朴的乡村生活吸引人们回归自然，以旅游业为龙头，带动第三产业发展；通过实施下水管网改造，路面硬化，安装栏杆、路灯等民生保障项目工程，将民生服务延伸到基层的“神经末梢”，同时健全旅游基础设施，提升旅游综合接待能力。总体上，少数欠发达地区已经完成“绿水青山就是金山银山”的转变，良好的自然环境直接转化为生态经济优势。如2015年脱掉“欠发达地区”帽子的浙江丽水，在21世纪初设立“生态立市、工业强市、绿色兴市”的发展战略并始终坚持，牢牢守住生态环保底线，不惜放弃“工业致富”的捷径，同时对农村实施环境治理；依托优美的生态环境，发展绿色农业、生态旅游业、科技工业，关注生态产值而不仅看生产总值等。

尽管如此，大部分欠发达地区目前仍处于转型的前两个阶段，即“用‘绿水青山’换‘金山银山’”到“‘绿水青山’和‘金山银山’兼顾”的过渡阶段。绿色发展理念当前已成为中国全社会共识，地方也制订了相应的工作计划，环境保护层层推进，狠抓落实，但因地方快速发展的需要，或者管理者思想意识不足，地方政府未能严格落实绿色发展战略，牺牲环境换取生产总值的现象仍时有发生，“一边修复、一边破坏”的不合理现象频发，总体发展效率低下的状况依然存在。

二、欠发达地区绿色发展面临的主要问题

长期以来，欠发达地区作为基础能源和重要原材料的供应地，为我国经济社会发展做出了突出贡献。但这些地区在发展过程中积累了诸如经济结构失衡、失业和贫困人口较多、接续替代产业发展乏力、生态环境破坏严重、维护社会稳定压力较大等深层次矛盾和问题，处在尴尬的“富饶的贫困”之中。这种“富饶的贫困”困境的形成受多重体制机制因素的制约，例如，从经济发展阶段看，欠发达地区普遍经济基础比较薄弱，城镇化水平较低，经济发展处于亟须加快发展的

阶段；从资源环境因素看，欠发达地区普遍没有建立完善的资源环境市场价格运行机制，环境资源产权制度尚未建立，难以实施有效的生态环境保护市场机制；从人力资源开发角度看，欠发达地区人口整体素质偏低，人力资源开发力度相对不足，人才吸引度较低。

（一）资源环境制约日益强化

尽管存在兑现“绿水青山”承诺的转型城市，如安徽铜陵市，在大气、水源、绿化方面三管齐下，市民满意度很高，但大部分欠发达地区仍面临发展与环境的取舍，尤其是欠发达地区财政预算已经吃紧，面对环境治理高昂的费用经常有心无力。

一方面，随着我国经济社会发展水平与人均收入水平的提高，国际社会也不断提高对我国承担环境污染治理和节能减排的要求；另一方面，我国在大力推进绿色发展力度，将提高国家自主贡献力度，采取更加有力的政策和措施，二氧化碳排放力争 2030 年前达到峰值，努力争取 2060 年前实现碳中和。这一承诺意味着“十四五”期间节能减排要求将会更加严格。

生态环境约束趋紧，节能减排要求趋严，可能会相应提高企业的生产经营成本，而对于欠发达地区，特别是资源型欠发达地区来说，这一问题可能会更加严重。例如，陕西榆林市是典型的资源型城市，其矿产资源非常丰富，而生态环境约束趋紧将可能会给其能源开采利用结构带来很大的冲击。原煤在榆林能源生产与消费中的比重长期维持在 70% 左右，而天然气、核能、风能、水能及太阳能等绿色能源比重过低，且短时间内这种状况可能很难改变。此外，降低碳排放强度的压力急剧增大。榆林是全国重要的化石能源生产和输出地，原煤、原油、甲醇、兰炭、铁合金等主要工业品产量连年增加，大规模的能源开发和高耗能产业的投产，必然引起碳排放总量增加，这会陷入与碳排放总量约束之间的矛盾。对于欠发达地区来说，如何有效协调环境保护与经济发展之间的关系，找到适合的绿色发展道路是必须尽快解决的问题。

（二）农业发展绿色化、现代化水平低

多数欠发达地区仍然以第一产业为主，在农、林、牧、渔业中，农业是各地第一产业的主体内容。近年来，欠发达地区农业产值占全国的比重仍然较高。但由于很多欠发达地区自然条件限制较多，特别是山地、丘陵等地形地势限制，耕地面积占土地面积的比重比较低（见图 2.16），例如，包括西藏、青海大部、甘肃甘南及天祝、四川西部、云南西北部在内的青藏区总耕地面积 0.13 亿亩，仅占全国耕地总面积的 0.7%。

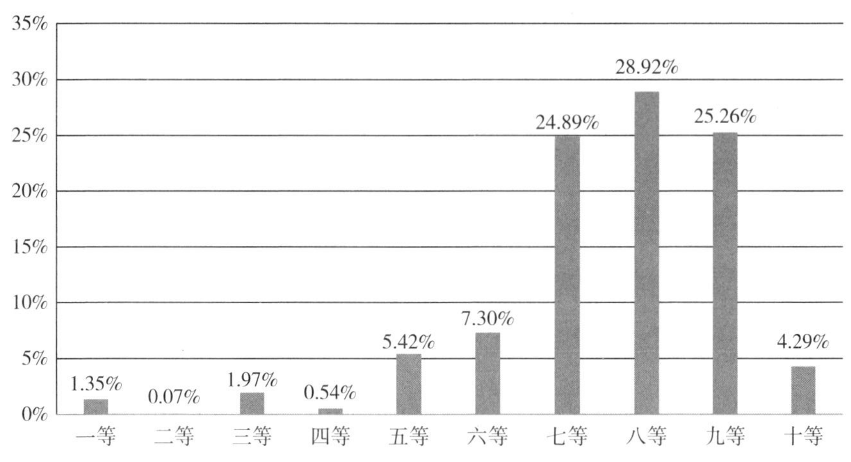

图2.16 青藏区耕地质量等级比例分布图[①]

资料来源：全国耕地质量等级情况公报（农业农村部）。

很多欠发达地区由于地形、地貌等限制，耕地面积占比较低，在

① 关于全国耕地质量等级情况的公报，农业农村部，2015年。

我国已经面临土地资源短缺的情况下，实行轮耕制度的地方较少，土地肥力减弱，不利于土地可持续发展；农药和化肥的使用量极大，土壤污染加重，食品安全问题长期存在；农产品加工小而分散、不成规模，农业产业化进程缓慢，农产品竞争力有待提高。

（三）工业结构不良，资源利用效率低

欠发达地区普遍存在产业能级不高，传统产业转型慢，新动能成长迟缓，新兴产业尚未形成规模的问题。一方面，欠发达地区工业结构调整和产业价值链提升任务艰巨。一是往往存在工业布局不良的情况，产业结构停留在重工业模式。高新技术产业与新兴产业总体规模小，以原始资源加工、低端制造业等传统工业为主，竞争力弱；为保证经济增长，部分地区高能耗、高污染的产业仍然是发展主力，尤其是资源丰富型欠发达地区，无法摆脱对资源的依赖，挤出效应明显。二是欠发达地区的产业往往产业链短，关联度不高。例如，毕节市煤电产业是全市经济社会发展的支柱产业，以煤电为主的工业结构与其他产业特别是农业关联度不高，产业链不长。产业聚集或优势互补的格局尚未形成，以资源开发利用为主的工业发展规模，导致对地方就业拉动不大。三是欠发达地区往往工业产业层次偏低，社会效益不高。例如，毕节市工业主要依托矿资源的开发利用，总体上科技含量低、附加值低。拼资源、拼能耗为主的粗放经营之路，对资源的深加工明显不足，参与市场交易仍是以提供初级产品为主，经济效益和社会效益有待提高。

另一方面，由于能源资源禀赋特征，欠发达地区煤炭的主体能源地位在短期内难以改变，碳和能源的生产率与发达地区仍有较大差距，

资源利用效率仍然较低，资源绿色转型任务仍将十分艰巨。

（四）生态产品价值实现机制尚未建立

西部11省人均第三产业产值远不如全国其他地区，表明欠发达地区的第三产业仍以传统服务业为主，高附加值的服务业如金融、保险、旅游、技术服务业等发展滞后严重，服务业内部结构不合理，对地区发展的制约作用明显。新兴消费产品与居民消费动力均不足，内需亟待扩张。

（五）人才短缺与劳动力成本上升问题并存

一方面，人才缺口大、技术能力弱和企业投入少等问题在欠发达地区呈恶性循环状态。大部分欠发达地区区位条件不利，经济实力较弱，现有的科技水平不高，高等院校、科研机构较少，政府在科教方面的投入有限，基础设施建设、第三产业发展也较落后，人才的发展前景、收入水平、生活质量均得不到保障，造成欠发达地区对人才的吸引力远差于发达地区。没有人才的加入，企业自主研发能力不足，加之企业没有资金也没有动力创新，导致当地科技能力长期原地踏步，无法助力地方发展，反过来抑制对人才的吸引力，创收能力始终不高。有成效的企业则可能面临盈利与环保的取舍，耗能更低、排放更少、污染更小的技术必然要消耗大量利润，坚持节能环保很大程度上依赖管理层的决心。资金、技术、人才三个要素相互制约，共同牵制欠发达地区的绿色发展。

另一方面，随着经济社会发展水平的不断提升，我国劳动力成本低这一比较优势正在迅速消失，甚至有变为劣势的趋势。我国城镇单位就业人员的平均工资从2005年的18200元提高到2018年的82461元。劳动力成本提升将给欠发达地区的经济发展带来很大的影响和压力。在这种情况下，欠发达地区必须加快绿色发展转型，才能适应日渐激烈的市场竞争。

（六）绿色发展内生动力不足

1. 绿色发展意识欠缺

一些地方只关注短期经济效益，将“绿色发展”等同于“低速发展”，为了短期GDP增长而给“三高”企业开绿灯，从而造成“生态赤字”“环境透支”“一蹴而就的面子工程”屡禁不绝，而对一些有利于长远发展的环保项目缺乏恒心，主动性不足，导致好的项目虎头蛇尾；部分地区排污标准模糊，执法监督薄弱，惩罚制度不完善，对污染企业震慑力较弱。对于地方的认知水平不足使得政府无法制定因地制宜的政策，绿色发展意识仅停留在口号而未落实到行动，无法将具有的生态优势转化为经济优势。

2. 绿色消费理念未得到普及

绿色消费理念未得到普及，生活污染未得到有效重视，生活垃圾处理不当、大量汽车尾气排放、水电资源浪费等现象较为普遍，给居民生活、城市形象、生态环境等造成不良影响。此外，受市场环境、人才和技术等的制约，欠发达地区的很多企业不愿意在绿色领域投入与创新，一些地方小企业缺乏雄心壮志，大企业享受现有业绩，认识不到绿色转型于企业和社会的长远意义，不愿发展绿色产业；私自排污、谎报节能环保成效的现象仍有发生。

3. 金融机构投资过于谨慎

尽管一些地区已经开始绿色金融的尝试，但对绿色产业发展不自信与欠发达地区金融、保险等第三产业行业发展滞后使绿色产业总体上较少得到当地金融机构的投融资，绿色产业对外招商引资竞争力不敌发达地区高回报项目吸引力，总体上绿色发展资金严重短缺。

当前，大多数欠发达地区正处于工业化和城镇化快速发展时期，容易出现高能耗、高污染产业占比过高的问题。因此，欠发达地区在培育新的经济增长点时需要牢固树立和贯彻落实新发展理念，决不能再回到以破坏环境为代价搞所谓发展的做法上，更不能再回到粗放发展的模式上，而是要牢固树立“绿水青山就是金山银山”的理念，科学开发利用区域资源，建立健全生态补偿机制，通过绿色发展争创新发展理念示范区。

第四节 欠发达地区通过绿色发展建设新发展理念示范区的路径选择

“十四五”规划建议在推动绿色发展目标中部署的重点任务包括：坚持“绿水青山就是金山银山”理念，坚持尊重自然、顺应自然、保护自然，坚持节约优先、保护优先、自然恢复为主，守住自然生态安全边界。深入实施可持续发展战略，完善生态文明领域统筹协调机制，构建生态文明体系，促进经济社会发展全面绿色转型，建设人与自然和谐共生的现代化。要加快推动绿色低碳发展，持续改善环境质量，提升生态系统质量和稳定性，全面提高资源利用效率。这为欠发达地区推动绿色发展、争创新发展理念示范区指明了方向。

一、以绿色理念推动形成绿色生产生活方式

欠发达地区应致力于实现人与自然和谐共生的目标，依循绿色发展理念，在资源利用过程中实现集约、节约和高效，实现经济增长方式向绿色低碳转型，凸显环境友好、资源节约的绿色化理念。然而，从现实情况看，欠发达地区多数都面临资源约束趋紧、生态环境压力加大、区域生态恶化等严峻现实，并且经济发展相对落后。因此，在推动绿色发展过程中应采取逐步推进的方式，考虑到欠发达地区仍有强烈的发展需求，很多地区在短期内难以实现生产生活完全绿色化，首先应使经济增长与高能耗、高污染的生产方式脱钩，给予欠发达地区发展合理过渡期；其次推动经济增长与生态环境挂钩，在发展过程中，逐步建立“绿水青山就是金山银山”的转化机制；最终形成绿色生产生活方式，实现人与自然和谐共生。

二、以绿色生产推动农业绿色转型

多数欠发达地区农业仍然占据主要地位，产业发展仍然是绿色发展的主要抓手，应通过推动农业绿色生产带动农业发展生态化，以农业基础设施建设为支撑，因地制宜，发展多种生态农业模式，走农业规模化、标准化、品牌化路线，实现农业产业生态化。例如，福建三明市的粮食、水果、食用菌、茶叶、苗木花卉等产量居全省前列，依靠拥有 1713 种药用植物、36 个国家地理标志保护产品和近 300 种地域特色品类的农林产品，迅速发展特色现代农业。2019 年，三明市现代特色农业产值已经突破 1000 亿元。目前，三明市着力壮大高优粮食、绿色林业、精致园艺、生态养殖、现代烟草等五大特色现代农业。又

例如，内蒙古锡林郭勒盟在畜牧业生产方面，由于牛的采食过程对牧草损伤小于羊的采食方式，且牛肉市场价格稳定、供需缺口较大，锡林郭勒盟自2016年起实施“减羊增牛”战略，尤其重视中高端牛肉市场，高端安格斯肉牛养殖规模居全区首位；逐步形成畜牧业全产业链模式，并采用自然放牧与舍饲半舍饲相结合的生产方式，维护生态平衡，缓解草原压力，加快推进畜牧业生产绿色转型。

三、以能源绿色转型带动工业产业生态化

欠发达地区普遍存在能源利用效率低下的问题，应大力发展清洁能源，通过产业发展生态化与生态建设产业化，实现生态与经济发展协调互动。树立生态工业新思维，实现工业产业生态化。例如，贵州毕节市通过优化能源产业布局，大力构建现代绿色产业体系。以黔西县为例，2016—2020 年该县煤炭行业逐步淘汰落后产能，关闭煤矿共计 9 个，去产能 243 万吨 / 年，同时不断提高能源资源利用率，减少生态环境污染，强化瓦斯、矿井水、煤矸石等再利用，利用率分别达到约 50%、68%、100%。推进新型能源化工基地建设，依托黔希化工，加快推进黔希煤化工升级改造和延伸产业链，其中，食品级二氧化碳项目已基本完工。

四、以生态产品价值实现将生态优势转化为发展优势

欠发达地区普遍拥有明显的生态优势，应大力推动生产产品价值实现，大力发展生态经济、筑牢生态屏障、改善生态环境、建设生态

家园，将生态优势转化为经济优势、发展优势，完善生态制度、培育生态文化，加快推进经济由“环境换取增长”向“环境优化增长”转变。例如，福建三明市依托森林资源丰富的先天优势，成功打造了“绿都三明·最氧三明”的森林康养品牌。曾经，三明市下拥有林产的村庄苦于无法将林产变现，面临卖木头赚钱的诱惑。随着人们对森林功能多样性的客观需要被认知，加上老龄化社会的到来，森林康养有了广泛且日渐增长的市场需求，是林业与旅游、文化、康养等产业的深度结合。三明市政府高度重视发展全域森林康养产业，明确提出了生态产业化及森林康养的工作要求。2018 年三明市接待国内外游客 3300 多万人次，已建成全国森林康养试点 5 个、全国森林旅游示范县 2 个、中国森林氧吧 4 个、中国森林体验基地 2 个、森林养生国家重点建设基地 1 个、国家森林小镇建设试点 1 个。此外，三明市沙县小吃也已经形成较高的生态产品价值。沙县连续办了二十多届小吃节，随着沙县小吃闻名全国，小吃节也吸引了越来越多来自各地的游客，将沙县的其他旅游资源宣传出去。2019 年沙县吸引超过 500 万人次观光旅游，旅游总收入达 54.48 亿元。

第三章

欠发达地区农业绿色生产的路径与机制

本章按照现状、问题、对策的逻辑展开论述，以案例为支撑，剖析欠发达地区农业绿色发展中的共性问题、提升农业绿色发展水平的通用路径和机制。本章简述了我国农业绿色发展的总体状况，并选取江西、贵州、宁夏、内蒙古四省份为分析案例，以小见大地分析我国欠发达地区农业绿色发展的水平、层次，推断可能存在的共性问题；继而提出欠发达地区农业绿色发展的通用性路径，即规模化、标准化、品牌化（“三化”），进而提出实现“三化”、推动农业绿色发展的关键机制，即创新驱动机制、人才保障机制、产业融合机制；最后提出欠发达地区农业绿色发展的相关对策建议。

第一节 欠发达地区农业绿色生产发展现状

农业绿色发展就是以尊重自然为前提，以统筹经济、社会、生态效益为目标，以利用各种现代化技术为依托，积极从事可持续发展的科学合理的开发种养过程。推进农业绿色发展，不仅是一场关乎农业结构和生产方式调整的经济变革，也是一次行为模式、消费模式的绿色革命。推进农业绿色发展不仅是资源环境问题凸显带来的必须转变发展方式的迫切要求，更是适应经济社会发展对农业功能和需求变化的需要。自从 2003 年“绿色农业”概念提出之后，中国绿色农业的发展经历了从理论学习、借鉴国外的经验教训到自我创新等几个阶段，“十三五”时期是我国农业绿色发展从提出到全面启动的关键时期，产业链逐渐延长，形成了具有中国特色的发展模式，在保护生态环境、扩大就业、促进农民增收等方面发挥了重要作用，取得了显著的成绩，标志着我国农业发展理念和发展方式的巨大转变。从总体上看，全国绿色农业稳步发展，表现为：一是绿色农业的空间布局持续优化，全国已划定粮食生产功能区和重要农产品生产保护区 9.28 亿亩，认定茶叶、水果、中药材等特色农产品优势区 148 个。二是生态环境持续改善，耕地利用强度降低，耕地养分含量稳中有升，全国土壤有机质平均含量提升到 24.3 克 / 千克，全国农田灌溉水有效利用系数提高到 0.548。全国水稻、小麦、玉米三大粮食作物平均化肥利用率提高到 37.8%，农药利用率 38.8%，化肥农药使用量双双实现零增长，秸秆综合利用率 83.7%，畜禽粪污资源化利用率达 70%，新疆、甘肃等地膜使用重点地区废旧地膜当季回收率近80%。三是绿色农业发展初步具有一定的规模，产品总数、产量、销售额、出口额均呈逐年增长的态势。我国绿色食品已有14500多个，其中有机食品2530多个，绿色食品、有机食品产量分别达7520万吨、300万吨，销售额分别达1798亿元、81亿元，出口额分别达35亿美元、4.9亿美元。绿色农业企业有8700余家，其中国家级龙头企业已达239家，省级企业1194家，年增长率达20.7%。全国建成了635个绿色食品标准化生产基地，种植规模达1067万公顷，达到有机农业标准的有17个，总面积达66.67万公顷。这些绿色食品基地带动农户2010万户，为农民增加收入10亿元[①]。更重要的是，这些企业通过多种方式与种植户对接，如“企业+专业合作组织+农户”或“企业+农户”等，除收购农产品之外，还为农民提供技术服务，为以后绿色农业的发展打下坚实的基础。

从地区看，部分欠发达省份绿色农业发展也在稳步推进，但发展水平差异较大，以下选取江西、贵州、宁夏、内蒙古等省份作为代表案例进行分析。

一、江西省农业绿色发展分析[②]

江西省因地制宜，按照省政府提出的“打造全国知名绿色有机农产品供应基地”目标，充分利用优越的农业生态环境条件，加快发展“三品一标”认证登记，助力乡村振兴战略和绿色农业发展，进一步

① 中国农业科学院中国农业绿色发展研究中心：《中国农业绿色发展报告2018》[M]，转引自中国产业经济信息网，2019年4月22日。

② 康升云：《江西省绿色农业发展报告（2019）》，中国绿色农业发展年会网，2019年9月3日。

擦亮全国绿色有机农产品示范基地试点省这块金字招牌。截至 2018 年 12 月底，全省共有“三品一标”产品 5335 个（无公害农产品 2780 个、绿色食品 647 个、农产品地理标志 83 个、有机食品 1825 个），比 2014 年增加了 1.2 倍；共有全国绿色食品原料标准化生产基地 46 个，面积 840.34 万亩；全国有机农业（德兴红花茶油）示范基地 1 个，面积 3.8 万亩；荣获国家级农产品地理标志示范样板（崇仁麻鸡、余干辣椒）2 个，累计创建省级绿色有机农产品示范县 38 个。

江西省绿色农业快速发展得益于几个条件。一是各级政府目标明确。江西省积极响应中央新发展理念和生态文明建设要求，提出将绿色发展和“三品一标”纳入考核体系，并出台了“三品一标”财政补助政策。二是严格监管。为维护地区绿色农产品声誉、保证绿色农产品质量，江西省 2018 年对涉及绿色食品重金属超标、农药残留超标、检出禁用农药、化学成分超标等问题的绿色食品及时处置，配合中国绿色食品发展中心撤销了 5 家企业 7 个产品的绿色食品证书，并要求各市、县强化监管工作。三是理顺机构职责。江西省无公害农产品均由市、县两级机构开展现场检查，省级机构以材料审核和技术指导为主。绿色食品绝大部分由市、县工作机构完成现场检查，绿色食品年检全部由市级机构完成，省级机构负责审核把关。结合省内有机产品检查员数量及专业资质，中绿华夏有机食品认证现场检查形成以省内有机产品检查员为主、省外有机产品检查员为辅助的格局。农产品地理标志登记材料审核、现场核查以省级机构为主、市级机构为辅。四是充实壮大工作队伍。江西省通过邀请中国绿色食品发展中心专家授课、组织举办培训班、外派人员参加各类培训班等形式，加大人员培训和注册力度，在全省范围内形成了一支以省级工作机构人员为核心、市级工作机构人员为骨干、县级工作机构人员为基础、生产单位技术人员为补充的“三品一标”工作队伍。2018年，江西省绿色食品发展中心自主办班培训人员1382人次，选派23人次参加中国绿色食品发展中心举办的各类培训班，新注册和重新注册一批检查员。五是强化财政支持。省财政厅、省农业农村厅2018年加大了财政支持力度，对“三品一标”认证补助、证后监管、示范创建、品牌宣传的资金支持达到2140万元，对“三品一标”新获证产品、证后监管与宣传、新创建的13个省级绿色有机农产品示范县、“三品一标”展示展销等进行了资金支持奖励。六是强化宣传。大力支持“三品一标”产品参加“国际有机食品博览会”“绿色食品博览会”“国际农产品交易会农产品地理标志专展”“中国农产品加工洽谈会中部六省绿色食品展”等专业展会，提高知名度。

二、贵州省农业绿色发展分析①

贵州省立足独特的生态、气候等资源，以现代山地特色高效农业、无公害绿色有机农产品为发展重点，培育发展了蔬菜、茶叶、马铃薯、中药材、精品水果、生态畜牧业、特色渔业和特色小杂粮等优势产业。2017年，贵州省茶叶、辣椒、火龙果、刺梨、薏仁米等种植规模居全国第1位；马铃薯、蓝莓种植规模分别居全国第2位和第4位；蔬菜种植面积居全国第7位，国内外市场初步建成，珠三角市场的“菜篮子”基地地位稳固；创建省级农业园区464个，国家现代农业产业园2个，获得国家农业可持续发展试验示范区1个，国家特色农产品优势区2个。贵州省通过蔬菜、茶叶、生态家禽、食用菌、中药材、“一县一业”

① 张剑勇，晏宏，代振江：《贵州省绿色农业发展报告（2018）》，中国绿色农业发展年会网，2018年9月5日。

等“5+1”产业发展带动 83 万贫困人口脱贫，占全省脱贫 120 万人的 69.2%，产业扶贫成为脱贫攻坚的主导力量。

2017 年，贵州省农业委员会通过竞争性选拔确定了 11 个农业部绿色高产高效创建项目贵州省创建县（市、区），实际完成 112.81 万亩。项目区全面采用绿色高产高效技术模式，亩新增净产值 671.57 元。项目区的成功经验为全省推广绿色高产高效创建技术做好了示范、储备了技术。2017 年，全省组织实施了粮油作物绿色增产增效技术示范推广，计划安排实施 200 万亩，实际完成 214.87 万亩，超计划 7.44%。项目实施区粮食作物平均亩产 517.15 千克，与当年非项目区比较，粮食作物平均亩增产 75.58 千克，增长 19.42%。贵州省大力推进化肥减量增效技术，截至 2017 年，创建辣椒、猕猴桃、薏仁米等特色作物“百、千、万化肥零增长”核心示范区样板 428 个；在思南、绥阳、紫云等 24 个县集成应用“有机肥 +”“配方肥 +”“绿肥种植 +”等；创建 21 个果蔬绿色防控与统防统治融合、农药减量增效控害技术示范基地，示范面积 100 万亩，带动 600 万亩以上。

贵州省特别重视农业绿色发展的系统性。2017 年，实施退耕还林还草 36.5 万亩，耕地轮作休耕制度试点 20 万亩，启动果菜茶有机肥替代化肥试点行动，推进畜禽养殖污染整改和网箱养殖整治行动，创建 19360 个“四在农家・美丽乡村”示范点。农业绿色发展离不开技术支撑，贵州省联合贵州大学、省农科院、黔西南州喀斯特研究院，在全省范围内重点开展对水稻、鲜食玉米、青贮玉米、马铃薯、优质油菜、饲料油菜、观光油菜、肥用油菜、杂粮、甘蔗、蚕桑等品种的研究。依托宋宝安院士团队，在全省推广茶树病虫害绿色防控，2017 年全省开展绿色防控面积 210.4 万亩，占茶园总面积的 29.64%，比 2016 年增加 54.84 万亩；总体平均防控效果达到 82.04%。

贵州省高度重视农业绿色发展品牌和质量，修订生产、加工、养殖等地方标准60余项，“三品一标”认证面积达到3496.3万亩，占全省耕地面积的51.2%。经过培育，一批品牌脱颖而出：“贵州绿茶”获得国家农产品地理标志登记保护，是目前全国唯一的省级区域茶叶区域农产品地理标志；“都匀毛尖”获中国十大茶叶区域公用品牌；湄潭翠芽获中国优质茶叶区域公用品牌。湄潭、凤冈、正安、松桃、雷山、思南、普安、余庆、瓮安等9个县被国家质量监督检验检疫总局认定为“国家级出口茶叶质量安全示范区”。“虾子辣椒”“兴仁薏仁米”“威宁马铃薯”获中国百强农产品区域公共品牌。14个果蔬产品进入2017年全国名特优新农产品目录。2017年，全省新增认定无公害农产品产地1750个，累计无公害农产品产地达6355个；全省有效期内“三品一标”种植面积3496.3万亩，占总耕地面积的51.2%；共有“三品一标”农产品4084个，其中无公害农产品2909个、绿色食品64个、有机农产品1057个、农产品地理标志54个。2017年正式启用了贵州省无公害农产品认证管理系统，实现了无公害农产品产地认定、产品认证的线上申报、审核及资料的电子化管理。

贵州省农业绿色发展的经验可以归结为四条。一是发展思路明确。因地制宜，制定发展规划、产业规划，以技术示范带动推广。二是重视品牌和宣传。贵州省为打造“三品一标”品牌，制定了《贵州省绿色农产品“泉涌”工程工作方案（2017—2020年）》，选取“十大产业”农产品品牌作为重点。通过在广州、上海等对口帮扶城市建立直销窗口，建立直营店、网络销售等蔬菜销售渠道，参加各类特色农产品交易会、展销会、博览会，积极申报“三品一标”等方式扩大知名度。三是转变理念、强化队伍。贵州省农业绿色发展与新发展理念相结合、与乡村振兴战略相结合、与脱贫攻坚相结合，积极利用各类优惠政策，获得发展先机。为适应日益壮大的农业绿色发展产业，贵州加快了对各类品牌工作检查员、监管员、内检员“三员”的培训力度。2017 年先后举办“三员”培训班近 30 期，培训检查员（监管员）649 人次，培训内检员 3810 人次；培训注重吸纳基层农业技术推广人员，提升技术类检查员比重，实现了绿色食品检查员队伍建设的多元化发展。四是强化监管，创新机制。贵州省对农业生产基地、生产企业采取形式多样的抽检工作，确保产品质量；建立“认证材料登记”“认证材料受理、文审与上报”“申请材料审查时限”等制度和规定，实现了无公害农产品认证网上电子化管理。

三、宁夏回族自治区农业绿色发展分析①

宁夏回族自治区（以下简称宁夏）地处我国西北地区东部、黄河中上游，被誉为“西部粮仓”“塞上江南”，区域性特色农产品丰富，被认为是中国西部最具代表性的农业试验示范基地。近些年，宁夏依托独特的自然、地理、气候条件，农业绿色发展取得了一定成效。一是绿色食品发展显著。2017 年，绿色食品生产企业 104 家，251 个产品，创历史新高，较 2000 年增长了近 15 倍；产品种类由粮食、乳制品、枸杞等 6 类扩大到食用油、水果、蔬菜、水产、调味品等 12 类；企业年销售绿色食品由 4.7 万吨增加到 40.25 万吨，增加了 10 倍；69 个可申报绿色食品标志许可的自治区级农业产业化重点龙头企业中，绿色食品企业占 14%。二是无公害产品增长迅速。2017 年，累计认证无公害农产品 2062 个，产品抽检合格率稳定保持在 98% 以上。三

① 郭荣，顾志锦，常跃智等：《宁夏绿色农业发展报告（2018）》，中国绿色农业发展年会网，2018年7月16日。

是有机农产品认证稳步增长。2017年，33家49个产品获得认证，较2006年5家企业5个产品有了显著提升；1家企业4个产品获得欧盟有机产品认证。四是农产品质量稳定、有保障。主要农产品合格率98.0%，连续10多年未出现过重大农产品质量安全事件。五是化肥农药零增长，病虫害防治有提升。全区建成专家施肥系统查询服务网点100个，智能配肥站50个，测土配方施肥技术示范推广900万亩，每亩减少不合理施肥量3.5千克，主要粮食作物测土配方施肥覆盖率85%以上。宁夏充分利用"全国农作物病虫害数字化监测预警系统""宁夏农作物病虫害数字化监测预警系统"开展监测调查工作，2017年实现长期病虫害预报准确率87.01%，中短期预报准确率93.81%。六是品牌建设初步形成规模。2017年推选出了具有一定影响力和价值的宁夏农业品牌目录129个，其中农产品区域公用品牌17个、知名农业企业品牌63个、特色优质农产品品牌49个。

宁夏农业绿色发展经验主要有三个：一是注重质量，严格监管。"三品一标"许可审查中坚持宁缺毋滥，证后监管多管齐下，品牌宣贯多措并举，做到再认证、复查换证产品100%监督抽检，绿色食品100%实地年检。此外，还建立了完善的农产品追溯系统，严格的农业投入品登记备案制、网格化的监管体系。二是强化政策、资金支持。自治区党委、政府高度重视"三品一标"发展，"一号文件"多次强化农业绿色发展，多地相应出台了农业绿色发展政策、财政支持政策。三是以项目带动绿色农业推广。宁夏借助中央财政耕地质量提升项目、绿色高产高效创建项目、中央财政小麦病虫疫情防控项目、中央财政水肥一体化技术示范推广项目等推动农业绿色发展。

四、内蒙古自治区农业绿色发展分析[①]

内蒙古自治区（以下简称内蒙古）地处蒙古高原，地形复杂多样，植被丰富但生态脆弱。近些年，内蒙古在新发展理念指导下积极转变发展思路、模式，农业绿色发展进入稳步提升期和攻坚克难期，“三品一标”产品数、企业数、产量显著增长。截至 2017 年 11 月底，“三品一标”产品总数达到 2643 个，用标企业 939 家，总产量 1148.74 万吨，纳入内蒙古农畜产品质量安全监管追溯信息平台管理的企业 1291 家，检验检测单位 130 家，上传检测数据 148176 条，综合检测合格率达到 99% 以上。三年有效期的无公害农产品用标单位 556 个，产品 1270 个，产量 520.74 万吨；三年有效期的绿色食品用标单位 329 个，产品 950 个，产量 396.7 万吨；中绿华夏认证的有机食品企业 54 家，产品 328 个，产量 231.3 万吨，约占农业部中绿华夏有机食品认证中心全国认证有机产品产量的 50%；农产品地理标志登记 95 个，全国排名第七。“三品”用标产品综合抽检合格率达到 99% 以上。内蒙古重视无公害产品和绿色、有机食品的监管，2017 年在全自治区抽检无公害农产品 300 批次，合格率为 99.33%；抽检绿色食品 70 个，合格率均为 100%。为进一步强化监管，2017 年内蒙古以鄂尔多斯为试点，在全市开展网格化移动监管体系，备案各类生产经营主体 1779 家、各级监管协办人员 519 人，对各类生产经营主体开展有效巡查近 100 次。

---

① 王治宇：《内蒙古自治区绿色农业发展报告（2018）》，中国绿色农业发展年会网，2018 年9月4日。

第二节 欠发达地区农业绿色生产面临的问题

一、地区间农业绿色发展水平差异大

从江西、贵州、宁夏、内蒙古四个欠发达省份农业绿色发展成效看，地区之间存在较大差异。南方的江西和贵州相对较好，处于全面开花阶段，而北方的宁夏和内蒙古水平相对较低，处于爬坡攻坚阶段，有地理、气候等自然条件、自然资源禀赋的先天差异，但更多的是理念、政策、路径、机制上的差异。江西、贵州两地具有明确的战略目标，如江西全力推进“以省为单位创建全国绿色有机农产品示范基地试点省”建设，按照省政府要求“打造全国知名绿色有机农产品基地”；贵州则是按照省委、省政府要求打造“无公害绿色有机农产品大省”。宁夏与内蒙古缺乏相对明确的农业绿色发展战略目标，体现出理念和政策上的巨大差异。这种差异必然影响农业绿色发展的路径选择、机制建设和最终成效。

二、地区内农业绿色发展路径不协调

江西、贵州、宁夏、内蒙古都以“三标一品”为抓手发展绿色农业，在此过程中拓展规模化、提高标准化、打造品牌化。规模化、标准化、品牌化是农业绿色发展的三条基本路径，是有机联系、互相影响的关系。三条路径均衡发展、协同推进才能保证农业绿色发展的可持续性。但四省份水平差异较大，个别地区内部三条路径之间的差异也非常明显。具体表现为以下三点。一是规模化模式较为传统，还停

留在物理规模化阶段。个别省份由于自然地理条件制约，很难实现物理上的规模化。组织形式上的规模化发展水平还不高，各种类型的农业经济合作组织发展还相对滞后。二是标准化水平还相对不高，各地标准化还停留在示范项目、示范区、示范基地建设阶段。贵州 2017 年实施的农业部绿色高产高效创建项目在全省 11 个县（市、区）实施，试点面积仅约为 113 万亩；粮油作物绿色增产增效技术示范推广项目，仅落实约 215 万亩。宁夏各类标准化示范项目规模也相对较小，如示范推广耕地质量提升和化肥减量增效技术示范项目面积不到 9 万亩，蔬菜绿色高产高效项目仅为 15 万亩，玉米水肥一体化技术示范区示范面积仅为 6600 亩。江西标准化稍强，2017 年全省拥有绿色食品原料标准化生产基地达到 44 个、面积 853.6 万亩。三是品牌化打造方式相对传统。目前，部分省份还大多依靠电视广告、展销会、博览会等方式，新媒体、自媒体使用较少，创意宣传活动较少。

三、地区内农业绿色发展机制不健全

规模化、标准化、品牌化是农业绿色发展的三条基本路径，要实现这“三化”需要健全的保障机制。从社会发展趋势看，创新驱动机制、人才保障机制、产业融合机制是三个至关重要的机制，当其内化于三条路径时，农业绿色发展才更具备现代化特征。从四省份案例看，各省份内部农业绿色发展机制健全程度、协同性均有较大提升空间。一是创新驱动存在明显不足。规模化、标准化、品牌化均有创新驱动发挥作用的空间，要提升“三化”，必然要通过创新实现，以农业生产组织形式创新促进规模化，以技术和组织创新提升标准化，以宣传创新打造品牌化。二是人才保障机制短板明显。当前，各地人才培养机制还以农业系统科研院所、农业系统内部管理人员为主，对系统外部的人才吸引不足，未来农业绿色发展既需要科研人才、政府管理人才，更需要大批“绿色农民”从业人才、绿色农业产业人才、绿色农业商业人才。三是产业融合机制程度相对较高，但宽度不够。当前，各地农业绿色发展产业融合重点为一二三产业融合，与互联网、物联网等技术融合还相对不足，“互联网＋绿色农业”、智慧绿色农业格局尚未形成，未来还有较大提升空间。

第三节　欠发达地区农业绿色生产路径与案例借鉴

一、农业绿色生产规模化

当下，资本、信息作为主要生产要素的潜力得到深度挖掘，产出能力日益增强，而农业土地和人力资本的利用水平、产出水平没有实质性变化，农业人口无法仅靠自家承包土地、单打独斗实现富足，更无法缩小与城市的差距。未来农业发展的一条重要道路是发展规模化绿色农业。所谓农业规模化，既包含了地理上的规模化，也包含了组织管理制度形式上的规模化，即既可以是土地使用的规模化，如农场，也可以是农业管理制度上的规模化，如农业合作社。我国地形复杂多样，山区面积广大，一部分欠发达地区地形以丘陵、山地为主，这类地区可以以组织管理的规模化为主，有条件的地区以土地物理集中规模化经营为辅；另一部分欠发达地区分布在中东部平原地区，这类地区农业绿色规模经营可以通过土地物理集中规模化与组织管理制度规模化相结合。因地制宜，通过土地物理规模化和组织管理制度规模化发展绿色农业，是欠发达地区提高农业生产率、附加值的有效途径，部分地区已取得一定成效。

贵州省都匀市，立足资源禀赋、气候条件、产业基础和市场需求等，因地制宜，选准选优特色产业，力求在规模化上取得突破，带动群众就地脱贫。过去，受交通、资金、观念等多种因素影响，都匀市农村产业"小、散、弱"的特征较为突出，农产品"好的不多、多的不好；样样都有，样样都不成规模"。近年来，都匀市认真贯彻落实贵州省委、省政府关于500亩以上坝区农业结构调整重大战略部署，大力推进都匀市坝区建设和农业产业结构调整，围绕产业发展"八要素"，解决好在发展坝区产业过程中的一系列问题，瞄准市场需求，在推动坝区建设和农业结构调整上取得重大突破。同时借助粤港澳大湾区"菜篮子"建设的契机，与广州市农业局签署协定，在都匀市设立粤港澳大湾区"菜篮子"产品配送分中心，以标准化、市场化、集约化、组织化为目标建设绿色食品物流体系，将黔南的绿色生态特色农产品供应至珠三角及粤港澳地区，助推"黔货出山、优品入黔"，实现优势互补、互利共赢。近年来，我国农业产业化发展迅速，龙头企业功不可没。龙头企业不仅是带动农民增收的中坚力量，也是按照规模化、集约化、组织化方式引导农民、帮扶农民、提升农民的骨干力量。龙头企业的优势，往往是家庭农场与农民合作社的劣势。龙头企业增强对家庭农场与农民合作社的提升带动能力，是完善现代农业经营体系和农业产业化支持政策的重要方向。都匀市采取"龙头企业+合作社+基地+农户（贫困户）"等产业扶贫模式，用科技助力坝区农业产业结构调整，实现农村产业结构调整提质增效，探索建立了科技助力产业结构调整的长效机制，推动了农业产业结构调整创新驱动发展。都匀市从墨冲良田坝区入手，引进贵州珠江源生态实业有限公司，创建蔬菜标准化、规模化示范基地1000余亩，通过选用优质品种、季节调整、新技术推广运用“321”高效模式种植（指应用周年高效种植技术，在基地分类实现年亩产值3万元、2万元、1万元的目标），带动全市蔬菜规模化、标准化种植5万亩，产量45万吨，实现产值11亿元；同时解决了当地463户土地流转户及墨冲镇150户易地搬迁贫困户800余人的就近务工，人均全年增加收入14000元。在良亩村，通过“资源变股权、资金变股金、农民变股民”的“三变”方式，推动农村资产股份化、土地股权化，实现公司与贫困户的“双赢”。良亩基地15户建档立卡的贫困户，以18亩土地入股合作社，每年分红2.7万元，户均分红1800元，积极带动良亩村贫困户和村集体经济发展。良亩村用产业发展资金16万元入股合作社发展蔬菜种植，带动贫困户34户106人增收，实现户均年分红423.53元；以产业发展资金4万元入股合作社，年分红3600元，用于贫困户临时救助和村公益事业。通过借助良田坝产业扶贫蔬菜基地的示范带动作用，带动了周边乡镇发展规模绿色蔬菜种植2万余亩，主要种植茄子、节瓜、苦瓜、南瓜、豇豆、花菜、西蓝花、香细菜、豌豆、菜薹、白菜等十余种精品蔬菜，年收商品蔬菜7600吨，实现总产值1876万元。

湖南省江华瑶族自治县在绿色生产规模化实践的过程中，实现了从“小农经济”模式向规模化、标准化农业的蜕变，经营模式也向着多元化、集约化大踏步前进，农民收入不断提升，农村发展日新月异。目前，江华瑶族自治县已相继成为国家生猪调出大县、全国蔬菜产业重点县、湖南省粮食生产先进县、湖南省茶叶生产优势区域县、湖南省林业十强县和湖南省县域经济发展先进县，全县粮食生产实现11

连增。2014 年，全县农作物播种总面积 102 万亩，实现农林牧渔业总产值 34.65 亿元，其中农业产值 12.31 亿元。江华瑶族自治县特产的瑶山雪梨蜚声南北，远销全国各地，2008 年成功进驻沃尔玛、家乐福、麦德龙等大型超市并热销。通过品牌的力量，带动了全县雪梨种植规模化发展。目前，全县已形成水果规模基地 3840 公顷。瑶山雪梨的龙头企业——六月香果业有限公司，除了把雪梨确定为公司的主打品牌，又在桥市乡开发了近 2000 亩水蜜桃基地。除种植优质水果外，江华瑶族自治县六月香果业有限公司还投资 3 亿元，建设经营农产品冷链物流园及农产品交易市场，建库规模为 2 万吨。公司利用国际先进的加工设备和生产管理经验，采用大型气调储藏方式，极大地延长优质水果的保质、保鲜期；同时，逐步发展基地农产品的分选、加工生产线。全国最大的水果种植精深加工企业杨氏果业股份有限公司入驻江华瑶族自治县，投资 6 亿元建设果园基地和水果精深加工厂，采取“公司 + 合作经济组织 + 基地 + 农户”的方式，打造特色水果产、供、销一条龙产业链。温氏食品集团股份有限公司作为畜牧业的龙头企业，投资 3 亿元建设生猪养殖加工和饲料加工基地，2014 年实现年出栏生猪 50 万头。随着温氏食品集团股份有限公司、杨氏果业股份有限公司、中旺农业科技发展有限公司等一批农业龙头企业的引入，带来了高新科技、先进管理等现代化理念和技术，加速了江华农业产业的规模化、标准化和现代化的发展进程，也为农民增收提供了坚实保障。

二、农业绿色生产标准化

从概念上看，农业标准化就是运用“统一、简化、协调、优选”原则，把先进的生产技术和成熟的经验组装成农业标准，并通过标准的制定和实施，对农业全产业链各个环节进行标准化生产和管理，达到农产品生产和农副产品加工优质、高产、高效、安全的目标。通过相对标准的投入品（种子、肥料等）和相对标准化的方法、技术，来提升农产品产量、质量和安全性，实现生产过程的标准化。生产出的农产品，应该符合国家、市场相关标准，满足消费者对该类产品的需求，达到生产结果的标准化。标准化能降低农业生产成本、提升生产效率、提高农产品品质，也是农产品品牌化、市场化的基础。

农业生产上，标准化不是个别农户实践就行，需要区域整体共同标准化才能产生积极的效应。标准化的一大难点在于种植户在看不到确定收益的情况下，一般不会“冒险”尝试。所以标准化对产业带来的积极效应不会一蹴而就，需要几个生产周期（农业生产本身生成周期性较长），导致要求大规模的种植者采用一个相对固定的标准生产变得很难。但只有区域整体标准化提升，带来整体农产品的品质提升，才能够吸引更多采购商，农产品价格自然就会上涨。实践表明，欠发达地区通过农业绿色生产标准化可以有效促进农业发展。

蒲江猕猴桃是四川省成都市蒲江县的特产，是中国国家地理标志产品，具有“果形美观、香气浓郁、酸甜爽口、风味独特、营养丰富”的独特品质，已经成为蒲江农业的一张名片。诞生于 2020 年的“猕猴桃原产地 8S 标准化产业联盟”，由成都鲜农纷享、蒲江县猕猴桃协会以及当地的技术专家、产地经纪人共同组成，是浦江猕猴桃产业的一个新生组织，其生产的“甜美滋”系列猕猴桃已实现远销欧洲、东南亚。协会及技术专家在联盟中扮演推动标准化种植的角色，利用物联网和大数据技术对播种前的种子、土壤进行检测，种植过程中的病虫害绿色综合防控，产出的物流冷链和品牌化销售等 8 个流程进行严密监控，用专业的标准改变了传统农业的生产和销售方式，从根本上提升了水果的生产效率和产品品质，进而推动整个产业的提档升级。为了避免“单打独斗”难以实现标准化的窘境，产业联盟在全县招募种植户，免费为其提供半亩地一年的标准化服务（标准化技术 + 标准化投入品），吸引种植户加入。通过标准化方案管理的果品，最终纳入产业联盟统一做品牌化运作，从而实现“优果优价”，让农户切实看到利益，吸引和带动更多种植户加入联盟，进而从整体上推动了蒲江县猕猴桃种植标准化水平的提高。

湖州农业生产在标准化实践的过程中，走出了自己的特色。湖州市吴兴区通过多举措大力发展绿色生产，推进农业标准化。一是制定标准化模式图。组织开展“送标入园”行动，指导全区 142 家具有一定规模的企业按照标准化模式进行生产。全区已建成农业标准化示范园 26 个，农业标准化生产程度达 70%。大力开展“三品一标”认证，全区有效期内无公害农产品 80 个，绿色食品 18 个，“三品一标”产地面积近 22 万亩，主要食用农产品中“三品”比率达 69%，获得省市农业品牌或商标 59 个，获得市政府颁发的农产品质量奖产品 3 个。二是推广减量化新技术。全面推行统防统治、绿色防控、配方施肥、健康养殖等绿色生态种养模式，实现病虫害防控方式从单家独户防治向专业化统防统治的转变。推广测土配方施肥近 58 万亩次、病虫害统防统治面积 12 万亩、绿色防控面积超过 1.3 万亩、应用商品有机肥 9600 吨，化肥、农药使用量分别减少 400 吨、20.5 吨。三是促进清洁化种养殖业。制订《吴兴区土壤污染防治工作方案》，持续开展耕地质量保护与提升、危废环境督导等专项行动，严防有害废弃物污染环境。开展畜牧业整治提升，完成畜禽养殖场排泄物综合治理 145 家，落实生态消纳地 2.5 万亩，建立病死畜禽收集点 5 个。全域推进存栏 50 头以上猪场畜牧云平台安装，已实现 14 家保留猪场在线实时监管。

三、农业绿色生产品牌化

品牌是影响农产品销售的重要因素，能为优质农产品价值实现带来乘数效应。品牌不仅是农产品的符号，更承载了企业的文化、形象，决定着消费者与企业之间的关系。当前社会，吃得安全、吃得精致成为消费者饮食的重要考量，绿色、无公害、有机食品等概念产品的市场潜力巨大。未来绿色发展转型中，利用传统媒体和“互联网 +”等新兴手段加强农产品品牌市场营销，大力推进农产品区域公用品牌、企业品牌建设，讲好农业的品牌故事，是一条必要、可行的道路。

贵州省凤冈县把茶叶作为农业产业结构调整、开发绿色产业的突破口和支柱产业，采取“规模化、标准化、品牌化”的运作方式，坚持以全域有机、全产业有机的“双有机”为引领，坚定绿色兴农的发展思路、质量强农的发展战略。凤冈县始终严把茶叶质量安全关，全力推进生物农药替代化学农药、有机肥替代化肥行动，实现了“生产有记录、信息可查询、流向可追踪、责任可追究、产品可召回”的质量管理体系和追溯体系。茶叶有机认证面积超过 5 万亩、绿色认证面积达 2 万亩。得益于此，凤冈县荣获“国家级出口茶叶质量安全示范区”“全国生态产茶示范县”等称号，凤冈锌硒茶先后通过“原产地域保护产品”“国家地理标志保护产品”和“《中欧地理标志协定》第一批 100 个知名地理标志产品”等认证。截至 2019 年，凤冈县茶园面积达 30 多万亩，规模以上茶叶加工企业 12 家，有机认证企业及基地 21 家；2019 年出口茶叶达 5933 万美元，在全国茶业百强县中排名第 6，凤冈锌硒茶更是被评为“中国最具品牌发展力”三大品牌之一，品牌价值近 20 亿元。

品牌是一种无形资产，其形成需要一个较长的过程。各地区应该根据实际情况、发展目标、市场行情来定位。我国农业品牌建设仍处于起步阶段，还有不少短板。品牌建设问题在欠发达地区尤为突出。由于农产品进入市场的手段较为简单，大多数企业往往注重加工、轻视销售，不注重品牌宣传。品牌建设是一项系统工程，应该坚持以市场为导向，合理品牌定位、树立品牌形象，调整优化农业生产结构和产品结构，推进品种品质细分，做强做大品牌农产品；让农民切实体会到农产品品牌效应带来的经济效益，克服小农经营思想，把农业生产和品牌建设结合起来。搞好品牌形象推广，培养消费者的忠诚度，确保品牌的增值。支持特色农产品优势区因地制宜地建设一批特色化品牌，让品牌成为优质农产品和区域特色产业的代表性符号。加强质量管理，用严格的产品质量标准来培育品牌，建立完备的生产、加工、运输、储藏、销售等全面的质量控制体系，规范绿色农产品的生成活动流程。坚持以品牌建设促进农产品品质提升，推进农业绿色发展。

第四节　欠发达地区农业绿色生产实现机制

一、农业绿色生产实现的创新驱动机制

绿色农业要完成高质量的可持续增长，科技创新是关键。2018 年，农业农村部组织编写了《农业绿色发展技术导则（2018—2030 年）》（以下简称《导则》），旨在通过全面构建农业绿色发展技术体系，引领全国科技人员调整科研方向，优化资源布局，把科技创新的重点转变

到注重质量和绿色上来，推动农业农村经济发展实现质量变革、效率变革和动力变革，引领支撑农业农村现代化和乡村全面振兴。《导则》强调，通过加大科技投入、完善支持政策、建立奖励制度等保障措施，充分调动各方积极性，着力推动形成绿色生产方式和生活方式，着力加强绿色优质农产品和生态产品供给，着力提升农业绿色发展的质量效益和竞争力，为实施乡村振兴战略和实现农业农村现代化提供强有力的科技支撑。从根本上解决农业科技力量弱、农村发展存在短板等诸多问题，当务之急是加强农业与科技融合，大力提高农业科技水平。一方面，要不断提高农业科技创新研发经费投入强度，提高农业科技财政支出规模，加大农业科技创新研发经费投入，加大对于循环农业技术等农业基础性科技研发经费投入；另一方面，要切实优化农业科技财政支出结构，有重点、有步骤地支持农业科技创新，提升农业科技型企业的成长能力，提高农业科技竞争能力，形成推动农业科技创新的长效机制。2021 年科技部关于印发《国家高新区绿色发展专项行动实施方案》的通知中强调绿色技术研发攻关，支持国家高新区围绕产业绿色发展、生态环境治理等领域，加快培育绿色技术创新主体与绿色技术成果，全面增强绿色创新发展的引领支撑能力，培育一批绿色技术创新龙头企业和绿色技术创新企业，支持企业创建绿色技术工程研究中心、绿色企业技术中心、绿色技术创新中心等。农业现代化，关键是农业科技现代化。未来，我们依然要在壮大农业科技创新主体上下功夫。加强农业科技创新平台建设，特别是推动重大源头农业科技创新平台建设，加强面向农业产业层面的科技创新应用研究与开发，带动相关重点农业产业更好发展。同时在资源投入相对有限的情况下，推进农业科技现代化需要有效促进科技创新成果转移转化，提高农业科技转化效率。同时，要围绕农业供给侧结构性改革，加大对绿色农业为导向的科技研发投入，树立多元化的资金投入机制，吸引社会资本参与农业绿色科技创新，鼓励农业面源净化源头控制、农业节水灌溉、有机种植、循环型农业等的科技研发，补齐农业现代化的短板。在政策上，完善并落实绿色农业激励机制，加快以绿色生态为导向的农业补贴机制改革，树立绿色农业科技精准扶贫机制，引导农业生态创新。

黑龙江省北安市东胜乡在“寒地黑土”绿色高效农业的道路上开辟出了新篇章。作为北安市整乡推进试点先行区，东胜乡按照“一年试点、两年推广、三年铺开”的总体建设思路，绿色农业优势渐渐凸显，有力地推进了农业供给侧生态转型。东胜乡按照标准水稻生产示范基地建设，科学指导寒地水稻项目开发，抓好渠首干渠工程、灌区土地整理、水稻核心区配套设施建设，依托乌裕尔水产专业合作社，积极发展稻蟹综合种养，加快推进水稻高科技生产展示区、千亩高标准水稻生产示范田，结合物联网建设，打造全省高标准寒地水稻生产示范基地。同时，以寒地水稻发展为依托，逐步构建万亩生态循环休闲农业田园综合体建设，探索推进农村经济社会全面发展的新模式、新业态、新路径。示范区里的100个智能育秧大棚可以为1.3万亩稻田提供优质秧苗，70多台套农机设备有力保障标准化作业；物联网信息中心涵盖催芽育秧车间可视化监控系统、智能化育秧大棚生长环境采集及控制系统、全智能节水灌溉控制系统、气象监测与数据分析系统、水稻病虫害诊断与防治系统、农产品质量追溯系统六大业务内容，实现了对水稻生长全过程数据采集与现代化管理。搭载了物联网信息技术的农业生产，不仅节省人力成本，大幅提升生产效率，还为水稻精准化种植和绿色发展提供了相关数据支持。在蟹稻种养过程中，为了最大限度保证绿色生态，示范区减少化肥使用量达60%以上，减少农药使用量近 90%，真正做到了减量增收，提质增效。绿色农业的发展意味着好品质。2018 年底，东胜乡水稻绿色发展示范区被农业农村部评选为国家级稻渔综合种养示范区。目前，示范区里的河蟹和水稻都已通过品牌注册，只要用手机扫一下产品二维码，产品信息就能显示出来，同时还可以看到蟹稻生长全过程，实现农产品追溯。

我国正处于农业供给侧结构性改革的调整转型过程中，优化和升级潜力巨大。围绕农业增效、农民增收，主动适应消费升级变化，加快农业结构调整步伐，着力形成有质量、有效益、可持续的农业供给体系。要坚持以科技为支撑，适应农业转方式调结构新要求，调整农业科技创新方向和重点，加快农业科技创新与转型升级的紧密融合。要坚持以质量为引领，实施农业标准化战略，突出优质、安全、绿色导向，健全农产品质量、食品安全标准体系，提升农产品质量安全水平。要坚持以市场为导向，优化农产品供给结构，大宗农产品突出优质专用，其他农产品突出特色优势，增强农业综合效益和竞争力。

党的十八大以来，我国在育种种植、耕地质量晋升、化肥农药减施增效、农业废弃物资源化应用等范畴已经研究并推广了一批先进的技巧模式，并取得了显著的成效。2019 年的中央一号文件指出要大力发展紧缺和绿色优质农产品生产，推进农业由增产导向转向提质导向。统筹推进山水林田湖草系统治理，推动农业农村绿色发展。加大农业面源污染治理力度，开展农业节肥节药行动，实现化肥农药使用量负增长。发展生态循环农业，推进畜禽粪污、秸秆、农膜等农业废弃物资源化利用，实现畜牧养殖大县粪污资源化利用整县治理全覆盖，下大力气治理白色污染。扩大轮作休耕制度试点。创建农业绿色发展先行区。下一步，要在观点和行动上坚决贯彻习近平新时代中国特色社会主义思想，以绿色科技支持农业绿色成长，以绿色成长引领乡村振兴，实现“农业可持续发展、农民生活更加富裕、乡村更加美丽宜居”的目标任务。

二、农业绿色生产实现的人才保障机制

与传统农业相比，现代农业已发生了翻天覆地的变化，机械化、电气化、智能化的农业取代了传统农业。实施乡村振兴战略，夯实农业的基础地位，把饭碗牢牢端在自己手中，关键在人才体系的建设。培养一批知农、爱农的农业专门人才，才能更好地服务“三农”发展，实现兴农强农目标。

农业技术的进步推动着现代农业、智慧农业的发展，而随着农业向现代化、智慧化转型，农业发展新模式、新业态、新形态方兴未艾。适应现代化、产业化的生产方式，推动现代农业的进一步发展，需要更多高素质的农业从业者，但当前，农技推广服务体系改革发展还面临很多矛盾，如何保证有人推广服务、愿意推广服务、高效推广服务还存在不少困难，农技推广服务“最后一公里”问题还没有得到根本解决。以政府为主导型的农业技术推广模式，由于其理论陈旧，与农民接触少，实践能力弱，缺少兼用型人才等原因，不能满足现代农业发展的需要。中国农业大学张福锁院士指出，当前农业生产主要存在三大脱节：第一个是农民需要科技人员，但找不到他们，所以科技人员跟农民脱节；第二个是农业生产与产业需要科学技术、需要科研，但是真正满足生产与产业的科研是不够的，所以科研跟生产需求脱节；第三个是我们需要热爱农业、有情怀的农业人才，但是每年七八百万的大学生、研究生毕业，真正有实践技能、有“三农”情怀的人太少，造成农业人才紧缺，所以人才培养跟社会需求是脱节的。

要想解决这些脱节的问题，就必须实现专家与农民零距离、科研与生产零距离、育人与用人零距离。“科技小院”作为一种新型农业研究生培养模式，主要的职责是服务企业，为社会培养专职农业高技术人才，然后通过公司进行农业技术推广，实质上是企业高校共同合作，推动农业技术的一项组织创新。2009年，中国农业大学在河北省邯郸市曲周县创建第一家“科技小院”，现如今全国已经有近20个“科技小院”正式成立，并还在不断发展扩大中，分布于全国各个省份，针对不同的农业种植类型，为当地农业进行全方位服务。

研究生在“科技小院”里驻村进行试验示范推广工作，直接就农业生产中的实际问题提出解决方案，将论文写在大地上，采取零距离、零门槛、零时差和零费用的方式，向农民、农户和生产组织示范和展示看得见、摸得着的都市农业新成果；试验示范推广实用型都市农业技术，引导农民进行高产、优质、高效、生态、安全生产，对农民进行针对性的培训，通过面对面的互动式、参与式、实践式的“科技小院”推广方式，不断提高他们自身解决在发展都市农业生产过程中遇到的技术难题的能力和水平；通过科技的有效宣传、示范与推广应用，不断提高土地产出率、资源利用率和劳动生产率，探索切实可行的现代绿色农业可持续发展之路。

驻村科技人员（即“科技小院”研究生）进入“科技小院”后，与农民同吃、同住、同劳动，零距离地接触“三农”，在深入生产一线、参与农业生产的过程中，一方面熟悉环境，适应基层生活和工作，熟悉农村现状，了解农业生产实际，培养与农业、农村和农民的感情，为开展各项科研和农技服务活动奠定基础；另一方面是在田间地头向农民、农业技术员学习生产知识，将大学与研究生阶段学习的农业理论知识与生产实践不断结合，丰富实践经验，锻炼运用所学的理论知识以及生产实践知识帮助农民解决生产中出现的问题的能力，并在校外指导老师和基层农技人员的指导下参与农业技术系统化、技术创新及推广。

联合国粮农组织出版政策建议与创新家庭农场专题研究案例专辑，将中国农业大学“科技小院”模式树立为在农业生产一线开展科学创新和技术服务的典型案例，向全球192个国家和地区的农业部门发布。至截稿时我国已经建有290多个“科技小院”，涉及29个主要作物体系，形成了284项农业生产技术，先后培训了农民28万人次，为农民增产增收、扶贫扶智、脱贫攻坚做出了突出贡献；同时在农业生产一线培养了551名高素质专业硕士研究生，陆续受到中央电视台、新华社、《人民日报》等主流媒体的报道。2019年开始，中国农业大学先后招收了40名非洲专硕研究生，以“科技小院”模式进行培养，探索向非洲国家转移、服务非洲农业绿色发展的机制和做法。

科技人员跟农民脱节、科研跟生产需求脱节和人才培养跟社会需求脱节是限制当前农业绿色发展的主要因子。“科技小院”模式在农业生产一线和农民同吃同住同劳动，基于小农户的需求开展系统研究创新，在为农业生产一线提供系统解决方案的同时，锻炼和培养了一批高素质研究生，并对当前的农业创新体系建设、现代农业技术转化和农业推广服务具有很大的启示和借鉴意义。

广西金穗农业集团有限公司是集农业开发与休闲旅游于一体的农业产业化国家重点龙头企业，主要从事国内外香蕉、火龙果、柑橘生产等，集一二三产业于一身，在国内外承包土地达8.7万亩。2011年，中国农业大学与广西金穗农业集团有限公司合作成立了首个面向企业服务的基层“科技小院”。“科技小院”的设立不仅为企业带来了新的农业技术，解决生产难题，也为校企人才共培养、企业人才引进，校企项目合作与交流打开了通道，更为先进农业技术的推广、发明专利的转化提供了新的契机，达到了校企双赢。在全国“科技小院”中，金穗科技小院具有鲜明的特色，其主要目的是为大型农业企业解决生产问题，将培训新型农民、科技服务“三农”、培养高端农业人才、保障产业技术集于一体，形成全新的农业推广体系及技术培训模式；其以中国农业大学为依托，与农业企业紧密联合，以学生为主体，以导师为项目领导人，长期驻扎农业企业基地，在实际农事操作中发现问题，确定选题方向，将高校科研成果落到实处。在中国农业大学“科技小院”师生的协助下及广西金穗农业集团有限公司全体员工的努力下，企业的科技实力日益增强，从以前的靠天吃饭到现在的生产全程靠科技，公司在全国同行业中的影响力日益提高，创建的广西香蕉优质高产高效技术模式成为全国典范，香蕉采后保鲜及深加工产业链处于国家前沿，并建立起广西香蕉育种与栽培工程技术研究中心省级平台，被评为全国农业（香蕉）标准化示范园区、广西现代特色农业（核心）示范区；与地方政府共建的定典屯土地流转示范村，大力发展旅游业，集观光、采摘、休闲、民俗于一体的特色乡村游吸引着更多的商客及消费者，进一步提升了企业的品牌和经济效益，也为周边村户带来可观的经济收入。

在建设发展过程中，“科技小院”为培养更多知农爱农的人才开辟了新途径。在“科技小院”的经历有助于打破年轻人对传统农业生产生活的偏见，让他们更多地了解现代农业发展现状，看见农业发展的潜力和魅力，认识到发展农业对于提高亿万农民生活水平、助力现代农业产业发展、支撑现代乡村建设的意义，真正知农爱农。“科技小院”开创了创新产权制度、培育新型经营主体、培养新型职业农民的新方法和新模式。

三、农业绿色生产实现的产业融合机制

"三农"问题是关系国计民生的根本性问题。2016年12月，中央农村工作会议指出，要坚持新发展理念，把推进农业供给侧结构性改革作为农业农村工作的主线，培育农业农村发展新动能，提高农业综合效益和竞争力。推进农业供给侧结构性改革，要在确保国家粮食安全的基础上，促进农业农村发展由过度依赖资源消耗、主要满足"量"的需求，向追求绿色生态可持续、更加注重满足"质"的需求转变。该次会议同时提出，推进农业供给侧结构性改革，首先要把农业结构调好调顺调优。要促进融合发展，优化产业结构，着眼提高农业全产业链收益，努力做强一产、做优二产、做活三产。党的十九大报告提出，要实施乡村振兴战略，促进农村一二三产业融合发展。促进农村一二三产业融合发展，是以习近平同志为核心的党中央针对新时代农村改革发展面临的新问题做出的重大决策，是实施乡村振兴战略、加快推进农业农村现代化、促进城乡融合发展的重要举措，是推动农业增效、农村繁荣、农民增收的重要途径。新时代促进农村三产融合有四个要点。

（一）新时代促进农村一二三产业融合发展包含新内涵、新要求

促进农村一二三产业融合发展，是新时代做好"三农"工作的重要任务，不仅事关农村产业发展和农民增收，而且会在更深层次上对整个国民经济发展中的要素流动、产业集聚、市场形态乃至城乡格局产生积极影响，为经济社会健康发展注入新动能。从我国发展新的历

史方位看，农村一二三产业融合发展空间更加广阔。中国特色社会主义进入新时代，我国社会主要矛盾已经转化为人民日益增长的美好生活需要和不平衡不充分的发展之间的矛盾。解决发展的不平衡不充分问题，需要在行业、区域、城乡之间打破原有阻滞障碍，调配好各种资源要素，形成资本、人才、技术、信息等要素顺畅流动、融合发展的新局面。因此，农业农村经济发展不能局限于某一个领域、产业或地域，要加快促进农村一二三产业融合发展，更好地整合资源要素，实现产业和区域间的优势互补、良性互动。

毕节市位于贵州省西北部，属于典型的喀斯特山区，严重制约农业机械化和规模化发展。2018 年以来，毕节市委、市政府认真贯彻落实乡村振兴战略和贵州省委、省政府“来一场振兴农村经济的深刻的产业革命”的重大决策部署，结合各县（区）实际，围绕特色化、差异化发展思路，大力优化农业产业结构，推动特色产业提质增效，农业产业化经济取得了突破。在“中国南方马铃薯之乡”的威宁自治县提出建设马铃薯一二三产业融合的精准扶贫项目，引进中农发种业集团，探索农村“三变”改革运行模式，总投资 20 亿元，建设马铃薯一二三产业融合精品扶贫项目，融组培科研、种薯扩繁、加工销售、生产服务为一体，与精准扶贫相结合，促进马铃薯产业的裂变发展和转型升级。按照“三变”“五联”要求，积极采取“公司 + 合作社 + 村集体 + 基地 + 农户”模式，在全县组建 100 余个专业合作社，对全县 165 万亩马铃薯实行全程跟踪管理，最终达到统一供种、统一技术管理、统一加工销售，提升品质，创建品牌，形成强大合力。项目惠及全县约 20 万户马铃薯种植户的 90 余万人，其中精准扶贫户 3 万余户 12 万余人，为精准扶贫户 “保驾护航”。

黔西县以林泉镇海子村为重点的镇村是 2016 年农业部农村

一二三产业融合发展试点，项目总投资3639万元，“一产”打造精品水果猕猴桃示范园1600亩、标准化速生蔬菜基地1000亩、食用菌基地1000万袋，专业合作社10家以上；“二产”建成年产1000万袋食用菌菌棒厂、猕猴桃和食用菌冷链设施3200立方米、产地交易中心5000平方米、农业废弃物生化处理制肥厂3000平方米；“三产”建成集餐饮、民宿等于一体的乡村旅游点，培育20家农家乐并相继开业。地处黔西县杜鹃办事处乌螺坝社区的水西泰丰园，是一个具有黔西北山区风光特色的生态休闲旅游地和观光生态农业园，也是贵州省“5个100工程”中100个现代高效农业示范园区之一。水西泰丰园物美价廉的特色美食、古朴浓郁的地方少数民族歌舞、先进的设施农业种植技术等吸引了八方游客前来观光，成了贵阳市的“后花园”。这座总投资达5800万元，集休闲观光、科普教育、带动示范等功能于一体的现代农业示范园带动附近群众发展精品蔬菜种植和第三产业，在黔西起到了广泛的辐射示范作用。

赫章县着力打造产业融合发展平台，依托粮食生产功能区、现代农业产业园等“三区三园一体”平台，推进政策衔接，整合项目资源，推动农产品全产业链发展。在巩固核桃产业的基础上，坚持抓产业、调结构，推动一二三产业融合发展。随着野马川工业园区、六曲河镇返乡农民工创业园等“一园三区”建设，全县2000万元以上规模工业增加值从3.71亿元增加到14.7亿元，年均增长31.7%。织金县以农村产权“确权、赋权、易权”为抓手，把群众联合起来，探索创新“村集体经济”入股分红扶贫模式，逐步推进“资源变资产、资金变股金、农民变股东”的农村“三变”发展模式。目前，在茶店乡实施的竹荪裂变发展示范基地计划投资1800万元，项目通过村集体经济入股、贫困户土地入股、流转土地、解决就业等方式，带动贫困户脱贫致富。

项目建成后，平均亩产竹荪100千克以上，可实现产值2500万元以上，获利700万元以上。

纳雍县境内以山地为主，山势起伏大，可用来耕作的面积较小，加之当地资源开发利用率低造成的产业结构单一，劳动者素质偏低等状况，严重制约当地农业发展。2020年8月，毕节市首家“科技小院”在纳雍县寨乐镇瑞丰社区揭牌成立。该“科技小院”由云天化股份有限公司与中国农业大学合作建立，集教学、科研、农技推广、成果转化于一体，旨在通过科技人员全程跟踪指导式服务创新、农户组织共建模式创新与技术扩散途径创新等手段，引导农民科学管理和精细化生产，实现作物高产和资源高效利用。通过革新种植技术，进行科学的田间测土配方施肥，帮扶农民实现科技种植，改变种植户田间管理的落后技术。对于像纳雍县立足发展新型农业，调整农业种植结构的地区，农民以前主要以基础农业种植为主，改变耕作习惯是一个挑战。“科技小院”的到来，正好结合云天化产品和服务商，走进田间地头的“最后一公里”，为农民朋友提供零时差、零门槛、零距离的服务。“科技小院”的常驻人员还可以定期、不定期地开展一些知识讲座，提高当地农民种地素养，把小院办成一所集科技创新、示范推广、技术服务、人才培养和推动农业发展等功能于一体的农业培训学校，为纳雍县农民提供增值服务。

（二）新时代促进农村一二三产业融合发展需要新观点、新思路

新时代促进农村一二三产业融合发展，要牢固树立新发展理念，主动适应把握引领经济发展新常态，不断深化农业供给侧结构性改革，加快转变农业发展方式，加快推进农业农村现代化。一要坚持以市场

需求为导向。新时代促进农村一二三产业融合发展，要使市场在资源配置中起决定性作用，坚持依靠市场主体、围绕市场需求发展生产，利用市场手段和价格信号，自主选择要素投入规模和水平、产业发展方向和布局、融合发展方式和路径，立足质量兴农、品牌强农战略，不断发挥区域优势、资源优势、产业优势，实现差别化、品牌化发展，提升比较效益、综合效益。二要坚持以绿色发展为引领。坚持人与自然和谐共生，走乡村绿色发展之路，必须处理好经济发展和生态环境保护的关系。要把绿色发展贯穿于农村一二三产业融合发展各环节、产业兴旺全过程，以绿色发展引领产业融合，节约集约循环利用各类资源,大力发展绿色加工,优化产业布局,推动农产品从种养到初加工、精深加工及副产物利用无害化，鼓励支持农产品加工业与休闲、旅游、文化、康养等产业深度融合，努力构建农村产业绿色发展的生态链、产业链、价值链，使绿色成资源、有价值、可开发、增效益、促增收。三要坚持以利益共享为目标。新时代促进农村一二三产业融合发展，根本目的是让农民更多分享二三产业增值收益。要坚持农民主体地位，充分尊重农民意愿，切实发挥农民在乡村振兴中的主体作用，把维护好农民群众根本利益、促进农民共同富裕作为出发点和落脚点。四要坚持“基在农业、利在农民、惠在农村”的总要求。以利益共享为目标，构建多样化、多元化、多形式的农村一二三产业融合发展利益联结机制，促进小农户和现代农业发展有机衔接。对欠发达地区，要制定特殊政策引导和支持更多农民加入产业融合的过程之中，按照让农民付出劳动、创造价值、分享利润的要求，把劳动就业嵌入全产业链，将家庭经济融入全价值链，使农民收入体现在全利益链上。

湖南省涟源市桥头河蔬菜专业合作社借助农村一二三产业融合的利好政策，延伸蔬菜产业链，发展休闲观光农业，打造集生产、生态、休闲功能于一体的桥头河蔬菜公园。合作社自筹资金1100万元，申请奖补资金260万元，并整合水利、农业等相关项目，在合作社与生产基地的基础上进行蔬菜公园一期、二期建设，以“蔬菜公园”理念探索休闲农业新模式，将4.5千米的生态河堤和风雨桥改造成步行道和自行车道，对河道进行了疏浚，建设了防渗河岸等。通过项目建设，基地与周边村落联系更为紧密，特别是沟渠路的配套、绿化、亮化，蔬菜生产的田园景观同时成为旅游景观，带动了乡村旅游的发展。另外，在原桥头河蔬菜生产合作社的基础上，建立了完备的蔬菜生产、检验和销售体系，提升蔬菜生产的品质和现代化水平。实行“统一品种、统一购销、统一标准、统一检测、统一标识、统一销售”的“六统一”生产经营管理模式，使蔬菜生产更具观赏性，也充分发挥了农业、农技现代营销体系等的示范、教育功能。蔬菜公园以发展生态、绿色、环保农业为目标，大力发展无公害和绿色蔬菜，种植30个富硒蔬菜品种，其中11个品种通过无公害农产品认证，8个品种通过绿色食品认证。建立了“农超对接、蔬菜配送、直销设点、合作供港”等4条销售渠道，消除了周边农户种植蔬菜的后顾之忧，同时，基地与湖南农业大学、湖南人文科技学院、湖南省农业科学院蔬菜研究所等科研院所合作，为蔬菜产业发展提供技术指导，生产效率提高了28%。2016年，基地所在地珠璜村被遴选为全省“美丽乡村”示范村。专业大户、农民专业合作社等新型经营主体将蔬菜产业由生产向加工、销售等环节延伸，增强了蔬菜行业从田间到餐桌各环节的联系，形成完整的产业链，实现农村一二三产业纵向融合发展，提升了蔬菜生产的现代化水平，增加了农产品的附加值，提高了农民收入。

安徽省滁州市供销社则在探索产业融合新机制的过程中，紧紧围绕“乡村振兴战略”，拓宽合作领域，提升合作层次。凤阳县供销社以凤凰岭种田农民专业合作社为龙头，组织十多家以农机、种植、稻米加工等不同主营业务的专业合作社建立了综合服务联合体，将生产、加工、农机服务等功能充分整合，提升合作层次，实现内外双赢。淮河水稻种植专业合作社流转土地6000多亩，与宏国米业签订订单，以每斤高出市场价0.1元的价格，由宏国米业收购专业合作社的稻谷，生产加工蒸谷米，实现互利共赢。东陵村新农村建设资金互助合作社利用其地理位置靠近明皇陵的区位优势，与县旅游局合作开发明皇陵旅游项目，提供集“采摘、休闲、观光、亲子教育、旅游”于一体的综合服务，同时与安徽科技学院合作，建立科研基地，提升了基层合作社发展水平。各级联合社根据职责分工，围绕构建联合社主导和行业指导体系，突出工作重点，带头推进行业整合，加强联合合作。定远县供销社抓住当前小龙虾火热行情，致力于打造定远稻虾共养产业，发挥规模效应，实现龙虾产业的良性循环发展。2018年初，定远县供销社指导连江、青山、义和等供销社组建起定远县稻虾绿色种养协会。协会现有入会会员200多户，稻虾共养面积已达10万亩。协会一方面采用大订单供应方式，提升了会员养殖龙虾的销售价格；另一方面以大订单采购的方式为会员提供价格更低的虾苗、饲料等，并加强技术服务支撑，切实帮助会员降低养殖成本，提高会员收益，受到会员们普遍赞誉。

（三）新时代促进农村一二三产业融合发展需要新理念、新技术

农业生产要树立“创新、协调、绿色、开放、共享”的发展理念，按照“藏粮于地、藏粮于技”的总要求，突出科技创新，加大生物农药、高效缓释肥的研发，病虫害精准防治技术的研究，新型机械、器械的

研制，强化技术推广，整治乡村农田生态环境，走“绿色青山就是金山银山”的绿色发展之路。

我国的农产品普遍存在竞争力弱、附加值低的问题。改变这一问题的唯一办法就是科技创新，加大农业科技的投入，广泛吸收各种加工技术、种养技术、生物工程技术等；同时提高企业的研发能力，把绿色农产品做新、做精、做特、做强，提升绿色农产品品牌的档次，提高农业经济效益和市场竞争力。

广东省连州市有得天独厚的硒资源优势和产业基础，以富硒功能农业为纽带，实现一二三产业融合发展。连州市隶属广东省清远市，位于粤北贫困山区。历史上，连州是粤、湘、桂三地的接合部，又是中原往南粤的主要通道。连州市目前有 10 个镇和 2 个瑶族乡。2015 年全市生产总值（GDP）为 127.09 亿元，人均生产总值（GNP）为 33415 元，明显落后于全省平均 GDP 的 3467.26 亿元和人均生产总值的 67792 元。随着市场机制的培育，连州市经济社会取得了突破性发展，正在由传统自给自足的小农经济向现代农业和新型工业化迈进，特别是以科技创新为支撑的富硒产业发展成为连州市经济发展的亮点。

连州市是粤港澳大湾区的“后花园”，是中国长寿之乡、国家食品安全示范市、中国生态旅游大县、国家级出口食品农产品质量安全示范区。连州菜心、连州水晶梨、高山绿稻、星子红葱、油茶、中药材、东陂腊味、丰阳牛肉干等优质特色农产品具有较高的知名度，连州菜心、水晶梨获得国家农产品地理标志的认证。连州发展富硒产业具有富硒和农业主导产业相互叠加及富硒原料独占鳌头等优势。通过科技创新、资源整合，连州市着力提高富硒产业的科技含量，以科技驱使连州富硒食品特色农产品的质量标准体系建设，延伸富硒食品产业链，提高富硒特色农产品的附加值，以富硒特色农产品促进产业升级发展。

从2016年起，连州市便开始尝试种植富硒农产品。在中国农业大学博士生导师潘灿平教授的指导下，连州市拓胜新能源有限公司在连州市盛丰种植有限公司位于龙坪大田坳的鹰嘴桃果园，进行了生态纳米硒肥在鹰嘴桃果树上的试验应用工作。随后，在连州市科农局和水果技术推广总站的引导下，越来越多农户投入富硒农产品的种植试验中，种植的种类也不断增加。连州市委、市政府高度重视，市科农局牵头成立了富硒功能农业工作领导小组，推进富硒产业创新发展，富硒产业更是被纳入2018年连州市委全会报告。

在2018年12月举行的第十二届中国生态农业发展论坛上，连州市保安镇还获得了“全国合作经济特色小镇·富硒小镇”牌匾，这也是广东首个获此殊荣的镇。目前，该镇的富硒农业种植超过1000亩，15个农产品品种富硒含量值均超国家标准值。连州的特色优势果蔬产业都已开始进行富硒产品开发和基地建设，包括鹰嘴桃、水晶梨、脆香桃、蜜柚、砂糖橘、菜心等多个种类。

2019年，《广东省连州市富硒产业发展总体规划》（以下简称《规划》）通过了由中国农业技术推广协会等单位学者、专家组成的专家组评审，经连州市委、市政府同意，正式印发，开启了连州市富硒产业发展新篇章。在总体发展思路上，《规划》提出，要充分发挥和挖掘富硒资源优势，按照“绿色、富硒、循环、康养、休闲”的理念，做强做特以富硒菜心、富硒水晶梨等为主导的富硒农业，加快发展出口型富硒食品工业，延长农业产业链。发展以富硒健康为特色，健康度假、休闲养生为主题的文化休闲产业，实现以富硒农业为纽带的一二三产业融合。

《规划》还指出，连州市将围绕“岭南硒谷、长寿连州”的定位，围绕粤港澳大湾区长寿康养后花园定位，大力发展以富硒健康为特色，健康度假、休闲养生为主题的文化休闲产业，把富硒健康元素融入旅游产业，将富硒长寿连州建设成广东省长寿康养知名品牌；同时以富硒农业为纽带，实现一二三产业融合发展，构建“富硒原料、富硒农产品、富硒食品、富硒餐饮、康养、休闲、旅游”的富硒产业链。

《规划》还明确提出连州十年的发展目标：至 2028 年，本区富硒种植面积达到 20 万亩以上，综合产值达到 20 亿元，富硒养殖综合产值达到 10 亿元，合计总产值达到 30 亿元，占农业总产值比重提升至 30% 以上。未来连州富硒产业需要“三产”融合，拓深产业链，打造富硒精品农业，即产品精良、景观精美、生活精致。一产要不断强化富硒菜心及富硒水晶梨等水果品质；二产以富硒果蔬农产为基础，延伸产业链，发展富硒生鲜蔬果包装加工、富硒果蔬深加工、特色创意加工；三产拓展农业及旅游业，发展以康养为主线的农业休闲、田园康养、文化创意产业。

目前，连州菜心已成为连州特色农产品一张亮丽的名片。以此为亮点，连州市计划全力构建以富硒菜心为主导，富硒谷物为基础，富硒果品、中药材和特色养殖为特色的富硒农业“1+N”生产体系；同时，以“1+N”的富硒农业生产体系为依托，对当地每个乡镇依据现有的特色农产品进行培育和开发，建立“一镇一业”的镇域富硒产业格局。

（四）新时代促进农村一二三产业融合发展需要新路径、新举措

在新时代的历史方位上，促进农村一二三产业融合发展，要针对当前发展中存在的突出问题，注重补短板、强弱项、增活力，在夯实产业基础上下功夫，加快推动农村一二三产业融合发展不断取得新成

效、新进展。要拓展农业多重功能，提升技术、信息、管理等要素催化能力，充分挖掘农业农村资源的价值优势，推动农业与休闲旅游、饮食民俗、文化传承、教育体验、健康养生等产业的嫁接与融合。以市县为单位，因地制宜、因产制宜，积极引导产城、产镇融合，促进产业集群发展，着力推进技术集成、要素集聚、企业集中，打造领军型产业融合发展企业，带动产业链前延后伸，发挥产业融合引领作用。大力促进产业有机对接，做优做绿第一产业，做实做强第二产业，做精做活第三产业，推动产业技术融合、功能融合、价值融合，促进产业纵向融合、横向融合、交叉融合。

产业融合过程中产业链融合是重点。在农业领域，农业产业链是不同农产品链的集合体，是联结农业生产资料供应，农产品生产、加工、储运和销售、消费等环节的有机整体。现代农业竞争，已由产品之间的竞争转为产业链之间的竞争。加快推进农业产业链整合，能有效弥补中国传统农业经营方式竞争优势的不足，更好地参与全球竞争，加快推进农业结构调整，促进农民增收。必须抓住当前需求侧消费结构升级、供给侧改革加速的有利时机，立足国情、分类施策，积极探索中国特色的农业产业链整合模式。2017 年 6 月，农业部办公厅、国家农业综合开发办公室发布《关于推进农业全产业链开发创新示范工作的通知》，探索农业农村经济发展新模式，培育壮大新型农业经营主体，鼓励和支持家庭农场、农民合作社、龙头企业等新型经营主体承担全产业开发创新示范任务，推进产业链多元主体参与，共享发展成果。贯彻落实党中央、国务院决策部署，牢固树立新发展理念，紧紧围绕推进农业供给侧结构性改革主线，以国家现代农业示范区与农业综合开发现代农业园区重合区为优先支持区域，以特色优势主导产业为支持重点，发挥财政奖补资金导向和撬动作用，引导集聚金融资本、社会资本和各类新型经营主体，建设规模化种养基地，发展加工和流通，开展品牌创建与营销，打造一批现代农业产业集群，激发产业链、价值链的重构和功能升级，推进一二三产业深度融合、上中下游一体，实现生产、加工、销售各个环节共享均衡利润，探索农业全产业链再造新模式，为引领全国农业现代化建设取得明显进展树范例、激活力。

湖南省中部的新化县，曾属于武陵山片区脱贫攻坚的集中区，境内农田、森林、山地、水文、矿产等资源丰富，古迹、宗教等景点众多，具备产业融合发展的先天优势。近年来，新化县以市场需求为导向，加快转变农业发展方式，优化农业结构调整，挖掘农业发展潜力，拓展农业发展空间，做强一产、做优二产、做活三产，不断探索产出高效、产品安全、资源节约、环境友好的现代农业发展道路，特色农业、旅游农业、休闲农业、创意农业等新的现代农业业态如雨后春笋般在新化大地茁壮成长。

第一，做强一产。新化县在坚守国家粮食安全底线思维，突出保谷物、保口粮的基础上，坚持理念创新，拓展农业发展的广度深度，按照宜粮则粮、宜菜则菜、宜经则经的原则，构建优势区域布局和专业生产格局，推进特色农产品区域合理布局，大力发展“一乡一业”“一村一品”，促进农业结构不断优化升级。新化县因势利导，充分挖掘茶叶、中药材的生产潜力，把产品优势转化为产业优势，茶叶、中药材产业快速发展。目前，全县茶叶面积达到 5 万多亩，年产干茶 2500 吨，茶叶综合产值 2.5 亿元。中药材种植面积达 13.5 万亩，通过引进先进的加工设备，加快技术创新，促进品质升级，效益明显提高；目前正积极争取国药控股湖南有限公司落户新化，进行医药健康产业开发，带动全县中药材发展。

吉庆镇大力发展特色农业，因地制宜，引导农民种植了2万亩李子、1万亩西瓜、2.3万亩玉米。据估算，每年李子能给该镇农民带来收入3000多万元，玉米带来收入1500多万元，西瓜带来收入3000万元，旅游带来收入1000万元，吉庆镇找到了一条“靠山吃山”的致富路。桑梓镇按照“调思路、调品种、上规模、上效益”的特色农业发展思路，发展“一村一品”特色农业经济。该镇曾家村曾是有名的贫困村，现在却是闻名湘中的“香葱之乡”。截至2014年底，该镇种植香葱的农户达500余户，种植面积达1000余亩，以曾家村为代表的香葱占据了娄底市香葱70%的市场份额，销售额达2680余万元。

新化县坚持“龙头企业示范带动、家庭农场催生活力、专业合作做强产业”的发展思路，积极推进“菜篮子”工程建设，全县蔬菜基地、蔬菜专业合作社发展到20多个。位于圳上镇的新农仓生态专业合作社，种植无公害蔬菜面积1000亩，拥有现代化的蔬菜生产加工线2条，年产新鲜蔬菜4000吨。水车镇、奉家镇大力发展红米、黑米等特色种植，农民尝到了甜头，规模越做越大；圳上镇、曹家镇、西河镇发展蔬菜种植，蔬菜产业越做越强；维山乡、桑梓镇从河南引进紫薯种2万千克，免费发放到各个农户，亩产紫薯5000斤左右，预计亩均收入达5000元。

第二，做优二产。新化县以茶叶、中药材、有机蔬菜、观光农业等特色产业为支撑，积极推进农业产业园区建设，把发展龙头企业与培育区域主导产业结合起来，推进农业生产基地化、规模化、标准化、品牌化进程，实现生产、加工、销售、休闲的有机结合，加快转变发展方式，推动农业由数量增长转向数量质量效益并重。

推进龙头企业集群集聚，示范带动全县农业产业化全面发展。培优做强“前进”食品、新化茶叶、新化水酒、白溪豆腐、“秦田香”稻米、

"新农仓"蔬菜、"资水鸭霸王"等农特产品品牌，引导农产品加工业向主产区、优势产区、特色产区、重点销区及关键物流节点梯度转移，形成加工引导生产、加工促进消费、加工延伸链条的发展格局，增强市场动力。省农业产业化龙头企业——渠江薄片茶业公司，投资5000多万元建设了一个集科研、加工、休闲、观光于一体的现代化茶业产业园，年生产加工能力达到400吨，其生产的"渠江薄片"品质优良，多次斩获国内外大奖；该公司2014年8月和11月代表湖南省分别参加了"从北京到乌兰巴托"中国茶文化艺术展和"2014澳大利亚中华文化节"两次大型国际性文化交流活动，均获得好评。孟公镇恒源食品厂总投资700万元，主要生产豆干、肉食、水产加工三大系列共10多个品种，年产值6000多万元，其"肴滋香豆干"荣获中国中部（湖南）国际农博会金奖，平均日销售产品1000多件。

新化县在扶优做强龙头企业的同时，注重小微企业同步发展。田坪镇康剑超响应"大众创业，万众创新"的号召，大学毕业后返乡成立了集蔬菜种植、加工、营销于一体的小康绿色蔬菜种植加工专业合作社，注册了"酸得乐"商标，开发出了香辣盐菜、酸辣白辣椒、坛香酸菜、贡品豆豉、脆嫩泡豆角、酸辣萝卜条等系列产品，产品已销往周边各大城镇的超市和农贸市场。康剑超计划将绿色无公害蔬菜种植面积进一步扩大，并开发建立深加工生产线，带领合作社村民走共同富裕的道路。

第三，做活三产。休闲农业与乡村旅游已经成为新化县享誉全国的一张名片。新化县大力挖掘农村文化资源，强化农业产品的创意设计，促使农村文明、农业文明变得可消费，实现农旅互动。

吉庆镇引进外部资源，成立了新化县厚皮岭生态农业旅游开发公司，与本地庆丰生态农场合作，投资2亿元，在厚皮岭发展5000亩牡丹基地，和万亩李花一起，把吉庆镇打造成“湘中第一花镇”。该镇油溪桥村境内上有“小三峡”景点，下有“江南峡谷第一漂——油溪河漂流”，村里栽种了500亩水蜜桃、200亩猕猴桃、100亩红柚，房前屋后、路边水边都栽下常青树，使景区“有吃有漂有游有看”，成了远近闻名的休闲观光好去处。

天门乡当选“湖南最美乡愁十大好处去”，各地游客闻风而至。天门乡党委、政府超前谋划、立足未来，树立生态、环保、文明的旅游理念，提升服务水平。同时，引导村民加快基础设施建设步伐，优化景区环境。投资1000多万元的易学园为“原味天门，梦里老家”增添新看点。

新化县通过举办茶文化节、茶博会、农博会等节庆平台，带动农特产品生产、加工、销售、服务等领域协调发展，将农特产品变成旅游商品，把田里种的、山上栽的变为农民手中的真金白银。重金打造的包含“渠江源茶文化主题公园”和“姑娘河自然风光”的渠江源景区，各项基础设施建设已基本完工，在促进乡村旅游不断加温升级的同时，带动茶叶种植、加工、销售等领域全面发展。

我国农业正从以解决温饱为目的向关注农业种植品质转变，这意味着今后农业发展必须由之前简单粗放的劳动密集型向科学种植、科学施肥、科学加工、科学营销等转变。“科技小院”这种低成本高效率的服务体系，对于解决粮食安全、绿色增产和精准扶贫等都有巨大的应用潜力。“科技小院”的覆盖范围和服务内容都是有限的。“一花独放不是春，百花齐放春满园。”单项创新向多技术集成、新模式构建、新业态培育等转变，并实施集成推广与成果转化，才能有效促进农业发展方式转变，形成优质高效、充满活力的现代农业产业体系，为农业大国向农业强国跨越提供源源不断的动力。

2021 年初，国务院印发的《关于加快建立健全绿色低碳循环发展经济体系的指导意见》（以下简称《指导意见》）提出，建立健全绿色低碳循环发展经济体系，促进经济社会发展全面绿色转型，是解决我国资源环境生态问题的基础之策。《指导意见》部署了今后重点工作任务，其中包括健全绿色低碳循环发展的生产体系，要加快农业绿色发展、严格保护生态环境、有效控制温室气体排放；构建绿色供应链。总之，农业绿色发展是今后发展的基本国策。

随着我国扶贫脱贫工作向乡村振兴战略全面推进，农村市场开始进入加速提质转型的新发展阶段。农业绿色发展对于我国农产品线上线下渠道融合、推动农村零售换挡升级等方面均具有重要的战略和现实意义。

第四章

欠发达地区能源绿色转型的路径与机制

能源绿色转型是欠发达地区绿色发展的必要路径、核心。本章按照问题、现状、对策展开，首先选取毕节、榆林两个能源转型、生态脆弱城市为典型，深度剖析其能源产业结构的现状；继而依据典型城市合理推断欠发达地区能源产业发展中的主要问题；最后选择湖州、国外能源产业绿色转型作为比照案例，总结启示，提出我国欠发达地区能源转型的路径与机制。

第一节 欠发达地区能源产业结构现状

欠发达地区能源绿色转型是针对欠发达地区能源产业主导的发展模式，探索产业转型升级和绿色发展的驱动机制和可行路径。其中的“欠发达”，包含了两层含义：一是区域经济水平相对落后，能源产业和消费水平相对落后；二是区域发展模式相对初级，发展理念与当地发展进程不匹配，往往造成当地能源供给严重“畸形”和消费结构严重不合理。因此，我国欠发达地区可以指社会经济水平较低的地区，也可以指经济产出较高、但发展模式相对滞后的地区。针对我国欠发达资源富集地区，尤其是能源资源富集地区，大多是第二类“欠发达”地区的代表，欠发达地区的能源绿色转型也主要围绕这一类地区展开，如一些传统矿产能源产业开采地区。

需要特别说明的是，我国资源富集欠发达区域是我国广博地域分布中极具典型性和复杂性的一类地区，其大多集“资源富集性、经济落后性、生态脆弱性、环境敏感性”等特征于一体。该类地区尽管经济发展水平可能差异较大，但总体发展模式相对初级，主要依赖资源初加工产品输出，产品附加值较低。同时，为吸引投资扩大生产规模，当地环境政策普遍较为宽松，因此经济水平与当地资源储量、产量具有极高关联性和依赖性，且环境破坏较为严重。

本章选取我国中西部较为典型的欠发达资源富集地区贵州省毕节市、陕西省榆林市为研究对象，分别分析其煤、石油、天然气等矿产能源产业现状，对比归纳出我国欠发达地区能源发展基本状况及产业发展特征，为制定我国欠发达地区能源绿色转型规划提供科学依据，以更好地使能源开发与经济增长和环境保护协调发展。

一、毕节市能源概况及能源产业结构解析

（一）毕节市能源概况

贵州省毕节市人口约 705 万，耕地面积约 594 万亩，人均耕地 0.8 亩，低于全国及贵州省平均水平。近年来，为改变经济落后、自然条件差、基础设施薄弱、人口增长过快、生态环境恶化等状况，毕节市着力调整经济结构，不断促进资源优化组合，逐步形成以煤炭、铁、铅锌、黄磷冶炼为主的采掘、冶金工业，拉动毕节市经济社会发展。

毕节市矿产资源丰富，尤以煤炭优势突出，已探明煤炭资源储量 313.7 亿吨，其中可采煤炭储量 247.3 亿吨，海拔 2000 米以上储量则多达 700 多亿吨，占贵州省煤炭资源储量的 50% 以上。2019 年，毕节市煤炭产量 4555 万吨，同比增长 7.8%，发电用煤供应占贵州省供煤量的 41.7%。毕节市煤炭质地优良，绝大部分为优质无烟煤，可就地开采和使用，成本低、效率高，环境保护效果显著。

毕节市现已探明煤炭资源分布较为广泛，所管辖七县一区都有煤炭分布，其中黔西、金沙、织金、赫章、纳雍、威宁的煤炭储量较为丰富（见表 4.1），且易于开采。

表4.1　　　　毕节市煤炭资源分布状况表

<table>
<tr><th>资源分布</th><th>资源名称</th><th>数量（个）</th><th>储量单位</th><th>储量</th><th>基础储量</th><th>资源量</th><th>查明量</th><th>备注</th></tr>
<tr><td>毕节市</td><td>煤矿</td><td>11</td><td>万吨</td><td>1260</td><td>1804.7</td><td>423715.4</td><td></td><td>无烟煤</td></tr>
<tr><td>大方县</td><td>无烟煤</td><td>20</td><td>亿吨</td><td>104</td><td>5.98</td><td>127.4</td><td>23</td><td>包括白管委</td></tr>
<tr><td>黔西县</td><td>煤矿</td><td>22</td><td>万吨</td><td>2011.6</td><td>4224.34</td><td>147615</td><td>151839.3</td><td>均为无烟煤</td></tr>
<tr><td>金沙县</td><td>煤矿</td><td>5</td><td>万吨</td><td>720</td><td>1028</td><td>177956</td><td>178984</td><td>高质量无烟煤</td></tr>
<tr><td rowspan="2">织金县</td><td>煤炭</td><td rowspan="2">32</td><td>万吨</td><td rowspan="2">175207.9</td><td rowspan="2">272618.7</td><td rowspan="2">804341.7</td><td rowspan="2">1076960.4</td><td>煤质中灰、中高</td></tr>
<tr><td>无烟煤</td><td>万吨</td><td>高质量无烟煤</td></tr>
<tr><td>纳雍县</td><td>煤矿</td><td>35</td><td>亿吨</td><td>6</td><td>10.81</td><td>51.85</td><td>62.66</td><td>均为无烟煤</td></tr>
</table>

续表

资源分布	资源名称	数量（个）	储量单位	储量	基础储量	资源量	查明量	备注
威宁彝族回族满族自治县	煤矿	47	万吨		9506.2	226444.24	235950.4	无烟煤、贫煤、瘦煤、焦煤
赫章县	煤		万吨		44062	383219	423600	

数据来源：贵州省毕节市资源考察报告。

基于资源禀赋的自然优势，毕节市在发展中优先选择以能源为依托的产业进行发展规划，特别是西部大开发以来，毕节市更是加大了对矿产资源的开发力度。以煤炭开采和洗选业为代表的能源产业在毕节市社会经济发展中起着举足轻重的作用（见表 4.2）。毕节市是我国重要的无烟煤产区，并且煤炭资源分布广、储量大、质量优、易开采；同时，也是全国南方“西电东送”的主要能源基地，全市煤炭覆盖面积占总行政面积的 45% 以上，行政区内有 9 个县市产煤，其中国家确定的重点产煤县就有 4 个（纳雍县、金沙县、织金县、大方县）。

表4.2　　毕节市各煤矿区基本状况表

	工业分析					煤的可选性
	Mad（%）	Ad（%）	Std（%）	Vdaf（%）	Qb.daf/MJ/kg	精煤回收率一般在50%～66%
毕节矿区	2	24.5	5.02	8	25.8	
大方矿区	2.58	23.57	1.82	6.26	34.92	经洗选后，灰分较高，高硫煤硫分降低幅度大
黔西矿区	3.32	17.97	1.81	7.55	29.07	分选密度为1.563时、1.527时，难选
金沙矿区	3.32	25.67	2.26	7.75	34.66	分选密度为1.7时、1.8时，难选或中选
织金矿区	2.66	22.7	3.39	8.31	33.93	分选密度为1.7时，极易选
纳雍矿区	3.32	23.55	1.56	10.66	31.5	分选密度为1.7时、1.8时，极易选
威宁矿区	0.81	19.2	1.67	18.195	30.87	出低灰精煤，难度较大
赫章矿区	2.98	24.59	2.45	10.53	24.36	出低灰精煤，难度较大

数据来源：贵州省毕节市资源考察报告。

“十三五”以来，毕节市大量淘汰煤炭落后产能，截至2020年9月，已关闭煤矿153个，淘汰落后产能1866万吨/年；同时，加快培育释放优质产能。目前，毕节市在建煤矿35处，预计产能1770万吨/年。其中，织金肥田煤矿一期已建成投产，金沙龙凤、谷里煤矿、织金文家坝二矿等大型矿井有序建设推进。到2020年底，毕节市煤矿产能规模达到1.2亿吨/年，中型矿井占比达到60%以上，平均单井规模达到40万吨/年[①]。

尽管如此，毕节地区能源优势未能形成经济优势，经济发展水平仍然较低，资源开采与经济增长之间并未形成正向发展。主要表现在：一是经济结构矛盾突出，工业化水平低，城市化发展滞后，农民收入增长缓慢；二是产品品种单一，附加值和科技含量低，产业链短；三是市场发育滞后，对外开放程度低，基础设施相对落后；四是社会资本启动能力弱，非公有制经济比重较低；五是人口增长过快，就业压力大；六是科技教育发展滞后，人才不足。从人均资源占有量、人均经济占有量以及自然环境状况和经济发育程度来看，毕节市是全国典型的欠发达地区。

（二）毕节市能源产业结构特征分析

毕节市能源产业的发展在很大程度上支撑着毕节市社会经济发展，特别是煤炭资源高度富集，更是有力地推动市内各项事业发展，形成了以能源矿产业为主的产业格局。对矿产资源的开发利用，毕节市已经累积了丰富经验，能源产业发展已经从产业经济快速增长的成长期进入成熟期，产业发展趋于稳定，同时有下降趋势。

---

① 毕节市煤炭资源考察报告，2020年。

1. 资源开采粗放，产业发展水平低下

毕节市工业起步晚，发展水平不高。在能源的开发利用上，毕节市主要以传统落后开采方式为主，资源综合利用率低下，资源浪费严重。毕节市境内煤矿数量虽多，但在开采规模上尚未形成规模效应，矿区分布散，集中度不高。在矿产资源管理上，毕节市专业性管理人员比较匮乏，辖区内各地矿产生产管理部门生产管理人员的专业水平不高，在能源开采过程中，无证开采和非法开采现象时有发生，开采程序不规范，开采程度低，安全隐患大。由于受地方科技发展水平影响，毕节市能源产业主要通过生产要素资源的投入与扩张来拉动经济增长，产业结构多位于产业链前端，产品附加值低，科技含量不高、生产方式落后，难以形成产业化与规模化的生产，能源经济效益不能充分体现。尤其对于煤炭来说，到目前为止还是主要以原煤的开采与输出为主，在煤炭产业深加工及相关产业发展上还未涉及和加强，煤炭产业链较短。虽然近几年毕节市能源开发技术与水平有所提升，但能源利用率低下的现实并未得到改变，单位能耗依然偏高，这也是当前贵州省的整体现状。粗放式资源开采模式严重威胁到现存能源储量，既损害了后代人的根本利益，也不利于长远发展，违背可持续发展原则。

2. 产业结构失衡，经济依赖资源驱动

近年来，毕节市经济发展取得较大进步，但能源产业发展呈现重型化、单一化发展趋势，产业结构严重失衡。从整体产业结构发展情况来看，第一产业比重过低，第二产业比重太高，第三产业比重偏低，三次产业发展不协调。第二产业一直处于主导地位，第一、第三产业发展相对滞后，形成了“二三一”型的产业发展格局，与标志性产业结构高度化的“三二一”型产业结构相比还存在很大差距。以煤炭等能源产业为代表的第二产业在毕节市发展明显，结构矛盾突出。毕节市能源产业发展中，挤出效应明显，严重制约了制造业等相关产业的高效发展，对高附加值及高科技含量产业的发展形成了严重的空间障碍。从产业结构内部来看，毕节工业发展中，轻重工业发展失调。自 2013 年以来，按工业增加值计算，毕节市规模以上工业增加值为 256.69 亿元，其中重工业为 198.84 亿元，轻工业为 57.45 亿元，轻、重工业比例达到 22.54：77.46，轻、重工业比例严重不协调，工业发展重型化问题突出。

3. 外部性问题突出，生态破坏严重

目前，毕节市在资源型产业的发展与管理、矿产资源的开发利用上，政府部门都加大力度进行了规范，但能源产业发展外部性问题仍十分严重。从生态环境层面来看，能源产业发展大量侵蚀耕地、污染水源和空气，对人们生存环境造成了严重威胁。2013 年以来，毕节市固有耕地面积大幅度减少，耕地质量大幅下降，严重阻碍了农业发展，给人们生活保障造成威胁。能源产业历来都是一个高消耗、高污染、高排放的产业，对环境影响十分巨大。其中，煤炭产业所产生的主要污染物如二氧化硫、二氧化碳、烟尘废气、工业固体废物等的排放量都呈递增趋势。大量污染物对周边环境污染巨大，甚至波及其他地区的生态环境健康及生态稳定，严重影响了生态环境质量。不仅如此，由于毕节市是典型的喀斯特地形地貌，其境内平均海拔高，山区与丘陵面积比例大，容易发生滑坡、泥石流等自然灾害。能源产业长时间的开采活动不仅会造成大量的水土面积流失、土地沙漠化及境内自然地质地貌景观的破坏，同时还加重了地质灾害发生的可能性，引发安全隐患。长此以往，将不利于能源产业可持续发展，亦会违背人与自然和谐发展的生存理念。

二、榆林市发展及能源产业结构解析

（一）榆林市能源概况

榆林市矿产资源丰富，属于陕北能源开发区的核心，以能源富集为主要特征。榆林市已发现八大类48种矿产资源，尤其是煤炭、石油、天然气等能源资源富集一地，分别占陕西省总量的86.2%、43.4%和99.9%。平均每平方公里地下蕴藏着622万吨煤、1.4万吨石油、1亿立方米天然气。其中，煤炭预测6940亿吨，探明储量1500亿吨。榆林市有54%的地下含煤，约占全国储量的1/5。侏罗纪煤田是榆林市主要煤田，这种煤田生产的煤是国内最优质的环保动力煤和化工用煤，主要分布在榆阳、神木、府谷、靖边、定边、横山等六县区。此外，在府谷和吴堡两县还蕴藏着丰富的石炭一、二叠系煤田。已探明天然气地质储量为1.2万亿立方米，预测地质储量可能达到6万亿～8万亿立方米。

榆林市经济发展主要引擎是以能源、化工及冶金为代表的第二产业。1995年以后，能源资源大规模开发促进了榆林市能源经济的崛起，地区生产总值由1995年的45.8亿元增加到2015年的2491.9亿元。榆林市作为一个典型的能源矿业型城市，因各类能源矿产富集于一地，被视作21世纪中国煤炭矿产能源的重要接续地之一。

1. 主要能源开发利用现状

榆林市作为“西煤东运”重要源头，煤炭探明储量高达1460亿吨，占全国储量的8.8%。榆林市煤炭资源主要分布在神木市、府谷县、榆阳区和横山区，这4区县煤炭探明储量约占全市总探明储量的89%。全市共有煤矿268座，大型煤化工厂共计28家。近年来，榆林市原煤产量总体呈上升趋势，2012年至2015年全国原煤价格普遍降低，导致产值有所下降，但在此期间榆林市原煤产量基本保持平稳；随着原煤价格的回升，2015年后全市原煤产量以10%的速度保持增长。

在石油方面，榆林市石油探明储量3.6亿吨，定边县和靖边县是榆林市石油资源的主要富集地，约占全市总探明储量的81.4%。境内油井共计33428口，年产量占全省80%左右。为避免过度的石油开采对环境造成进一步破坏，政府对石油年开采量进行规划。2009—2017年原油产量总体上呈倒“V”形，2009—2013年原油年产量增速逐渐减缓，虽然2014年后原油年产量逐年减少，但是总体产量仍处于全国领先。

在天然气方面，榆林市天然气探明储量达1.2万亿立方米，承担着向北京、西安、上海等全国20多个大中城市供气的重任，是“西气东输”的重要枢纽，榆林市天然气主要分布在榆阳区、靖边县、定边县和米脂县。榆林市天然气产量占全省产出量的40%以上，尤其是2009年和2010年产出量占比接近50%。近3年来，全市天然气产出量基本维持在160亿立方米左右。

除煤炭、石油、天然气这三种主要能源外，榆林市境内还蕴藏着岩盐8857亿吨、高岭土3.6亿吨、石英砂436万吨、膨润土1.2亿吨、石灰岩5亿吨、铁矿1亿吨等。每年为国家贡献的能源价值超600亿元。在中国“一带一路”倡议引领下，榆林市将成为新丝绸之路上最具影响力的能源城市之一。

2. 榆林市能源产业发展现状

榆林市传统能源产业主要包括一次能源如煤炭、石油、天然气等。榆林市已发现40余种矿产资源，其中煤、气、油、盐等较为丰富，此外还有比较丰富的煤层气、高岭土、铝土矿、石灰岩、石英砂等。目前，煤炭在榆林市能源产业中占有很大比重，传统能源售卖是目前榆林的主要产业之一。

（1）煤炭产业：陕西省“十三五”规划中要求，煤炭产业发展要“优煤”发展，旨在将榆林市打造成绿色、清洁的大型煤炭基地；同时对先进的煤化工技术进行积极推广，延长产业链，打造煤炭深加工新的增长点，着力促进相关项目向下游精细化方向扩展。截至2017年底，榆林现有规模以上煤炭开采和洗—选企业301家，固定资产投资总计2078.8万元。

（2）石油产业：在陕西省“十三五”规划中，石油产业发展要“稳油”发展，这意味着提高采收率和稳定原油产量。在“十三五”末期原油平均采收率提高5个百分点，达到22%，将产量保持在3700万吨左右。截至2017年底，榆林石油天然气开采业有4户，产值451.7亿元，增长15.1%；石油加工炼焦业有70户，产值504.4亿元，增长37.5%。

（3）天然气产业：陕西“十三五”规划中天然气产业发展要“扩气”，要坚持常规与非常规资源并重开发，逐步扩大天然气产量。榆林现有17个燃气生产和供应业，总资产57.7万元。

能源化工产业，即应用一次能源进行产业化发展，从而形成二次能源（如电）或其他产品。目前，榆林已建成超亿吨煤炭生产基地、国内最大的甲醇生产基地、国内最大的火电基地等。根据《榆林市大能源体系建设实施方案》，榆林能源化工基地要打造中国第一大煤化工基地、全国循环经济示范基地和国内重要的盐化基地，建成具有一定规模的能源化工基地，成为我国重要的战略资源接续地。

新能源产业，包括光伏发电、风力发电等。榆林市作为风能、太阳能资源的全国聚集区之一，具备规模开发风电场和太阳能光伏电场的潜力。近年来，榆林市的风能、太阳能等新能源资源得到进一步开发，目前新能源装机占全市电力总装机的 26.8%。

3. 榆林市能源产业布局

榆林市能源产业在发展方面取得了可观的成果。其能源产业总产值 2556.3 万元，在全行业工业总产值中占比 78.1%，主营业务收入和利润总额分别占到全行业的 62.6%、89.4%。说明榆林市的能源产业具有较高的效益并得到了快速发展，充分发挥了资源优势，并将之转化为经济优势，能源产业与经济得到了协调发展。

（1）榆林市产值结构演进分析。自陕北能源化工基地建设和西部大开发战略实施以来，榆林市依靠丰富的能源矿产资源，逐渐形成了以煤炭、石油、天然气为主的能源产业引领区域经济发展。自 2000 年以来，榆林市地区生产总值基本保持稳定增长态势，第一、第三产业产值比重随产值的增长而下降，第二产业产值比重随产值的增长而提升，这表明随着我国能源战略西移及西部大开发政策的深入推进，榆林市能源产业的发展进入黄金期，第二产业异军突起，造成第一、第三产业产值比重逐渐下降。

（2）榆林市就业结构演进分析。由“配第－克拉克”定理可知，经济发展促进国民人均收入的不断增加，进而带动劳动力由第一产业向第二、第三产业转移，因此可以通过分析三次产业就业人数的演进状况来观察三次产业发展现状。1998—2015 年榆林市就业人员总人数由 148.07 万人增加到 203.47 人，增加了 55.4 万人。三次产业就业人员比重从 1998 年的 67.04%、10.54%、22.42% 调整为 2015 年的 47.4%、23.3%、29.3%。三次产业就业结构呈现出“一三二”的特征。其中，第一产业的就业比重从 1998 年的 67.04% 下降到 2015 年的 47.4%，下降了 19.64%，这说明榆林市农业剩余劳动力开始向第二、第三产业转移。第二、第三产业的就业比重分别增加了 12.8%、

6.9%，说明第一产业就业比重的下降主要来自第二产业对劳动力的吸纳。

（3）榆林市产业结构演进合理性分析。榆林市产业结构非均衡化发展趋势较强。2008 年之前榆林市产业结构的非均衡化发展趋势不断加强，主要是由于全面工业化阶段，能源需求持续增加，带动了榆林市能源产业快速发展，逐渐形成以煤炭为主的重型工业结构，促进第二产业产值比重快速提升。随后，榆林市产业结构逐步趋向于均衡化，由于全球经济不景气、产能过剩，导致传统能源市场萎缩，使其他产业得到了发展机遇。同时，陕西省对农业生产给予的各项优惠政策也促进了红枣、小杂粮等特色农业及相关农产品加工业的发展。

1998 年以来，受国家工业化和能源战略西移的影响，榆林市能源产业超速发展，但能源化工产业吸纳劳动力能力有限，导致第二产业就业结构偏离度迅速增加，2008 年达到最大；2008 年后偏离度下降，源于国家对于第一、第三产业及轻工业发展的支持，以及能源产业发展减速。第三产业偏离度逐渐减小，因为能源工业所能容纳的就业人数有限，加之服务业的快速发展，使得劳动力向第三产业转移。

总体来看，1998 年以来榆林市产业结构与就业结构的协调度较低，产业结构与就业结构分别呈现“二三一”和“一三二”特点。近年来，伴随我国生态文明建设以及可持续发展理念深入贯彻，“转结构、稳增长”已成为榆林市发展重点，其“二三一”和“一三二”产业结构与就业结构也有向“三二一”转变的态势。

（二）榆林市能源产业结构特征分析

近年来，榆林市能源产业发展呈现一种“投入高、污染大、能耗高、产出低、效率低”的粗放型发展模式，直接导致了严重的环境污染、过度浪费能源等现象，具体特征如下。

1. 能源利用效率较低，单位 GDP 能耗较高

能源利用效率是指在能量输入相等或能量输入减少的条件下获得更多的经济产出，该效率是反映能源利用情况的关键指标。单位 GDP 能耗是衡量能源利用效率的主要指标，能反映各项经济活动对能源资源的利用程度。

2010—2015 年榆林市单位 GDP 能耗总体降幅较大，由 2010 年的 1.02 降到 2015 年的 0.85，下降幅度高达 16.96%。这也就意味着榆林市能源利用效率有所提高。但在 2016 年，榆林市单位 GDP 能耗有所提升。

就陕西省区域对比来看，西安和杨凌示范区的单位 GDP 能耗一直保持下降趋势，并且远远低于榆林市，说明与其他城市相比，榆林地区存在能耗较高的问题，能源资源利用不充分，能源利用效率低。

2. 缺乏资源综合利用、有效开采理念，造成环境污染问题

由于缺乏资源综合利用以及可持续发展理念，在榆林市域内，大多煤炭、石油开采企业在生产过程中，产生固体废弃物、伴生气给当地生态环境不仅造成了严重破坏，也对当地区域宜居环境产生了深远且不可逆的影响。

水体污染。据报道，榆林境内一半以上的河流受到了不同程度的污染，河面悬浮物严重超标。直接影响到榆林人民的正常用水。2013—2015 年榆林的工业废水、化学需氧量和氨氮的排放量均呈递增趋势。

大气污染。在能源开发和加工过程中，燃煤、炼油都加重了大气的污染程度，还导致二氧化硫、氮氧化物和烟（粉）尘排放量的增加，榆林市近年来工业废气的排放量逐年上升，并没有得到有效控制。

固体废弃物污染。2017 年榆林固体废弃物产生量达 2787.7 万吨，比上年增长 16.6%，主要来自煤炭开采和洗选业、化工工业和电力工业等。居民在日常生活中和工业生产排放的大量固体废弃物已成为污染环境的一个主要方面，并引起人们广泛关注。

3. 能源资源生产技术落后，开发效率比较低下

由于陕西特殊的区域经济、自然地理环境以及历史遗留问题突出，使得榆林市煤炭、石油、天然气等传统能源开采企业掠夺式的开采非常严重，导致大量宝贵矿产无法合理开采，造成了很大能源矿产资源破坏。

煤炭开采业。《煤炭工业技术规范要求》对矿井开采区回采率的要求是不低于 75%，然而榆林市煤炭的回采率平均值还未到 30%，处于世界较低水平，其中还有些小煤矿的回采率甚至只有 10% 左右。这种煤炭产业回采率低、监管体制混乱局面，再加上部分煤矿企业只看重短期利益、追求盈利、无序开采，导致榆林市能源浪费问题比较严重。

石油开采业。因技术水平较低的无序开采，造成榆林市的石油采收率与其他地方相比，差距十分明显，新疆的油井采收率一般在 40% 左右，而榆林市大多都低于 10% 。能源资源的过度浪费对榆林地区的能源优势造成不利影响，也对该地区能源产业发展形成一定阻碍。

4. 能源科学研发投入制约，绿色发展转型困难

能源技术水平影响能源利用效率，提高能源技术水平十分重要。这就需要加大能源产业科学研究与试验发展（R&D）人员和经费投入，然而榆林地区在这方面还有待提升。榆林市在科学研究与试验发展的全行业人员中，能源产业总共 775 人，占比为 51.16%，和其他行业相比处于较低水平。榆林市能源产业的科研经费支出总共 21221.5 万元，占榆林规模以上工业企业科研经费支出总额的 39.85%，处于偏低的水平。

2016 年与煤、油、气等相关的四个行业的科学研究项目只有 31 项，仅占全行业的 38.75%。其中，石油和天然气开采业在科研人员、经费、项目等方面的数值为 0，在榆林市所有能源产业中的科研能力最低。经分析可知，与其他产业比较，榆林能源产业的发展在科研人员、科研经费、科研项目上都缺乏一定的支持，这都会对陕北能源产业的整体发展和绿色结构转型造成制约。

第二节 欠发达地区能源产业发展的主要问题

通过横向对比和分析以毕节、榆林为代表的我国“典型”欠发达地区能源产业发展现状与国外能源产业绿色转型案例，我国欠发达地区发展及能源产业绿色转型主要面临以下五个方面的问题。

一、发展理念相对落后，能源产业粗放式开发

近年来，我国经济增长屡攀新高，特别是欠发达地区在能源开发利用过程中，使生态环境遭到了较严重破坏。虽然我国出台了一系列政策来加强整体能源宏观调控，但是这种能源“瓶颈”很难突破，最终导致能源大量浪费、欠发达地区环境破坏的恶性循环。

2018 年以来，我国 GDP 总量已占全球经济总量的 16% 以上，同

时采取了多种措施以降低单位产值能源消耗，但我国资源依托型的经济并未从根本上改变；特别是欠发达地区对原材料及能源需求越来越多，供需矛盾不断升级。特别突出的是水、土地、石油、煤炭等矿产资源的需求量大大增加，并且资源浪费严重。同时，粗放式开采也是导致生态环境遭破坏的最直接原因，欠发达地区大多低成本开采，加大对能源开采的力度，对生态环境带来极大的负面影响；技术及管理模式滞后和生产能力低下，又导致经济收益骤减；为了获得更多经济利益，加大开采力度，进一步加剧了生态环境建设的困难。

在资源的开采中粗放式的开采在不同程度和不同层次上造成了资源的浪费和对环境的破坏。对资源经济效益的过度追求，忽略了环境的保护，未能从长远的利益考虑，必然会导致土地的退化、生态系统的紊乱、生物多样性的减少等一系列的问题。欠发达地区面对生态环境最脆弱时期，却又顶着有史以来最为严重的资源浪费和经济发展压力。因此，欠发达地区能源绿色转型的成功与否，对加快我国生态文明建设及进一步缩小地区贫富差距有十分重要的现实意义。

二、经济增长驱动力不足，造成价值取向单一化

欠发达地区发展模式和发展意识形态总体处于相对低级的阶段，对于短期经济收益的重视程度高于技术进步、环境质量等，因此多依赖粗放劳作方式和能源开发手段，甚至不惜以破坏环境为代价追求经济利益，先开发后治理。然后由于资源环境破坏后缺乏行之有效的治理措施或保护手段，又使欠发达地区在谋求经济发展过程中困难重重，地区生存、发展与环境保护之间的矛盾加剧。

随着区域生态文明建设不断进步和发展，无论从能源供应数量还

是质量上来说，人们对能源的要求都在不断提高。欠发达地区必须加快能源向绿色、可持续发展方向转型，否则就会继续延续以消耗过量资源谋求经济发展的模式，能源增长速度远远超过经济增长水平，损害欠发达地区的整体经济利益。

三、受区位优势制约，绿色发展招商引资困难、资金短缺

资金短缺严重制约着欠发达地区的能源绿色转型。欠发达地区资金短缺只能以牺牲资源来带动经济发展。当前我国经济增长速度较快，能源投入却是 16% 以上，欠发达地区则更高，能源消耗远远超过了经济增长速度。很多高耗能产业由于能源供应问题被迫放弃或限制，严重阻碍了区域经济整体发展。资金缺乏导致大部分高耗能产业只能是粗放式开采和利用，使用廉价劳动力，缺乏高科技核心技术。廉价劳动力经济在面对金融危机时，不堪一击。同时，我国能源产业高耗能的单位产品比世界平均水平高出 40% 以上，在工业废水利用率水平方面却远远低于世界平均水平，高耗能的能源消耗使环境受到严重破坏。

尽管国家出台了一系列政策法规来扶持欠发达地区绿色发展和经济转型，但大部分欠发达地区在经济发展过程中，仍没有从本质上遏制环境破坏。传统“三高一低”（即高投入、高消耗、高排放、低效率）的经济增长方式必须尽快改善。欠发达地区要加快经济增长方式的转变速度，努力建设资源节约型社会，否则能源产业发展将会受到限制。

四、能源产业科技研发投入不够，能源开发利用技术落后

欠发达资源富集区规模效益通常远大于技术进步效益，导致当地资源开发利用技术更新相对滞后，所采用技术相对初级，由此引发经济效率低下、环境污染严重、安全作业难以保障等问题。

我国大多数欠发达能源富集区是以煤炭资源开采为主要能源支撑产业，却在煤炭资源开采中面临大量严重问题。首先，井下挖掘机的机械化水平不高，未能形成规模产量高、效能好的矿区。有些矿区没有瓦斯的抽放系统、检测系统，导致瓦斯效能未综合利用。其次，欠发达地区有些矿区开采的年限比较长，在传统开采的模式下既要保持现有的产能和质量，同时又要引入高新技术，资金问题就成了严重障碍。技术水平不能与时俱进，必然在开采过程中造成资源浪费和环境污染。最后，技术落后同时也带来了产业布局、产品结构不合理导致的资源浪费。技术水平低下，使得欠发达地区在面临各种未知风险时，抵御能力严重不足。

欠发达地区的崛起大多数是依靠能源优势发展经济，如今在资源紧缺时代，能源的开发必须科学规划、合理开发、减少环境破坏、协调人与自然关系。技术落后、产业结构单一化的状态下，面对市场风险时，未能合理有效地规避风险导致经济发展滞后。由此就会出现技术含量低、加工粗糙、附加值低的初级产品，对生态环境的破坏进一步加剧。欠发达地区在对能源开发中尤其是对煤炭、石油、水资源、矿产资源的开采中，对环境的破坏是高强度的，在矿区出现堆积成山的矸石和塌陷的矿区景象。在面对这些问题时，重点要解决技术难题。由于欠发达地区在技术方面没有核心技术，总是承接发达地区淘汰下

来的落后技术，由此欠发达地区必须开发适合本地区的高新特色技术，在促进经济的大力发展中，改善生态环境，全面建设生态中国。

五、能源产业政策体系有待完善

对于以能源产业主导区域发展的欠发达地区，能源产业政策体系的完善能够有效引导当地经济发展，推动能源产业资源优化配置和健康发展，有助于克服欠发达地区转型期能源开发与生态环境建设之间的发展“瓶颈”。

以欠发达地区煤炭产业的资源开发为例。煤炭产业的产业结构存在着明显的不合理现象，产业化集中程度低、企业分布比较分散，且规模比较小。缺乏整体经济的比较优势，资源出口计划产品所占的比重较大，导致资源浪费和环境破坏，阻碍了煤炭市场发展的步伐。同时，社会承载的负荷较重，技术水平低下，生产模式未能得到良好的转变，缺乏一定活力和持续性。迫于环境、伦理的压力，产业结构的优化已经刻不容缓。

我国规模经济与市场经济竞争的矛盾导致了市场经济失衡；盲目地对能源进行开发和利用，市场调节作用失灵，会导致资源与环境矛盾不断升温，引发市场环境问题。各企业之间不公平竞争，降低了能源开采标准，资源开发恶性循环，生态环境不断破坏。

此外，欠发达地区对能源产业政策实施不力是造成区域生态环境恶化的最重要原因。欠发达地区大量的小作坊、小企业漠视政策法规，肆意开采资源和排放大量污水，严重违背了环境、伦理、道德。加快完善能源产业政策，欠发达地区需要迅速行动。

第三节　国内外能源产业绿色转型的典型经验

一、湖州市能源产业绿色转型实践

（一）湖州市能源概况

湖州市蕴藏着燃料、非金属、金属和水气四大类矿产资源。其中，与安徽省交界处的长广煤矿是浙江省内最大的原煤生产基地。湖州市自然资源丰富，全市年平均水资源总量为37.18亿立方米，可供发展淡水渔业的水面2.2万公顷。矿藏已发现47种，以非金属矿藏为主，主要有建筑石、石灰岩、膨润土、硅灰石、方解石、萤石、石英砂岩、煤、石煤、黄砂等[①]。

1. 能源总量

2020年，湖州市能源需求总量为1299万吨标煤，“十三五”期间年均增长1.9%，能源领域总投资达到750亿元左右。

2. 能源消费结构

截至2020年，湖州市天然气占一次能源消费比重已达到10%左右，非化石能源提高到18%左右。具体情况如表4.3所示。

表4.3　湖州市“十三五”期末能源消费结构表

项目		2015年	2020年	年均增减
能源消费总量	消费量（万吨标煤）	1183	1299	1.9%
	比例	100%	100%	
煤炭	实物量（万吨）	960	800	-3.6%
	比例	57.9%	44.0%	

① 湖州市发展和改革委员会：《湖州市能源发展“十三五”规划》，2016年12月。

续表

项目		2015年	2020年	年均增减
石油及制品	实物量（万吨）	136	174	5.0%
	比例	17%	19.7%	
天然气	实物量（万方）	44517	107000	19.1%
	比例	4.6%	10.0%	
非化石能源	实物量（亿千瓦时）	54	77	7.4%
	比例	13.8%	18.0%	
外来火电	实物量（亿千瓦时）	26	36	6.5%
	比例	6.7%	8.3%	

数据来源：湖州市“十三五”规划研究报告。

目前，煤炭仍是湖州市工业能源消耗的主流。虽然近几年来湖州市积极控制煤炭消耗比重，但煤炭消耗比重还是达到 50% 以上，即使不考虑电力生产企业煤耗，湖州市煤炭的消耗比例仍超过 45%，高于电力消费，列第一位。电力消耗比重为 32%，大量的煤炭消耗带来严重的环境污染，二氧化碳、二氧化硫等气体排放量逐年增加。就浙江省内范围来看，湖州市节能率低于金华市和衢州市，与温州市、宁波市和绍兴市相比，节能率较高。但湖州市万元增加值综合能耗仍高达 2.97 吨标准煤，高于全省 1.62 吨标准煤的平均水平；并且湖州市耗能主要集中在电力热力的生产、非金属矿物制品业、纺织业及化工行业，但从四个行业单位能耗的产出水平来看，不尽如人意，除纺织业与浙江省平均水平相当以外，其他均低于全省平均水平，再次印证了湖州市工业领域能源利用效率偏低的事实。

纵观浙江省湖州市可以发现，湖州市近年来大力推行绿色发展政策，大力发展绿色产业，希望彻底摆脱重污染笼罩下的旧城面貌。

（1）能源保障能力增强。早在“十二五”期间，湖州市就不断加大以清洁电力、高压电网、天然气管道为重点的重大能源项目建设，能源基础设施日益完善，能源保障能力显著增强。截至2015年底，电力装机容量613.5万千瓦，比2010年增加59%；自“十二五”以来，湖州市不断开发光伏、风电等可再生能源项目，2015年光伏和风力发电等清洁能源装机已分别达到20.2万和2.2万千瓦，呈跳跃式发展。电网规模实现跨越式发展，实施湖州220千伏电网理顺工程，初步建成了以特高压电网为支撑、500千伏变电站为核心、220千伏双环网为骨干的网架结构合理、供电安全可靠的坚强现代电网。新增和孚镇川气门站，与西塞路西气门站形成双气源供应，年供气量达到6.5亿立方米，比2010年的3.47亿立方米增加87.3%。湖州市中心城区天然气基础设施已基本成型，并向乡镇延伸。

（2）能源产业结构逐步优化。湖州市着力控制煤炭消费总量，加快清洁能源发展步伐，能源消费结构逐步优化。2015年湖州市一次能源结构中，煤炭、石油制品、天然气、一次电力及其他比重分别为57.9%、17.0%、4.6%、20.5%，煤炭消费年均下降4.9%，清洁能源占比显著增加。

（3）湖州市实施能源消费总量和能源强度“双控”策略。湖州市大力推行经济转型升级和节能减排要求，扎实推进能源强度和能源消费总量“双控”。严格把控项目准入、淘汰落后产能、加速传统产业转型升级，加强对电力、非金属矿物制品、纺织、化纤、金属压延加工等主要耗能行业和重点用能单位的节能监督管理，建立健全节能降耗的各种制约机制，加大节能技术的开发推广力度，提高能源利用效率，进一步挖掘企业节能潜力等一系列措施推进。2015年湖州市能源消费总量1183万吨标准煤，“十二五”期间能源消费总量年均增长4.1%，较“十一五”增速放缓。湖州市单位GDP能耗为0.58吨标准煤/万元，五年累计下降21.3%。

（4）清洁能源建设快速发展。截至 2015 年，湖州市投产运行的水电站约 126 座，总装机容量 185.5 万千瓦，占电力装机总容量的 30.2%，其中天荒坪抽水蓄能电站总装机容量 180 万千瓦，担负华东电网的调峰任务。长龙山抽水蓄能电站已开工建设；光伏装机容量 20.2 万千瓦，占比为 3.3%；风电装机容量 2.2 万千瓦，占比为 0.4%；此外，新建湖州市垃圾焚烧发电三期和安吉垃圾焚烧发电二期，新增装机容量 1.35 万千瓦；大中型沼气工程 455 处，年产沼气 273.23 万立方米，规模养殖场的大中型沼气站逐步向发电站发展，已建成小型沼气发电站 4 座，总装机容量 130 千瓦，年发电量 10 万千瓦时。地热能的应用正逐步推广，已建成湖州市规划大楼等一大批地源热泵示范项目。水电、风力、光伏、生物质等可再生能源多样化发展的局面正在形成。

（5）能源装备产业不断扩大。湖州市能源装备产业主要包括核电装备产业、金属管道产业、蓄电池产业、太阳能光伏产业、风电产业、光热产业以及从事开发、利用相关配套产业。近年来，能源装备产业加快发展，规模逐步扩大，不断提升研发和自主创新能力，推进技术进步，在关键技术和高端产品开发上取得突破。依托现有工业园区和特色产业基地，建设能源产业园，促进产业集聚。以久立特材为代表的核电装备制造产业，以金洲管道为代表的金属油品管道，以长兴天能、超威等为代表的蓄电池产业，以吴兴贝盛为代表的太阳能光伏应用产业各具特色。同时，长兴经济技术开发区列入了国家首批 13 个光伏发电集中应用示范区名单；吴兴加大项目建设，致力于打造“南太湖光伏产业基地”。

（二）湖州市能源产业结构转型实践经验

1. 湖州市能源产业多元化建设，构建清洁能源供应体系

湖州市有着得天独厚的非化石能源资源禀赋及发展基础，因此，近年来积极发展太阳能光伏、风力发电、地热能等清洁能源，打造抽水蓄能示范基地。

湖州市积极开发建设光伏发电项目，全面实施“百万家庭屋顶光伏计划”，鼓励支持企业以屋顶租赁、合作共建等多种方式，大力发展家庭屋顶光伏。同时推动“农光互补”和“渔光互补”光伏发电。利用废弃矿山、荒山、坡地等因地制宜布置、建设农村光伏互补项目，鼓励提高土地利用效率，增加土地综合生产能力，将农作物种植与地面光伏电站项目相结合，水产养殖、水面与光伏电站建设相结合，大力提升种植业、水产养殖业的经济价值。在山地、非通航水面等区域合理选址，避开行洪通道、水源保护等重点区域，有序开发建设光伏发电项目。重点建设浙能长兴光伏电站、湖州宏晖光伏电站等项目。截至“十三五”末期，新增光伏电站装机容量达到 100 万千瓦。

湖州市有序推进风力发电，结合自身风能资源分布、场区面积及地形、交通状况、地区发展规划和并网条件等多方面因素对风电场进行优化选址；积极规范了吴兴埭溪狮子山风电场、长兴和平风电场的项目建设，“十三五”期间不再新增风电项目，2020 年风电装机总容量达到 12.15 万千瓦。此外，湖州市充分发挥水力优势，在做好生态保护和移民安置前提下发展水电，进一步改造老旧小水电站，提高小水电站发电效益和电能质量；加快推进安吉长龙山抽水蓄能电站项目，与已建天荒坪抽水蓄能电站共同承担电网调峰重任，改善电网运行条件，成为浙江省水电利用的示范项目。

湖州市还因地制宜发展生物质能。根据生物质资源的种类和分布

特点，进一步扩大生物质能的利用范围和规模，优化利用方式，因地制宜利用沼气、生物质自燃发电、生物质固体成型燃料和生物质液体燃料等技术，综合治理并能源化利用各种有机废弃物。

2. 湖州市实施煤炭产业清洁化改造工程

湖州市实施煤电机组节能减排升级和改造行动计划，强化热电联产管理，严格热电项目建设及运营管理，并对老旧低效机组进行淘汰以及关停，以全面推行烟气超低排放，加大集中供热区域内分散锅炉关停力度，加大电煤的使用管理力度，建立地方热电生产运行监测管理体系。

截至2017年底，湖州市热电厂烟气达到国家烟气超低排放标准，区域内自备燃煤热电机组完成天然气改造，并且改造达到烟气超低排放限值要求。针对市、县等区域地方热电厂，淘汰了全部中温中压及以下参数机组，高温高压及超高压发电机组比重超过50%；全面采用DCS控制系统，基本实现了生产运行及烟气污染物排放情况全流程集中控制和远程实时在线监测。

3. 湖州市优化电力产业设施和布局

湖州市优化调整各级电网架构，强化不同等级变电所布局和电网系统，完善了城市中心电力设施建设，加快中心镇电网、新一轮农网升级改造，利用能源互联网新发展模式，建设结构合理、技术先进、灵活可靠、经济高效、高度智能、多元化接入的现代配电网：新建500千伏输电线路130千米；新增220、110千伏变电站15座，新增变电容量398万千伏安，新建220、110千伏线路885千米；新建和改造10千伏及以下线路约7500千米；新增和改造公用配变4755台，容量150万千伏安。

4. 湖州市保证煤炭供应可靠性、保障油品供应稳定性

湖州市大力发展各种运煤渠道，提高湖州市域内湖泊港口的煤炭接卸能力，以保证煤炭供应可靠性。引导中小型煤炭经营企业通过联合重组、兼并收购等方式扩大煤炭运营规模，促进煤炭企业向综合性、集约化运行方向发展，适度控制市内煤炭经营企业总量。

同时结合成品油输送管线和市场需求，优化杭州市内油库布局，规划实施新油库项目，确保成品油供应稳定。新建加油站43个，迁建40个，市内新增油库3座，库容约10万立方米。构筑一个安全高效、方便快捷、竞争有序，与湖州市经济和社会发展相适应的成品油零售服务网络。研究建立商业成品油储备体系，有序引导有条件的民营资本进入成品油储备领域，建立多元石油储备体系。为应对日益严苛的环保要求，不断提高油品清洁化水平。

5. 推进天然气输配系统建设

湖州市根据《浙江省天然气管网专项规划》，推进天然气管线“西干线”在 湖州市境内“安富线段”的建设，配合浙江省形成“一大环、四小环、多连线”的天然气供气布局。推进城市天然气输配系统建设，促进天然气上下游协调发展，形成气源丰富、设施完善、利用合理、安全经济的天然气输配体系，以及“双源双点、连通互补”的市域天然气利用配套设施总体格局。

二、国外能源产业绿色转型案例分析

随着能源转型实践的不断成熟，我国各地方政府在促进产业转型方面表现出极大的热情，不同程度地参与到能源产业转型之中。在我

国，特别是欠发达地区，能源主要以煤炭为主，辅之以石油和天然气，而随着社会进步和经济发展，人们对清洁空气、健康生存环境的要求越来越高，能源转型和清洁化使用已经成为我国社会经济发展的必然趋势。在此发展背景下，以生态环境保护理念为导向，借鉴能源转型国际实践，了解主要发达国家能源政策，对我国进行能源绿色转型至关重要，国外有很多成功的案例可借鉴和学习。

（一）英国能源绿色转型

世界主要经济发达国家的快速发展始于近代欧洲工业技术革命。经济发达国家工业的快速发展，促使西方发达国家的能源结构以煤炭、石油等高消耗的化石能源为主。高消耗能源的使用也给区域环境带来巨大压力，煤炭和石油消耗造成大量废气、废水和废渣排入自然环境中，造成严重的大气、水和土壤污染。比较典型的是英国伦敦的“雾城”。英国工业发展早期，伦敦的大量工业生产企业以燃烧煤炭为主，城镇居民家庭也大多以煤炭作为取暖能源，燃煤产生的二氧化碳、烟尘颗粒物等气体排放量剧增，导致在无风季节里，伦敦市区常常出现大量的烟雾和灰尘混合物，长期笼罩在城市上空经久不散。1952 年冬，伦敦上空冷高压致使空气湿度增加，风力微弱，烟雾笼罩全城多天，空气中氮氧化物、二氧化硫、磷化物等有害气体含量超高，几天之内伦敦居民死亡人数剧增，这就是历史上有名的伦敦烟雾事件。

以英国伦敦烟雾事件为代表，伴随区域性环境污染严重影响人民福祉和身心健康，促使经济发达国家采取针对性强制措施，大力推行能源转型，调整能源结构，推进能源清洁化使用。为减少煤炭消费使用量，主要经济发达国家除了出台煤炭使用控制政策之外，还积极引导工业能源从煤炭向石油、天然气、核能以及其他清洁能源进行消费结构转化。1956 年，英国首次颁布了《清洁空气法案》，在伦敦市区内进行集中供暖，取消居民自建炉灶，减少煤炭用量，并将大量以煤炭为主的重工业工厂、发电厂迁移到郊区。1974 年，英国出台《空气污染控制法案》，严格规定工业燃料中的二氧化硫含量。政策的出台和实施，极大削减了煤炭使用量（见表 4.4）。

表4.4　　英国主要能源消费占比表

能源	1965年	1975年	1990年	2017年
煤炭	59.6%	35.3%	30.8%	5.26%
石油	37.7%	45.4%	39.2%	35.85%
天然气	0.4%	15.6%	22.3%	39.02%
水电、核电	2.2%	3.8%	7.5%	19.87%

资料来源：作者根据调研数据测算。

从表 4.4 可看出，1965 年以来英国政府积极推进其他清洁能源的使用范围，以取代煤炭在工业生产中的占比，石油和天然气占比逐年提升，并成为主要的能源。到 2017 年煤炭消费在能源总消费中的占比降到 5.3%，而石油和天然气则成为能源消费的主体。

英国大力推行能源高效利用方式，促进石油煤炭的清洁化使用。在促进能源结构转型过程中，在加大使用石油、天然气以替代煤炭消费的基础上，主要发达国家更是大力推行能源高效利用方式，大力推进能源使用和转化效率的提升，尤其是欧美国家，倡导将分散用煤转化为集中用煤。早在 1956 年，英国的《清洁空气法案》中就取缔了居民分散用煤，采用集中供暖的方式提高煤炭的使用效率。随着环境压力的持续增大，欧美等发达国家不仅大力发展石油、天然气以及其他清洁能源，更着重提高清洁煤电的使用。

（二）美国能源绿色转型路径

1975 年美国煤炭能源消费占比 18.6%，1990 年占比上升为 24.5%。美国的煤炭能源消费占比在相当长的时间内持续上升，但是美国通过一系列的能源法案，促使煤炭消费集中在电力行业。2013 年世界范围内煤电在煤炭消费总量中占比为 65%，而美国高达 90%；2015 年美国煤炭消费总量在能源总消费中占比 16%，但煤电在全国电力结构中占比达到 33.1%，仅次于天然气发电的 32.9%（见表 4.5）。

表4.5　　美国主要能源消费占比表

能源	装机容量（CW）	百分率（%）
燃煤发电	1356057	33.1
燃气发电	1348031	32.9
核能发电	797178	19.5
再生能源发电	562765	13.8
其他	28443	0.7
总计	4092474	100

资料来源：作者根据调研数据测算。

由表 4.5 可知，虽然美国煤炭消费总量不多，但是大多集中在对污染物控制有较高标准的电力产业，煤炭的分散消费和生活化消费几乎不存在。将煤炭集中使用在发电行业，并大力提高电力行业的污染物排放标准，促使电力行业大气污染控制水平高于煤炭消费量增长速度，则能整体上保障大气污染总排放量的持续减少。

（三）国内外能源转型实践对欠发达地区的启示

1. 减少低效高耗煤炭消费并提高能源利用效率，从而转化天然气为中期能源转型主体

结合主要发达国家的能源转型案例可以看出，石油、天然气为减少煤炭消费起到了长达 50 ～ 100 年的支撑作用，而中国当前面对环

境治理和应对全球气候变暖的双重压力，无法完全借鉴主要发达国家的煤炭向石油、天然气转型发展路径，因此必须结合现状和中国国情，从煤炭低效消费转向高碳化石能源消费。

（1）控制并逐步消减煤炭消费量，加大对煤炭清洁技术的开发和利用，提高煤炭使用效率。在相当长一段时间内，中国的能源消费仍旧以煤炭为主，这是客观事实，但是科学技术的发展也推动了煤炭清洁技术的开发和利用，促使煤炭能源消耗中可以有效控制和减少污染物排放，促使煤炭能源消耗造成的环境污染和生态压力处在可控范围内。同时，调整煤炭消费结构，借鉴发达国家的煤炭清洁政策，改分散用煤为集中用煤，淘汰取缔散煤和小规模工业煤炉，将煤炭消费从工业生产转移到电力产业上，并加大对煤电污染物的控制，提高煤电污染物排放标准。

（2）开发高质油品，降低污染排放量。石油消费将会在未来一定时间内持续增长，由此中国需要对机动车污染物排放进行控制，利用现代科技提升现有油品品质，同时也要大力开发高质量油品，在全国建立机动车监管机制，推动高质油品升级和顺利推广。

（3）推动天然气产业发展。天然气也是摆脱对煤炭能源过度依赖的重要选择，并可以为中国能源结构的转型升级起到支撑作用，在未来相当长一段时间内会逐步成为中国重要乃至最主要的低耗能源。当前中国天然气消费在能源总消费中的占比仍低于世界平均水平的 23.8%，在中国发布的天然气发展规划中，明确提出了提高天然气在中国一次性能源消费中的比例，大力发展天然气产业，并将天然气逐步培育成中国主体能源，在全国范围内创建体系完整、供需协调、安全可靠的现代天然气产业体系，2020 年国内天然气供给能力达到 3600 亿立方米以上，天然气在一次能源消费中的比例保持在 8.3%~10%。

2. 大力推进可再生能源发展并创新电力系统，从而推动可再生电力产业发展

根据主要发达国家的可再生能源发展实践，中国也应当紧跟潮流，尽快发展可再生能源，创建多元化、网络化的能源供给体系，摆脱高碳化石能源的单一能源体系。可再生能源发电是大势所趋，当前全球各个国家和地区尤其是发达国家都在向清洁能源方向进行转型，自 2010 年以来，全球可再生能源容量几乎实现了翻两番。彭博研究公司关于新能源的财经报告显示，到 2050 年，欧洲清洁能源电力将占欧洲总电力的 92%，几乎全面取代化石能源。中国预估在 2050 年可再生能源供电也将占到 62%。

以风能和太阳能为例进行说明，中国要经过十余年的发展，采取上网电价补贴、配额和减税等措施，推动风能、太阳能电力发展，促使这两种能源在全国范围内逐步推广并部署相关的能源供应体系。自 2010 年以来，风电成本缩减了 50%，太阳能发电成本则缩减了 85%，比世界范围内超过 70% 的煤电和天然气电厂都更经济实惠。当然，在一定时间内可再生清洁能源完全取代化石能源发电体系仍旧是不现实的，风电和太阳能供电都有一定的缺陷，因此构建涉及多种能源在内的，实现化石能源、可再生能源共同发展的复杂电网系统才是现实路径。

实现可再生能源供电仍旧有很长的发展路径，需要进行长期的技术创新，并加强基础设施建设。例如，太阳能板输出的是直流电压，并不符合中国当前的电网规格，未来也需要国家开展直流电和交流电的转换工作，利用连接技术将直流电转化为交流电，以此扩大太阳能供电规模，建立智能电网，调控可再生能源的电能，从集中供电转向分散供电，创新电力生产供应形式，实现区域产电区域消耗，减少电能的运输消耗，让能源利用更有效率。

3. 采取综合措施推动能源升级

制定相关的能源转型法律法规和清洁能源法案。首先，需要构建清洁能源发展标准，加强能源转型上的立法和执法建设，并推动交通、电力、工业等排放标准的改进和提升。其次，要做好能源转型的顶层设计，将生态环境保护、减少温室气体排放和发展低碳经济结合起来，构筑国家能源转型升级的总战略，做好整体规划，并结合社会经济发展不同阶段和内容，制订能源转型升级的阶段性目标，包括中期和长期目标。结合气候保护、环境污染治理政策，将节能降耗和绿色发展战略有机结合，推动中国经济发展模式的转型升级，并将可再生能源和产业结构调整作为发展突破口，依托可再生能源构成新的经济增长点，抢占第三次工业革命的先机。

欠发达地区在能源开发与生态建设中，要防止资源浪费和环境破坏，必须转变以牺牲生态环境促进经济增长的错误思路，摒弃“先开发后治理”的观念，走环境优化促进经济增长的模式，重新审视环境价值，走一条积极预防、环境保护的新路。努力提升生态文明理念，提高环境意识，重视生态效益；协调经济效益、政治效益、文化效益和生态效益之间的关系；建立科学合理的综合评价体系，促进欠发达地区经济的健康发展。

第四节　欠发达地区能源绿色转型的路径和机制

纵观国内外能源资源型区域的经济发展历程，尤其是欠发达地区在加速资本积累过程中，优先选择向自然资源索取财富以拉动经济发展，实现经济繁荣是必然的。利用现有能源资源是一个过渡期的选择，但必须超前布局。欠发达地区依赖资源禀赋以及外来资本的做法可能会造成脆弱的区域经济。考虑欠发达地区必须着眼于自身特点，超前谋划适宜的产业形式和绿色转型模式，立足比较优势，创造充分优势。

欠发达地区能源绿色发展与生态环境建设是社会和谐发展的重要方面。目前，我国在研究欠发达地区能源转型发展及生态建设方面主要关注的是长期性发展研究，对能源绿色转型等特定阶段研究较少。能源无序开发利用与生态环境破坏直接导致整个社会经济、文化之间的差异化加剧，引发一系列社会问题。由于欠发达地区迫切要求发展的心理，通过对能源盲目及无规划开发，以谋取短期经济利益，甚至采取一些不合法的手段，违背底线以谋取发展，导致欠发达地区在能源开发和生态建设不协调因素之间矛盾的激化。

我国欠发达地区大多数是能源富集型地区，主要分布于东、西部等经济相对落后地区。一般而言，这些地区煤炭、油气等化石能源储量可观，但自身生态环境脆弱，经济发展水平低下，产业技术水平落后，严重缺失绿色发展理念。在这类资源型欠发达地区中，能源开发在城市产业结构中发挥着支柱性作用，其绿色转型是欠发达地区发展经济和市场分工的必然选择。

能源绿色转型与生态文明建设实际上是传统经济向现代经济过渡，是新旧经济交替，这是一个艰巨而复杂的问题。尤其是我国一些欠发达地区，一方面要使能源供给满足其大发展的快节奏，另一方面又会带来由此产生的生态环境问题。探索和加快欠发达地区能源发展与生态环境建设尤为重要。

我国欠发达地区的绿色转型是一项非常复杂的动态系统工程，不仅需要结合欠发达地区的实际情况，开展绿色能源转型路径设计，更需要在管理机制创新方面进行深入研究。具体而言，可以能源经济系统机制设计为切入点，开展我国欠发达地区能源绿色转型路径设计，包括绿色能源消费结构优化、绿色产业结构升级以及绿色能源消费理念等方面。

一、依靠战略，转变理念，优化绿色能源机制设计

在欠发达地区绿色能源转型过程中，根据欠发达地区的发展模式，不仅要克服区域发展对传统化石能源产业的依赖，更要跳出传统“资源开发诅咒”发展陷阱，正确认识资源禀赋以及能源产业对于当地发展的定位。

第一，在经济发展起步阶段，在依赖性资本拉动经济过程中，应注意探索能源资源开采、环境保护以及经济发展良性发展的联动机制，尽可能避免“资源发展诅咒”问题困扰，将能源矿产资源优势转化为高质量发展的驱动因素，驱动经济增长，在经济发展到一定阶段后向高质量发展转型，而不是作为长期经济增长的依赖性资本。

第二，在经济发展绿色转型阶段，在能源开采、环境保护以及经济发展良性联动基础上，应加快推动区域能源消费结构、能源生产运营以及能源消费理念低碳化，积极探索“能源低碳化、产业低碳化、生活低碳化”（简称“三化”联动），发展低碳能源的经济增长方式和“能源生态系统”行为模式，进一步实现经济社会与人口环境资源的健康、协调、可持续发展。

二、依靠科技，优化结构，实现低碳化

科学技术是人类社会发展的第一生产力和原动力，能源科技在人类历史发展进程中也起着巨大作用。例如，英国科学家瓦特发明了蒸汽机，在带动人类能源进入煤炭工业消费的同时，也直接引发了欧洲工业革命进程。基于此，在我国欠发达地区绿色发展及转型升级进程中，必须依靠现代科技进步，推进区域能源结构低碳化，加快对新能源的开发与利用；同时，通过强化能源技术创新，建设清洁低碳、安全高效的现代能源体系，实施能源消费总量和能源消耗强度“双控”制度。

根据不同地区的实际情况，建议加大太阳能、风能、生物质能等非化石能源产业比重，进一步推动煤炭等化石能源的清洁高效利用。具体而言，在广大偏远农村地区，依靠国家强化脱贫攻坚以及新农村建设等政策，建议加快发展农村沼气以及相关生物质能工程建设；针对中西部欠发达地区，建议因地制宜，适度发展风能、太阳能等电能“离网”工程建设，在区域能源规划布局中，建议加强小水电、地热能等新能源工程勘察和工程建设；针对东部欠发达地区，建议考虑区域大环境以及整体能源供给情况，适度对欠发达地区储能、智能电网以及分布式能源工程进行政策倾斜，进一步推行节能低碳电力调度。

三、依靠产业优化，带动能源转型，实现低碳发展

针对我国欠发达地区的区域经济特征和产业发展布局，通过经济发展转型、产业结构升级带动能源产业发展，进一步推进产业结构低

碳化，构建科技含量高、资源消耗低、环境污染少的能源产业结构和生产方式。

结合国家、省级以及当地绿色发展规划布局，精确规划和实施低碳发展工程，建设一批低碳工业园区，积极推动生产、消费、流通各环节绿色化、循环化、低碳化，培育一批有区域影响力的低碳能源产业集群，构建以清洁能源为主的低碳经济体系。实施一批近“零碳”排放园区示范工程；实施循环发展引领计划，推行能源企业循环式生产、产业循环式组合、园区循环式改造，减少单位能源消耗，推进生产系统和生活系统循环链接。

四、贯彻绿色理念，引导低碳需求，实现能源消费升级

针对我国不同类别欠发达地区经济发展水平及其区域能源供需结构，有效推进欠发达地区居民生活方式低碳化，从而减轻能源需求压力和能源产业过度开发资源的压力。具体而言，在我国经济欠发达地区，应该以低碳循环可持续发展为导向，以促进产业升级、优化供给结构为发展导向。

在欠发达地区城市能源消费发展方面，依托国家共享经济模式以及相关政策，给予欠发达地区有效技术支撑和政策扶持，推动实施新能源汽车推广计划，提高电动车产业化水平。通过乡村绿色公共交通工程建设，推进交通运输绿色低碳发展，鼓励绿色出行，引导欠发达地区的城乡居民形成低碳绿色的生活方式，倡导勤俭节约、绿色低碳、文明健康的生活方式和消费模式，全面提升全社会生态

文明素质。

至于欠发达地区广大农村能源绿色消费，建议结合国家脱贫攻坚战略实施以及新农村建设政策导向，因地制宜、以点带面开展绿色能源消费试点工程建设；同时，通过强化绿色能源消费理念宣传、产业经济政策促进以及居民收益措施激励等，适度引导农村加强可再生资源的回收利用。在绿色示范方面，建议以欠发达地区绿色能源工程建设为引领，开展低碳社区、低碳学校以及低碳政务等方面的管理试点及组织建设。

第五章

欠发达地区生态产品价值实现的路径和机制

我国欠发达地区在积极探索生态产品价值实现的路径，并取得了一定成效，但对标国家关于建立生态产品价值实现机制的目标和要求，“绿水青山”向“金山银山”的转化仍存在一些障碍，制约着生态产品价值实现机制的建立。本章从欠发达地区生态产品价值实现面临的障碍入手，在深度剖析欠发达地区生态产品价值实现潜在优势的基础上，提出欠发达地区生态产品如何转化与形成价值的路径和机制。

第一节 “绿水青山”向“金山银山”转化的障碍

绿水青山就是金山银山。这是重要的发展理念，也是推进现代化建设的重大原则。绿水青山就是金山银山理念已经成为全党、全社会的共识和行动，成为新发展理念的重要组成部分。习近平总书记指出，在实践中对绿水青山和金山银山这“两座山”之间关系的认识经过了三个阶段：第一个阶段是用绿水青山去换金山银山，不考虑或者很少考虑环境的承载能力，一味索取资源。第二个阶段是既要金山银山，但是也要保住绿水青山，这时候经济发展和资源匮乏、环境恶化之间的矛盾开始凸显出来，人们意识到环境是我们生存发展的根本，要留得青山在，才能有柴烧。第三个阶段是认识到绿水青山可以源源不断地带来金山银山，绿水青山本身就是金山银山，我们种的常青树就是摇钱树，生态优势变成经济优势，形成了浑然一体、和谐统一的关系，这一阶段是一种更高的境界[①]。“两山论”指明了生态产品价值实现机制的方法论：保护生态就是实现自然价值和增值自然资本的过程，保护环境就是挖掘经济社会发展潜力和后劲的过程，把生态环境优势转化成经济社会发展的优势，绿水青山就可以源源不断地带来金山银山。要积极探索推广绿水青山转化为金山银山的路径，选择具备条件的地区开展生态产品价值实现机制试点，探索政府主导、企业和社会

---

① 《习近平“两座山论”的三句话透露了什么信息》，新华网，2015年8月6日，http://www.xinhuanet.com//politics/2015-08/06/c_1116159476.htm。

各界参与、市场化运作、可持续的生态产品价值实现路径。实践证明，经济发展不能以破坏生态为代价，生态本身就是经济，保护生态就是发展生产力。

虽然我国欠发达地区在积极探索生态产品价值实现的路径，并取得了一定成效，但对标国家关于建立生态产品价值实现机制的目标和要求，“绿水青山”向“金山银山”的转化仍存在一些障碍，制约着生态产品价值实现机制的建立。

一、“绿水青山就是金山银山”理念未落到实处

（一）没有把握好人与自然的关系

人与自然是生命共同体，人类对大自然的伤害最终会伤及人类自身，这是无法抗拒的规律。“人不负青山，青山定不负人。”在协调“绿水青山”与“金山银山”的关系时，有些地区没有充分考虑将经济活动、人类行为限制在自然资源和生态环境能够承受的限度内，给自然生态留下休养生息的时间和空间。

（二）没有处理好发展与保护的关系

有些地区将发展与保护对立起来，通过破坏生态来发展经济，没有认识到生态本身就是经济、保护生态就是发展生产力，没有认识到生态优势也完全有条件转化成生态农业、生态工业、生态旅游等经济优势，转化成经济社会发展的优势。

（三）未树立起正确的政绩观

有些地方放不下“唯 GDP”的思维定式，简单地以 GDP 论英雄，

为了数字好看、排名靠前，不惜牺牲生态环境换取一时一地的经济增长，因小失大、顾此失彼、寅吃卯粮、急功近利，造成了严重后果。没有意识到发展应是全方位的，一个地方是否发展得好，不能光看经济指标，还要看创新、生态、社会效益、可持续性等诸多方面的表现。

二、生态产品价值评估仍存在困难

狭义上的生态产品是指维系生态安全、保障生态调节功能、提供良好人居环境，包括清新的空气、清洁的水源、生长的森林、适宜的气候等看似与人类劳动没有直接关系的自然产品；广义上的生态产品还包括通过清洁生产、循环利用、降耗减排等途径，减少对生态资源的消耗生产出来的有机食品、绿色农产品、生态工业品、生态旅游等物质产品及其相关的服务与投资。生态产品可分为物质供给类、调节服务类和文化服务类三类产品，其中，物质供给类生态产品，包括自然生态系统提供的物质产品，例如有机农产品、中草药、原材料、生态能源等；调节服务类生态产品，包括水源涵养、洪水调蓄、水土保持、防风固沙等；文化服务类生态产品，包括生态旅游、美学体验等。在不少欠发达地区的实践中，生态产品价值评估仍存在困难。

（一）生态产品权属界定尚不清晰

生态产品价值较难衡量，其市场化交易缺乏依据。优质生态产品，首先指的是人们赖以生存的自然资源。虽然我国自然资源资产产权制度逐步建立，形成了所有权和使用权分离的产权制度，但这些自然资源一直分属于不同部门管理，各类自然资源产权制度服务于行政管理需要，山、水、林、田、湖、草等自然资源要素产权相互独立，尚未建立产权归属清晰、开发保护权责明确、监督管理有效的自然资源资产产权制度。目前，欠发达地区自然资源产权体制不完善，造成其产权归属存在模糊、开发与保护工作难以到位、监督管理职责存在缺失等不足。

（二）对生态产品的价值实现机制存在认知偏差

有些官员对生态产品的价值实现机制存在认知偏差，没有认清生态产品的价值属性。由于各类资源的定义和界定标准不同，生态资源的价格无法体现其合理价值，自然资源管理存在边界模糊、权属不清、权力交叉重叠、缺位遗漏等问题，而且没有确切的标准确定其价格。要么是只认识到了生态产品的公共产品属性，把生态产品价值实现简单地理解为生态补偿和转移支付，没有充分调用各类生产要素进行生态产业化经营；要么是将生态产品当成完全的商品，对自然资源盲目过度开发，忽视了生态产品的公共产品属性，过分强调其经营属性。

（三）生态产品价值的开发利用不够

不少欠发达地区具有深厚的生态资源底蕴，但是市场开发利用度还不够，未能较好地实现经济效益。生态产品以初级产品为主，知名品牌较少，企业带动能力弱，没有注重生态产品价值的进一步挖掘，生态资源尚未真正地转化为生态产品。生态产品品种单一、同质化程度高，制约着欠发达地区生态产品价值的实现。

三、生态产品价值转化的市场交易机制尚不成熟

（一）市场建设规制不够规范

有些欠发达地区围绕生态产品价值核算、交易市场、资本化运作、政策制度供给等方面进行了有益探索，取得了一些实践经验。随着人民群众对优质生态产品的需求与日俱增，而生态产品价值实现的市场设置和特许经营权许可、市场准入、退出机制和各利益主体分配方式等市场建设规制不够规范，还有待随着市场化进程逐步制定完备合理的政策保障体系，这将增加生态产品交易实际操作上的难度，影响有效推进的进度、质量和效率。

（二）生态补偿制度有待完善

生态补偿的目的就是要保护好“绿水青山”，让受益者付费、保护者得到合理补偿，可有效增加生态产品和服务，是一种可持续的生态产品价值实现路径，有助于实现“金山银山”和“绿水青山”的有机统一。反映市场供求和资源稀缺程度，体现自然价值、代际补偿的资源有偿使用和生态补偿制度还不完善，导致自然资源及其产品价格普遍偏低、生产开发成本低于社会成本，保护生态环境常常得不到合理收益回报，大量生态产品被免费、无约束地过度使用和浪费。从目前国内生态补偿实践经验来看，生态补偿主要基于政府主导下的财政转移支付，补偿方式以政府主导型为主，多元化的生态补偿机制尚未建立。流域补偿涉及流域上下游利益相关者之间的关系，以政府主导的生态补偿机制存在资金来源渠道过于单一、补偿的覆盖范围有限、补偿数额不足等问题，生态系统服

务价值、生态保护成本、发展机会成本等在生态补偿中的价值核算缺乏科学的考虑。

（三）生态产品价值核算体系尚不健全

对生态资产进行科学核算和准确评估是推进生态产品价值实现的基础和前提条件。目前国家尚未出台规范统一的生态产品价值核算方法，使生态服务市场交易、生态转移支付、生态补偿、环境污染责任保险等促进生态产品价值实现的制度机制建立缺乏科学依据。虽然在实践中，部分欠发达地区开展过对流域水生态系统、森林生态系统、湿地生态系统等服务价值进行测算的研究工作，但相关核算模型、指标体系、评估方法、数据来源尚不统一，难以形成一套科学的核算标准，部分基础数据缺失或无法获得，也会影响核算结果的准确性、完整性和可比性。

四、人力资本的配合有待加强

“绿水青山”是人类社会生存和发展所必需的物质资料，是产生经济价值的根本物质保障。但要从根本上实现“绿水青山”向“金山银山”的转化，仅有良好的生态环境远远不够，还需要物质资本、人力资本和社会资本之间的相互配合与共同作用。在现代经济社会发展实践中，人力资本和社会资本的作用越来越大，特别是人力资本。优质的人力资本为社会发展提供了先进的思维方式、科学技术和管理经验；并且优质人力资本也有助于物质资本和社会资本快速积累，为“绿水青山”向“金山银山”的转化提供智力支持。这需要欠发达地区培养、引进熟悉生态产品价值实现的相关人才。

第二节 欠发达地区生态产品价值实现的潜在优势

作为欠发达地区的贵州省已经成为生态文明交流平台，在生态文明领域有了一定的实践，又被国家发展改革委选为生态产品价值实现机制试点，且毕节市大方县于 2020 年 6 月被贵州省选为生态产品价值实现机制试点。因此，本部分以毕节市为例，分析欠发达地区生态产品价值实现的潜在优势。

一、毕节实践对探索欠发达地区生态产品价值实现具有代表性

毕节市自然生态资源丰富且少数民族文化独特，具有各种类型的生态产品，地形地貌独特，自然资源丰富，气候宜人，旅游资源独具特色，是一个多民族聚居、历史文化灿烂、资源富集、神奇秀美、三省通衢、红星闪耀的地方。毕节市气候凉爽怡人，年平均气温 13.4℃，夏季平均气温 22℃，是大自然赐予的“天然大空调”。毕节市责任使命特殊，是全国唯一一个以“开发扶贫、生态建设”为主题的试验区，是典型的欠发达地区。2020 年 6 月，通过考察生态资源、生态产业、生态文化、体制机制创新和地方组织保障等因素，毕节市被贵州省确立为 5 个生态产品价值实现试点县市之一，旨在积极探索推广绿水青山转化为金山银山的路径。因此，毕节市的实践对于探索欠发达地区生态产品价值实现具有很好的代表性。毕节市将围绕打通“两山”转化通道，积极探索政府主导、企业和社会各界参与、市场化运作、可持续发展的生态产品价值多元化实现路径，制定生态系统

生产总值（GEP）核算技术规范、编制试点县（市）GEP 核算报告、制定生态产品价值实现机制试点方案，从而可以推动生态优势不断向经济优势转化，GEP 向 GDP 转化率进一步提高，通过试点建设力争为欠发达地区生态产品价值实现提供可复制可推广的经验模式。

毕节市位于贵州省的西北部、川滇黔三省交界、乌蒙山腹地，为川、滇、黔之锁钥，扼滇楚之咽喉，控巴蜀之门户，长江珠江之屏障，总面积 2.69 万平方千米。辖七星关区、大方县、黔西县、金沙县、织金县、纳雍县、威宁彝族回族苗族自治县、赫章县 8 个县（区、自治县）和百里杜鹃管理区、金海湖新区 2 个正县级管委会，278 个乡（镇、街道），3701 个村（居），居住着汉、彝、苗、回等 46 个民族。2019 年末，毕节市常住人口 671.43 万，户籍人口 937.76 万。

毕节市有着丰富的森林资源和独特的自然环境。截至 2018 年底，毕节市共有获得“贵州省森林城市”称号的县 7 个，即七星关区、金沙县、织金县、大方县、黔西县、纳雍县以及赫章县。与此同时，毕节市森林覆盖率达到 56.13%，森林面积 2261 万亩，森林蓄积 5540 万立方米，林业产值达 331 亿元。

毕节市水能资源丰富，河湖水系纵横交错，是乌江、赤水河、北盘江的发源地，流域面积 100 平方千米以上的河流有 80 条。截至 2018 年，毕节市境内河长大于 10 千米的河流有 193 条，分别流入乌江、赤水河、北盘江、金沙江四大水系。属长江流域乌江水系的主要干流有偏岩河、野济河、六冲河、三岔河；属赤水河水系的有赤水河；属金沙江水系的有牛栏江、白水河；属珠江流域的有北盘江上游的可渡河。毕节市境内属长江流域的流域面积 2.56 万平方千米，属珠江流域的流域面积 1239 平方千米，分别占全市总面积的 95.3%、4.61%。其中，乌江水系流域面积 1.78 万平方千米，金沙江水系流域面积 4901 平方千米，赤水河系流域面积 2943 平方千米，分别占全市总面积的 66.2%、18.3%、10.9%。

毕节市生物资源多样，动植物资源 2800 多种，有马铃薯之乡、白蒜之乡等众多“地理标志”。截至 2018 年，有苔类植物近 100 种，蕨类植物 34 科 130 种，裸子植物 9 科 22 种，被子植物 155 科 1809 种，粮食作物 21 种 950 个品种，其中，豆类 7 种 277 个品种；油料作物 7 种 64 个品种；蔬菜有 56 种 395 个品种；药用植物 1000 多种，主产半夏、天麻、茯苓、党参、杜仲；有各类草场 745 万亩，野生牧草 45 科 378 种，森林覆盖率 44.06%；畜禽种类多，黔西马和可乐猪驰名全国；鱼类 74 种，脊椎动物 387 种，黑颈鹤、白鹤属国家珍稀保护鸟类。毕节市有 7 个县区属全国生漆基地县，5 个县区属全国烤烟基地县，2 个县属全国核桃基地县。

毕节市有丰富独特的少数民族文化。彝族火把节、苗族跳花节、白族山歌节等民俗活动别具一格，苗族蜡染、彝族剪纸等民族工艺古朴典雅。多个民俗入选国家非物质文化遗产保护名录，彝族古剧《撮泰吉》被誉为“戏剧的活化石”，彝族舞蹈《铃铛舞》保持着完好的原生状态，苗族舞蹈《滚山珠》荣获多项世界级民族民间舞蹈奖项。

毕节市旅游资源独具特色，截至 2019 年 12 月，有旅游资源单体 9668 个。在少数民族文化积淀的基础上，毕节市发展了国内知名的旅游产业，成功推出了国家 5A 级景区百里杜鹃（贵州省的四个国家 5A 级景区之一）、4A 级景区织金洞（贵州省唯一世界地质公园）、国家自然保护区草海、国家 4A 级风景区“九洞天”、4A 级景区韭菜坪、高原湖泊支嘎阿鲁湖等知名景区景点。毕节市享有中国高山生态有机茶之乡、中国竹荪之乡、中国天麻之乡、中国核桃之乡等美誉；此外，市内广阔的岩溶地貌，绮丽的自然风光，众多的名胜古迹，著名的革命遗址，浓郁的民族风情，均是旅游开发的宝贵资源。依托丰富的森林资源和独特的自然环境，毕节市积极推动乡村旅游、森林旅游和森林康养发展。毕节市是古夜郎政治经济文化中心之一，中国南方古人类文化发祥地。毕节市风光景色旖旎，被誉为“洞天湖地、花海鹤乡、避暑天堂”；毕节市气候清凉宜人，是避暑旅游城市观测点。毕节市是三省红都，长江以南最后一块革命根据地，历史文化厚重，在全国都具有唯一性。

近年来，毕节市交通条件获得极大发展，实现县县通高速公路，杭瑞、厦蓉等高速公路和成贵、隆黄等铁路贯穿境内。截至 2019 年 12 月底，毕节市公路通车里程 33088 千米，高速公路通车里程 981 千米，铁路通车里程 538 千米（其中，高铁通车里程 125 千米）。毕节市飞雄机场已开通北京、上海、广州等 23 个城市航线。2 小时可融入成渝、滇中、黔中经济圈，是珠三角连接西南地区、长三角连接东盟地区的重要通道。

二、毕节市生态产品丰富且有特色

近年来，毕节市深入贯彻习近平新时代中国特色社会主义思想，全面落实党中央、国务院各项决策部署和国家发展改革委有关工作要求，坚持稳中求进工作总基调，以深化供给侧结构性改革为主线，深入贯彻落实习近平生态文明思想，认真贯彻新发展理念，坚持生态优先、绿色发展，以改善生态环境质量为核心，牢牢守住发展和生态两条底线，全力推进经济高质量发展和生态环境高水平保护。

毕节市坚持按客观规律办事，始终注重正确处理经济社会发展与人口、资源、环境协调发展的关系；坚持生态建设产业化，产业发展生态化，寓生态建设于经济开发之中；坚持以重点生态建设工程为龙头，施行大工程带动大发展；坚持多措并举的治理模式，推进经济发展和生态建设双赢；坚持推进机制体制改革，激发生态文明建设新活力。独特的地理位置和优越的生态环境使毕节市在自然资源方面独领风骚，拥有大量的物质供给类和调节服务类生态产品可供挖掘。而过半的民族自治区域则保留了丰富的少数民族文化，文化服务类生态产品独具特色，成为一张靓丽的“名片”。通过以物质供给类、调节服务类和文化服务类这三类生态产品为划分依据，对毕节市生态产品进行了初步的归类和统计。

近年来，毕节市物质供给类生态产品“泉涌”发展。毕节市地处乌蒙腹地，得享大自然厚爱，被馈赠了独一无二的好山好水，冬无严寒，夏无酷暑，四季分明，气候宜人，享有“中国竹荪之乡”“中国天麻之乡”“中国皱椒之乡”“中国核桃之乡”“中国南方马铃薯之乡”“天然药园”等美誉。依托近年来实施的退耕还林、农业产业结构调整、石漠化综合治理等项目，结合七星关区“532”农业产业发展目标，毕节市大力发展刺梨、茶叶、柑橘、中药材种植等经果林，同时引导农民种植大豆、马铃薯等矮秆经济作物，以短养长、长短结合。利用闲置的林下空间，培育林业专业合作社、家庭林场等新型林业经营主体，确定以林下种植、养殖为主，野生林下产品采集、森林景观利用为辅的林下经济发展模式。截至2020年9月，七星关区累计种植刺梨28.9万亩、茶叶15.08万亩、中药材2.8万亩；指导成立新型林业经营主体192个，其中林业专业合作社178家，家庭林场14家，林业专业合作社获“国家级示范社”称号的有1家，获“市级示范社”称号的有10家，林下经济产值达6亿元以上。截至2018年底，毕节市已拥有“织金竹荪”“大方天麻”“威宁洋芋”等10件国家地理标志保护产品，“禹谟醋”“清池绿茶”等7件贵州省名牌产品，“冠香源”“府茗香”“牛百味”等28件贵州省著名商标。

毕节市有大量的调节服务类生态产品，如水源涵养、土壤保持、洪水调蓄、空气净化、水质净化、固碳释氧、气候调节和病虫害控制等。毕节市是乌江、赤水河、北盘江的发源地，属北亚热带季风湿润气候，夏无酷暑，冬无严寒，季风气候比较明显，降水量较为充沛，立体气候突出。毕节市海拔相对高差大，垂直气候变化明显，山上山下冷暖不同，高原盆地寒热各异，利于多种动植物生长。根据《毕节市 2019 年生态环境状况公报》，毕节市建成 10 个自然保护区，集中式饮用水源地水质达标率保持在 100%，河流水质总体为优。

毕节市有着富有特色的文化服务类生态产品，如森林旅游、自然景观、少数民族文化体验等。毕节市境内风光秀丽、山谷幽静、山清水碧、冬无严寒、夏无酷暑，每年吸引大批游人前往。毕节市旅游资源非常丰富，如东壁朝霞、双峰脱颖、龙潭夜月、翠屏旭日、五龙翡翠、灵峰仙境等。毕节国家森林公园已成功晋升为国家 4A 级旅游景区，依托红色资源和森林资源的鸡鸣三省景区正在如火如荼地发展，乡村旅游正向百花齐放的态势发展，森林康养理念已经进入大众视野。此外，毕节市是个多民族的地区，古老独特的民族礼俗成为一大亮点，苗家的牛角酒、布衣婚俗等都独具一格。截至 2020 年 9 月，七星关区已成功获得省级森林乡镇 1 个、森林村寨 6 个、森林人家 72 家、国家级森林康养基地 1 个、省级森林康养基地 2 个。

第三节　欠发达地区生态产品如何转化价值实现路径

为充分实现生态产品的价值，结合生态产品价值评估核算并区分不同自然生态系统典型特征，分别有针对性地提出物质供给类、调节服务类和文化服务类三种生态产品的价值实现措施。精准设计适度利用物质供给类生态产品的模式、提升其附加值的深加工工艺，以及有效提高其溢价价值的营销策略；适度利用调节服务类生态产品的模式、充分挖掘其能够带来经济效益的业态，以及维系其基本功能的保护策略；适度利用文化服务类生态产品的模式，充分挖掘其蕴含的美学景观教育艺术等价值的业态，以及降低对其功能扰动程度的开发策略。

一、物质供给类生态产品的价值实现措施

结合可以适度开展保护性开发的功能分区，区分不同自然生态系统典型特征，精准设计适度利用物质供给类生态产品的模式，提升其附加值的深加工工艺，以及有效提高其溢价价值的营销策略。通过制定生态标签制度、构建完善的生态产品认证体系等来进行生态产品认证；通过创新“1+N”的母子品牌运作模式、加强品牌建设、精准打造公共电商品牌等来提升品牌溢价；通过进行生态投资、设立双边专业小组、实施公司购买、采用“水基金 + 土地信托”等办法进行水权交易；通过设立森林基金、计量交易、赎买重点生态区位商品林、构建森林生态品牌体系等来进行林权交易；通过修复生态环境的市场化办法和通过土地指标置换补充耕地任务等来进行土地增值；还可以开发“空气罐头”“空气魔法瓶”等创意生态工业产品进行价值增值。

（一）生态产品认证

1992 年，欧盟实行生态标签制度，这是一个自愿性制度。欠发达地区可以借鉴欧盟的生态标签制度，通过实施生态产品认证计

划，以达到由消费者付费的目的。由于生态产品比普通产品价格高出20% ～ 30%，也就达到了由消费者付费的目的。这是一种全市场化的生态产品付费机制。欠发达地区可以通过如下步骤来制定生态标签制度，并逐步推向全国。

第一，把各类产品在生态保护领域的佼佼者选出，并予以肯定和鼓励，从而逐渐推动各类消费品的生产厂家进一步提高生态保护，使产品从设计、生产、销售到使用，直至最后处理的整个生命周期都不会对生态环境带来危害，确保“生态经济帕累托改善”，努力实现“生态经济帕累托最优”。

第二，设定生态标签提示消费者的功能（该产品符合国家规定的环保标准，是认可并鼓励消费者购买的生态产品）。如果生产商希望获得该生态标签，必须向指定的管理机构提出申请，完成规定的测试程序并提交规定的测试数据，以证明产品达到了生态标签的授予标准。

第三，政府对每一种产品都要规定相应的环保性能标准，这些标准主要是关于自然资源与能源节约情况、废气（液、固体）及噪声的排放情况等。

（二）提升品牌溢价

欠发达地区可以借鉴福建省南平市的“武夷山水”模式和浙江省丽水市的“丽水山耕”模式，通过依托良好的生态环境，更好地提供生态系统的物质供给、调节服务和文化服务的产品，提升品牌溢价，使绿水青山的生态价值转化为经济效益。

通过创新品牌运作模式来提升品牌溢价。欠发达地区可以依托优越的生态资源优势并进行品牌创新，以优质农产品为突破口，统一质量标准、统一检验检测、统一营销运作。探索“1+N”的母子品牌运作模式，“1”为区域公用品牌引领，“N”为品牌背后标准化、金融化、电商化的服务。通过标准化建设确保产品品质，通过创新金融破解融资难题，通过发展电商加大线上营销力度，通过举办品牌建设发布会来扩大宣传，以打造一个区域公用品牌引领下的“1+N”全产业链公共服务体系。通过品牌带动服务的模式整合贵州省优质相关产业资源，形成母品牌与子品牌、政府与市场、生产者与服务商等各方面的合力，打响全国生态产品区域公用品牌，引领相关产业体系转型升级，让好产品卖出好价钱，助力点绿成金，以推动欠发达地区生态精品产业的发展。

南平市的“武夷山水”模式，其生态产品价值实现机制在品牌运作、资本运作和资源资产运作模式方面做出了创新。

1. 创新品牌运作模式

依托优越的生态资源优势和“双世遗”武夷山品牌优势，以优质农产品为突破口，统一质量标准、统一检验检测、统一营销运作，实施“武夷品牌”建设工程，先行推出“武夷山水”区域公用品牌，探索“1+N”的母子品牌运作模式。举办“武夷品牌”建设发布会，打响“武夷山水”全国生态农产品区域公用品牌，让好产品卖出好价钱，助力点绿成金。

2. 创新资本运作模式

先后设立100亿元产业投资基金、50亿元股权投资基金和10亿元政府和社会资本合作（PPP）发展基金，以及3亿元“南平市绿色产业发展资金”，利用绿色金融专项以培育绿色产业。同时，依托“6.18”平台，成功举办绿色发展创新大会暨绿色农业项目资本对接会、旅游项目与资本专场对接会、军民融合生物产业产学研对接会等，积极推动产业与资本对接。

3. 创新资源资产运作模式

着力打通“青山变金山”的通道，探索建设全国首家“生态银行”，建立自然资源管理、开发、运营平台，把零碎化、分散化的生态资源统一收储整合、系统集成运营，引入有实力、社会责任感强的企业投资经营，搭建资源变资产、变资本的转化平台。

浙江省丽水市的“丽水山耕”模式。“丽水山耕”是丽水市实现农业绿色发展的典型模型。与全国许多山区城市类似，丽水市农产品品类多而散、主体多而小，形形色色的农业品牌难以在市场上形成影响力和竞争力。为打造一个覆盖全市的公用农业品牌，引领农业产业体系转型升级，打造了“丽水山耕”农业公用品牌引领下的“1+N”全产业链公共服务体系，“1”为“丽水山耕”区域公用品牌引领，“N”为品牌背后标准化、金融化、电商化的服务，通过标准化建设确保农产品品质，通过创新金融破解融资难题，通过发展电商加大线上营销力度。“丽水山耕”提出的通过品牌带动服务的模式整合丽水市优质的农业资源，形成母品牌与子品牌、政府与市场、生产者与服务商等各方面的合力，推动丽水市生态精品农业的发展。“丽水山耕”，这是全国首个含有地级市名的集体商标，已成为农业版“浙江制造”和浙江省十大区域公用品牌产品，品牌价值高达 26 亿元。“丽水山耕”品牌的建设推动优质农产品的销售，2017 年实现年销售额 41.8 亿元；同时实现了产品价值的提升，自 2014 年 9 月品牌发布之日起，农产品销售平均溢价 33%，绿水青山的价值得到了较好的体现。

（三）水权、林权交易

水权交易与林权交易是用市场化手段实现水、森林所产生的物质供给类生态产品价值的重要机制。

1. 水权交易

1996年，为了改善水质，纽约市与上游凯茨基尔流域（位于特拉华州）之间进行了清洁供水交易，为纽约市节省了60亿美元的水净化厂建设费用和3亿美元的运行维护费用。我国从21世纪初至今，水权交易一直在逐步探索和实践中。宁夏回族自治区、内蒙古自治区、甘肃省张掖市等地开展了水权交易的最初探索，引起社会广泛关注。2014年，水利部选择宁夏回族自治区、江西省、湖北省、内蒙古自治区、河南省、甘肃省、广东省7个省区市开展全国水权试点；山东省、河北省、山西省、新疆维吾尔自治区等省区市按照十八届三中全会要求，结合本地区实际，探索开展水权确权、水权转让等相关工作，取得了积极成效。水权交易平台建设开始起步，中国水权交易所成立，内蒙古自治区在全国率先组建水权收储转让中心，新疆维吾尔自治区玛纳斯县成立了塔西河灌区水权交易中心等。

各地水权交易可以归纳为四种类型（见表5.1）。一是行政区域间的水权交易，例如河南省南水北调水量交易、广东省东江流域区域水权交易等。二是不同行业用水户间的水权交易，例如宁夏回族自治区、内蒙古自治区的水权交易，工业企业投资灌区节水改造，获得节约的用水指标，用于工业生产。三是农业内部水权交易，主要是农户间的水权交易，例如甘肃省疏勒河流域、新疆维吾尔自治区呼图壁县，政府开展农户水权确权，颁发水权证，以水权证作为依据购买水票，农户可以交易水票。四是政府回购并有偿出让水权，例如新疆维吾尔自治区玛纳斯县、河北省成安县，政府通过建立水权收储中心回购农户节余水量，汇集后满足工业企业的新增用水需求，工业企业与政府签订协议，并交纳水权转让费。

表5.1　水权交易主要类型

类型	交易主体	交易对象	交易产生条件	案例地区
行政区域间的水权交易	交易双方为地方人民政府	未使用的水资源总量控制指标权利	供水方水资源丰富，除供应本地用水外尚有盈余；买方水资源紧缺，难以满足发展需求	河南省南水北调水量交易；广东省东江流域区域水权交易
行业间（主要是农业向工业）水权交易	灌区管理单位为卖方，工业企业为买方	农业节水获得的节余水量	区域用水总量达到本地水资源极限或达到总量控制红线指标，新增工业用水需求无法通过新增取水指标予以满足；同时灌区具有较大节水潜力	宁夏回族自治区、内蒙古自治区水权交易
农业内部水权交易	交易双方为农户或用水户协会	农民或用水户协会经确权的节余水量	开展了农户间水权分配，颁发水权证，农户以水权证作为依据购买水票并开展交易	甘肃省疏勒河以及新疆维吾尔自治区呼图壁县
政府回购并有偿出让水权	农民（用水户协会）—地方政府—工业企业	农民或用水户协会经确权的节余水量	当地水资源紧缺，农民用水规模较为分散，政府通过回购农户节余水量，汇集后满足工业企业的新增用水需求	河北省成安县，新疆维吾尔自治区玛纳斯县

资料来源：李维明，谷树忠：《我国水权交易基础条件及其建设》[R]，国务院发展研究中心调查研究报告〔2018年第207号（总5482号）〕。

欠发达地区应借鉴国内外已有水权交易的经验，建议按照以下步骤用水权交易实现生态产品价值。第一，明确水权的基本权利和义务等内容，明确水权的种类和内容，规定水权确权的主体、对象、规则、方式、流程等。按照水权确权的有关政策要求，完善取水许可制度，明确取水权的具体权利和义务。第二，严格用水总量控制，为培育水权交易供需市场创造条件。第三，建设分层次多元化的水权交易平台。第四，夯实水权交易运行和技术保障条件，为水权交易和水市场建设提供支撑。第五，健全水权交易风险防控机制，防范化解水权交易风险。

2. 林权交易

欠发达地区的林权交易应进一步发挥市场的作用，引入社会力量，提供专业化的中介服务，同时将政府工作的重点放在行政管理上，提供公共服务，调整完善以交易中心为核心的交易网络体系，进行公益林流转和林地经营权流转证发证等配套制度创新，为市场有效配置资源创造良好环境，打造公开透明、自主交易、公平竞争、规范有序的林权交易市场：第一，建立林权交易中心（其制度设计见图5.1）；第二，构建林权交易网络体系。

例如，福建省的“生态区位商品林赎买”模式。自福建省启动农村集体林权制度改革以来，福建省林业资源产生了良好的生态保护价值，但是林权结构小型化、林地资源分散化等新情况也带来林地难以流转和变现、林业资产闲置、林业保护资金不足等一系列问题。针对这些问题，福建省以林业金融创新为切入点，推广实施“福林贷”、林权按揭贷款等一系列业务模式，对照“生态资产能盘活、银行风险能防范、村民组织能发展、林农个人能得利、森林资源得保护”的目标，把金融活水引入千家万户，实现福建山青、水绿、民富。

截至 2018 年第一季度末，福建省已有 15 家金融机构开办林权抵押贷款业务，覆盖各类型金融机构；福建省涉林贷款余额 251.49 亿元，同比增长 1.71%；林权抵押贷款余额 62.39 亿元，同比增长 6.48%，总量位居全国前列。为此，福建省开展了重点生态区位商品林赎买，并在改革模式、资金筹措、经营方式等方面进行了诸多探索，取得了重要的经验，即探索形成以赎买为基础，改造提升、合作经营、租赁、置换为补充的多样化的赎买改革模式；积极探索建立以财政资金引导为基础，受益者合理分担、吸引社会资金参与的多元化赎买资金筹集机制；通过因地制宜地落实管护责任主体、加强科学经营管理以实现创新经营管理模式。

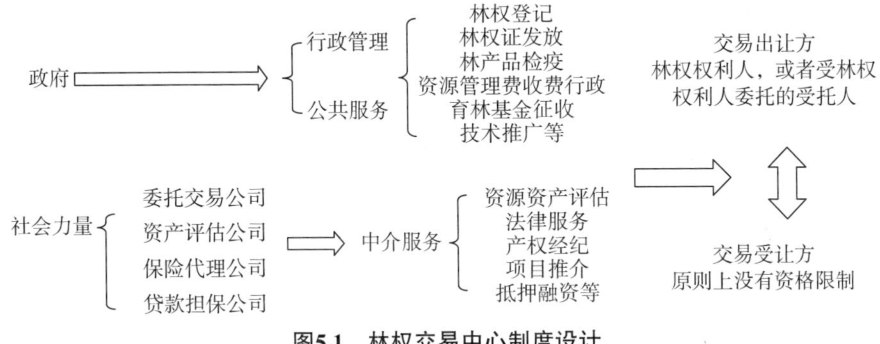

图5.1　林权交易中心制度设计

（四）土地价值增值

1. 修复生态环境，提升土地价值

成都的府南河，治理前河两岸的土地是每亩 30 万元，整治后每亩变成 300 万元，溢价 10 倍，因环境变好增加 270 万元。太原西山是煤炭塌陷区、建筑垃圾堆积场，山体严重破坏，后来实行生态修复工程，把西山划成十个森林公园，由企业进行修复，目前修复情况非常好。山西出台政策，允许在修复的土地上开发 20% 的土地，其中，

10% 用于基础设施，10% 用于住房等其他建设。因此，企业投资修复完这块土地后，实现了生态产品的溢价 100 倍以上。欠发达地区可以借鉴成都、山西生态修复的经验，用市场化办法，既可以修复生态环境，又可以实现生态产品的价值。

2. 与经济发达地区进行土地指标置换

2018 年 3 月，国务院办公厅印发《跨省域补充耕地国家统筹管理办法》和《城乡建设用地增减挂钩节余指标跨省域调剂管理办法》明确耕地后备资源严重匮乏的直辖市，占用耕地、新开垦耕地不足以补充所占耕地，或者资源环境条件严重约束，补充耕地能力严重不足的省份，由于实施重大建设项目造成补充耕地缺口，经国务院批准，可以在耕地后备资源丰富的省份落实补充耕地任务。2018 年 7 月，财政部印发《跨省域补充耕地资金收支管理办法》明确跨省域补充耕地资金的具体管理办法。国务院批准实施补充耕地国家统筹的省、自治区、直辖市，应当向中央财政缴纳跨省域补充耕地资金。跨省域补充耕地资金规模按照国务院批准的当年跨省域补充耕地规模和跨省域补充耕地资金收取标准确定。欠发达地区可以与经济发达地区进行土地指标置换以提升土地的价值。

（五）空气罐头类创新生态产品

欠发达地区可以借鉴日本的做法，进一步提升空气罐头的品牌与营销，尤其是要借助 2018 年梵净山申报世界自然遗产成功，成为全世界火热的旅游景区的契机；在此基础上，可以借鉴开发类似日本负离子空气净化加湿器之类的生态工业产品，进一步提升生态产品价值。

二、调节服务类生态产品的价值实现措施

适度利用调节服务类生态产品的模式，充分挖掘其能够带来经济效益的业态，以及维系其基本功能的保护策略。通过中央“天赋生态权”和地区之间的生态补偿等来实现生态补偿；通过协调环境税和排污权的管理体制、“总量控制—许可证”交易模式等进行排污权交易；通过摸清碳资产家底、确定排放配额总量、确定区域内碳“大户”、引入社会资本参与碳市场建设等来进行碳排放权交易；通过基于生态服务付费的理念建立水基金。

（一）生态补偿

由于物质供给类生态产品、文化服务类生态产品可以通过市场机制实现价值，而且这两类生态产品丰富且价值高的地区不应该获得更多的生态补偿，反而应该给那些调节服务类生态产品丰富且价值高的地区以生态补偿。

1. 中央“天赋生态权”

中央财政购买调节服务类生态产品。中央财政于 2018 年共支出 721 亿元，用于对全国主体功能区规划确定的重点生态功能区的县给予生态补偿，每个县平均 1 亿元，实际上是中央财政代表全国人民向生态地区购买生态产品。但是目前还是采取人头、人均的模式，而且与限制当地工业发展带来的损失对比，这些生态补偿还是很少的。建议中央按照欠发达地区调节服务类生态产品的价值，每年用中央财政在欠发达地区购买相应的生态产品。

2. 地区之间的生态补偿

对于欠发达地区的重点生态功能区而言，其生态补偿模式应当积

极与流域下游生态受益地区通过资金补偿、对口协作、产业转移、人才培训、共建园区等方式建立横向补偿关系。在具有重要生态功能、水资源供需矛盾突出、受各种污染危害或威胁严重的典型流域开展横向生态保护补偿试点。具体来讲，可操作的补偿实现方式包括：加大对重点功能区区域生态补偿力度；提高生态公益林补偿标准，建立耕地、草地休养生息制度；实行差别化的补偿机制；建立生态保护补偿标准体系，根据各领域、不同类型地区特点，以生态产品产出能力为基础，完善测算方法，分别制订补偿标准。

（二）排污权交易、碳排放权交易

1. 排污权交易

近年来，不少欠发达地区已开展排污权交易探索。例如，贵州省自 2016 年起实行排污费的差别收费政策，企业的污染物超标排放与排污费征收呈正相关，成本测算更加接近于污染的治理成本，通过价格手段倒逼企业改变排污行为。环境税和排放权交易并存是我国未来运用经济手段治理污染的必然趋势，欠发达地区可按三条路径推进排污权交易机制改革：第一，积极探索现行排污费向排污税的过渡；第二，妥善处理排放权与现行排放许可证之间的制度衔接；第三，协调环境税和排污权的管理体制。

2018 年 1 月 1 日，《中华人民共和国环境保护税法》（以下简称《环保税法》）正式实施，意味着环境保护税开征。但对于贵州省的环保企业而言，“环保税”实质是“排污费”的延续。排污费制度是环保领域一项重要的制度。1979 年的《中华人民共和国环境保护法（试行）》明确了排污收费制度，随后 1982 年颁布的《征收排污费暂行办法》在全国实施排污收费，后被 2003 年国务院颁布的《排污费征收使用管理条例》取代，并实施至今。基于平稳过渡的考虑，环保税遵循“谁污染谁付费”的基本原则，基本“平移”了原排污费。鉴于环境税和排污权交易制度之间的互补性，为了实现统一污染总量控制目标，除了需完善相关法律法规，健全当前的排污权和环境税收体系之外，有必要在现行的多部门管理的体制下进行改革，形成相互协调的管理体制，发挥部门合力。构架环境税与排污交易制度之间的管理体制协调。

2. 碳排放权交易

我国碳交易尚处于起步阶段。因此，欠发达地区的重点任务在于了解碳交易的基本情况，做好长期的发展规划，做好前期的基础工作，并借助社会力量争取在环节上进行突破，为实现碳达峰碳中和目标奠定基础，可按照三个步骤开展工作。

第一，摸清碳资产家底。查清碳汇潜力及碳排放情况，可以依托森林资源清查工作或委托第三方开展碳汇盘查，摸清家底；并充分利用样地清查、遥感信息、碳通量及模型模拟等多种途径，在不同区域尺度上开展研究实践工作，探索完成覆盖欠发达地区的林地绿地生态系统碳汇监测网络体系建设，形成长期固定监测样地和定点即时通量塔监测为主、以遥感监测为补充和验证的碳汇监测网络体系。实现对林地生态系统碳储量及碳汇动态的定时监测与预测模拟，为编制林业碳汇中长期发展规划提供数据支持。

第二，确定排放配额总量。根据国家碳排放总量控制目标的要求，综合研究碳排放、碳汇、经济增长、产业结构、能源结构，以及重点排放单位纳入情况等因素，确定排放配额总量。我国碳市场目前主要是采用“基准线”法确定配额的分配规则，行业内减排水平高的企业可通过拍卖配额获得资金补助，减排水平低的企业则需要通过向控排水平高的企业购买配额而受到经济上的损失。

第三，确定区域内碳“大户”。需要在查清欠发达地区碳资产的基础上，确定各地区需要管制的重点碳排放的行业，从而找出重点排放单位；还要找出碳汇来源的“大户”，抓住了碳排放与碳吸收的两类“大户”，就把握住了碳交易机制的核心主体。

第四，引入社会资本参与碳市场建设。创新环保领域的投资运营机制，推行环境污染第三方治理，鼓励社会资本参与碳交易；并把政府直接提供的一部分公共服务事项以及政府履职所需服务事项，按照一定的方式和程序，交由具备条件的社会力量和事业单位承担，并由政府根据合同约定向其支付费用。

例如，大自然保护协会（TNC）运用“气候、社区和生物多样性标准”（CCB 标准）的多重效益林业碳汇项目，采用当地树种，科学规划和管护，恢复具备多重效益的森林和湿地生态系统。TNC 在川西南甘洛、越西、美姑、昭觉、雷波 5 个县以及甘洛马鞍山、越西申果庄和雷波嘛咪泽 3 个自然保护区实施林业碳汇、社区与生物多样性项目，总面积近 4200 公顷，预计在 30 年的项目期内产生 120 多万吨二氧化碳的碳汇量。项目还有助于保护区中大熊猫种群重建栖息地，并恢复保护区之间的廊道。同时，在造林期和维护期，当地老百姓都是主要参与者，项目涉及的 17 个乡镇 27 个行政村有 1.8 万余人受益，预计人均收入提高 200 元左右，创造近 93 万个临时工作岗位和 49 个长期工作岗位。赤水桫椤国家级自然保护区位于贵州省赤水中部葫市镇金沙沟一带，拥有世界上数量最多、面积最广的桫椤林区。近年来的调查发现，保护区内竹林面积正在不断扩大，竹类迅速入侵到该区域内的所有桫椤群落中，适宜桫椤生长的原生生态环境已受到不同程度的破坏，桫椤数量正在逐年减少。可以在保护区附近的国有林场以土地所有者为主体、TNC 等机构为技术顾问开展森林碳汇经营项目，采用当地树种，科学规划和管护，恢复具备多重效益的森林生态系统，探索气候、社区和生物多样性共赢的方式。

（三）水基金

水基金基于生态服务付费的理念，通过激励下游用水者对上游水源集水区的保护和恢复进行投资，达到持续改善水质、稳定水量的目标。水基金是国际上广泛认可的水源地保护模式，欠发达地区可以借鉴到流域保护中，让河流生态受益方和广泛的社会资源为流域保护提供可持续的资金，同时促使更多人了解并参与到流域科学保护中。

例如，大自然保护协会（TNC）[①] 于 2000 年在厄瓜多尔建立了第一支水基金，迄今为止已经在南美洲、北美洲、非洲等成功建立了 35 支水基金。自 2015 年起，TNC 在浙江省内与各级政府合作，先后建立了龙坞水基金和千岛湖水基金，其中，龙坞水基金在提升水库水质的同时，用百万元的保护投入撬动了上亿元的生态产业投资。TNC 在赤水河区域也正在探索水基金工作。赤水河沿岸有多种涉水企业，又因四渡赤水等历史事件在全国范围内颇具影响力，具备建立流域保护基金的潜力。该基金可以广泛吸收受益企业和其他有责任的企业、机构及个人，成为政府、企业、公众共同保护赤水

① 大自然保护协会（TNC, The Nature Conservancy）成立于1951年，是国际上最大的非营利性的自然环境保护组织之一。一直致力于在全球保护具有重要生态价值的陆地和水域，维护自然环境、提升人类福祉。1998年，TNC受中国政府邀请进入中国，总部位于北京。在陆地、淡水、气候变化、海洋、城市等多个领域开展保护项目，并取得卓越成效。

河的平台。在流域系统规划治理的科学框架下，资金一方面投向流域保护最具有成本有效性的重点区域，用于流域的生态修复与保护；另一方面用于引导和促进流域产业可持续发展。另外，经验表明，一个顾问委员会可以确保对保护与投资项目决策的有效性，并定期开展项目效果评估。

三、文化服务类生态产品的价值实现措施

适度利用文化服务类生态产品的模式、充分挖掘其蕴含的美学景观教育艺术等价值的业态，以及降低对其功能扰动程度的开发策略。基于欠发达地区良好的生态环境优势、绿色发展基础，通过开发兼具文化内涵与自然资源的地区，以开发生态旅游项目、生态体育项目、生态工艺品及生态服务业，科学有效地挖掘生态产品价值，以实现政府主导、部门支持以及全社会共同参与。

（一）生态旅游项目开发

第一，从现有旅游收益中设立修复基金。一方面，改善、保护当地生态环境，修复因长期过度开发导致的生态环境破坏问题；另一方面，加紧维护、保存当地苗族原生态文化与习俗。第二，对民俗文化进行深度挖掘。第三，因地制宜发展生态特色旅游、生态服务业。开发绿色天然产品，传承欠发达地区独特的少数民族文化传统等。

西江千户苗寨位于贵州省黔东南苗族侗族自治州雷山县东北部的雷公山麓，由十余个依山而建的自然村寨相连成片，是目前中国乃至

全世界最大的苗族聚居村寨。西江千户苗寨文化服务类产品极为丰富，有村寨苗族文化景观及民俗文化为主体的旅游开发活动，包括苗族物质文化景观和非物质的民族习俗文化的旅游开发活动（物质文化景观开发主要对苗族吊脚楼房屋，村寨古街道，风雨桥，苗族文化博物馆，银饰、刺绣与蜡染等手工艺品制作与销售等方面，通过对苗族吊脚楼民居房屋开发，农家乐和旅馆数量最多，其次是银饰、刺绣与蜡染等手工艺商店；非物质文化的旅游开发活动体现在苗族歌舞表演、饮食文化体验的农家乐、感受民族语言，以及参与、观赏体验苗族婚庆、苗年、吃新节等节日活动上）。经营模式上，西江采取“政府 + 公司”的经营模式，在旅游发展初期通过政府和民间渠道双向获取基础投资；房屋采用统一管理的经营方式。西江苗寨每逢节假日是旺季，客流量比较大，游客主要来自外省区市，人均年收入达到 8 万元左右。旅游接待人数和旅游综合收入，从 2008 年的 78 万人次和 1 亿元猛增到 2017 年的 606 万人次和 49.91 亿元，分别增长了 7 倍和 49 倍。2017 年，西江千户苗寨村民的人均收入达 22100 元，是 2007 年的 13 倍。

（二）生态体育项目开发

坚持打“红色牌”，注重培养方案核心竞争力；坚持打“文化牌”，注重自然与人文相结合，提升生态产品价值；坚持赛事品牌效益，发展特色生态旅游；坚持多元手段营销，强化赛事资源宣传；坚持创新理念，建立适应全域旅游的制度机制；坚持生态保护与开发有机融合，为原生态文化风貌注入时代活力；坚持方案的持续开发，适时扩展赛事面向的群体与规模。

例如，“丈量秀美黔东南”——中国精英采风热身赛和红创徒步骑行接力赛这两个贵州省赛事型旅游方案。

“丈量秀美黔东南”——中国精英采风热身赛是集运动热身与文艺采风于一体的大型联合赛事，以“融自然人文，创民族风采”为活动主旨，采风活动通过徒步自然采风的形式，为文化艺术家和传媒人士等群体提供素材与展示平台，搭建参赛群体内部沟通合作的渠道与桥梁。充分发掘贵州地区人文情怀和艺术价值，促进文艺创作、旅游开发互促的发展格局形成。

红创徒步骑行接力赛，以“持赤心，搏自然，聚全力，创伟业”为主旨，是集越野骑行与复杂地形徒步于一体的大型文化方案。贵州拥有丰富的红色文化资源，利用赛事型旅游方案，一为政商界人士和高校学生等群体提供提升自我的机会，增强其团队意识与耐力意识，更在高层次上为国家相关领域的发展增添精神力量，积蓄后备人才；二在组队合作过程中打通群体内部与各群体间的对话渠道，破除信息壁垒，整合各方资源；三在赛事举办过程中深挖地域特色，发现产业商机，为当地的对外宣传与经济发展做出贡献，促进当地的产业层次优化、完善与升级。

（三）生态工艺品开发

在银饰、蜡染制品、刺绣制品、雕刻技艺等工艺品的设计上尽量提高可拆卸性、可回收性和可再造性，生产工艺和设备选用上做到低物耗、低能耗、少废弃物、无污染；而且，产品设计强调民族特色文化，必须设计出代表自身特点的“名片”，减少外来纪念品的涌入，保持本土特色。可以通过抖音、快手等新媒体进行宣传，提高知名度。

第四节　欠发达地区生态产品如何形成价值实现机制

一、科学核算生态产品价值

要以严格保护自然生态系统原真性为导向，结合调查、研究，编制生态产品详细清单，科学评估自然生态系统的物质供给、调节服务、文化服务等功能提供的各类生态产品的功能量，并在参考类似自然生态资源保护性开发模式经济社会效益的基础上，科学核算生态产品的潜在价值量，全面摸清“绿水青山”所蕴含的“金山银山”价值。围绕打通“两山”转化通道，积极探索政府主导、企业和社会各界参与、市场化运作、可持续发展的生态产品价值多元化实现路径，制订生态系统生产总值（GEP）核算技术规范、编制试点县（市）GEP核算报告、制订生态产品价值实现机制试点方案，以形成一套科学合理的生态产品价值核算评估体系，形成具有良好示范效应的多元化生态产品价值实现模式，建立一套行之有效的生态产品价值实现制度体系。推动生态优势不断向经济优势转化，GEP向GDP转化率进一步提高，先通过试点建设力争为全国生态良好的欠发达地区生态产品价值实现提供可复制、可推广的经验和模式。

（一）生态系统生产总值的核算思路

1. 核算生态系统产品与服务的使用价值

直接使用价值：食物生产、水资源、生物能源、水电量等。

间接使用价值：气候调节、水源涵养、污染物净化等。

2. 核算生态系统最终产品与服务

生态系统提供产品、调节服务与文化服务。

3. 生态系统产品与服务的功能量核算

生态系统产品产量：食物生产量、提供的水资源量、生物能源量、水电量等。

生态系统服务功能量：土壤保持量、污染物净化量、固碳量。

生态系统生产经济价值核算：在生态系统产品与服务的功能量基础上，核算生态系统产品与服务总经济价值。

$$GEP=EPV+ERV+ECV$$

$$GEP=\sum_{i=1}^{n} EP_i \times P_i+\sum_{j=1}^{m} ER_j \times P_j+\sum_{k=1}^{l} EC_k \times P_k$$

GEP：生态系统生产总值，*EPV*：生态系统物质产品价值，*ERV*：生态系统调节服务价值，*ECV*：生态文化服务价值，EP_i 为第 i 类生态系统物质产品产量，P_i 为第 i 类生态系统物质产品的价格；ER_j 为第 j 类生态系统调节服务功能量，R_j 为第 j 类生态系统调节服务功能的价格；EC_k 为第 k 类生态系统文化服务功能量，P_k 为第 k 类生态系统文化服务功能的价格。

（二）生态系统生产总值的核算指标体系

生态系统生产总值是生态系统产品价值、调节服务价值和文化服务价值的总和，由产品提供、调节功能、文化功能 3 项功能 17 个指标构成。其中，生态系统产品价值核算包括农业产品、林业产品、畜牧业产品、渔业产品、水资源、生态能源等；生态调节服务价值包括水源涵养、土壤保持、防风固沙、洪水调蓄、固碳释氧、空气净化、水质净化、气候调节、病虫害控制价值；生态文化服务价值包括自然景观游憩价值。生态系统生产总值核算指标如表 5.2 所示。

表5.2　　生态系统生产总值核算指标

序号	功能类别	核算项目	说明
1	产品提供功能	农业产品	从农业生态系统中获得的初级产品，如谷物（水稻、小麦、玉米、谷子、高粱、其他谷物等）；豆类（大豆、绿豆、红小豆）；薯类（马铃薯）；油料（花生、油菜籽、芝麻、向日葵籽、胡麻籽）；棉花；麻类（黄红麻、亚麻、大麻、苎麻）；糖料（甜菜、甘蔗）；烟叶；茶叶；药材；蔬菜；瓜果（西瓜、甜瓜、草莓）；水果（香蕉、苹果、柑橘、梨、葡萄等）
		林业产品	林木产品、林下产品以及与森林资源相关的初级产品，如木材、橡胶、松脂、生漆、油桐籽、油茶籽、食用菌等
		畜牧业产品	用放牧、圈养或者两者结合的方式，饲养禽畜以取得动物产品或役畜，如牛、马、驴、骡、羊、猪、家禽、兔子年底出栏数；奶类；禽蛋；动物皮毛；蜂蜜；蚕茧等
		渔业产品	人类利用水域中生物的物质转化功能，通过捕捞、养殖等方式取的水产品，如鱼类、贝类、虾蟹类、其他水生动物等
		水资源	可以直接使用的淡水资源，如矿泉水、农业用水、生活用水、工业用水、生态用水
		生态能源	包括水能和生物质燃料，其中生物质燃料是指将生物质材料燃烧作为燃料，一般主要是农林废弃物（如秸秆、锯末、甘蔗渣、稻糠等）作为原材料，经过粉碎、混合、挤压、烘干等工艺，制成各种成型（如块状、颗粒状等）的，可直接燃烧的一种新型清洁燃料
		其他	用于装饰品的一些产品（例如树皮、动物皮毛）和花卉、苗木等，这些资源的价值通常是根据文化习俗而定的
2	调节功能	水源涵养	生态系统通过其结构和过程拦截滞蓄降水，增强土壤下渗，有效涵养土壤水分和补充地下水、调节河川流量
		土壤保持	生态系统通过其结构与过程减少雨水的侵蚀能量，减少土壤流失

续表

序号	功能类别	核算项目	说明
2	调节功能	洪水调蓄	湿地生态系统通过蓄积洪峰水量，削减洪峰，减轻洪水威胁产生的生态效应
		防风固沙	生态系统通过其结构与过程削弱风的强度和挟沙能力，减少土壤流失和风沙危害
		固碳释氧	植物通过光合作用将CO_2转化为碳水化合物，并以有机碳的形式固定在植物体内或土壤中，同时产生O_2的功能，有效减缓大气中CO_2浓度升高，调节大气中O_2含量，减缓温室效应
		空气净化	生态系统吸收、阻滤和分解大气中的污染物，如SO_2、NO_x、粉尘等，有效净化空气，改善大气环境
		水质净化	水环境通过一系列物理和生化过程对进入其中的污染物进行吸附、转化以及生物吸收等，使水体得到净化的生态效应
		气候调节	生态系统通过蒸腾作用和水面蒸发过程使大气温度降低、湿度增加产生的生态效应
		病虫害控制	生态系统通过提高物种多样性水平增加天敌而降低植食性昆虫的种群数量，达到病虫害控制的生态效应
3	文化功能	自然景观	为人类提供美学价值、灵感、教育价值等非物质惠益的自然景观，其承载的价值对社会具有重大的意义

（三）生态系统生产总值的核算方法

生态系统生产总值的功能量核算是指人类从生态系统中直接或间接得到的最终产品量和服务功能量。生态系统生产总值的功能量核算包括三大类，即产品提供功能、调节功能、文化功能。生态系统服务功能是可以描述、测量的。在生态系统生产总值的价值量核算中，产品提供的价值主要用市场价值法核算，调节服务产品的价值主要用替代市场法和假想市场法进行评估，文化服务产品的价值使用旅行费用法。

要比较不同时期的生态系统生产总值，必须扣除价格变动因素，即采用可比价 GEP。按可比价格计算总量指标有两种方法：一种是直接用产品产量乘以某一年的不变价格计算，另一种是用价格指数进行缩减。

在生态系统生产总值核算中，核算价值量时，应综合考虑价格的官方权威性、时效性、连续性和完整性，先核算出当年的名义 GEP 后，再进行可比性处理，得到实际 GEP。具体步骤如下。

（1）对于有当年单价的生态系统产品和服务，根据当年价格核算其当年的价值。

（2）对于没有当年单价的生态系统产品和服务，将其在某一时期的价格，通过价格指数折算成当年的名义价格，用名义价格核算这些生态系统产品和服务当年的价值。

（3）汇总所有生态系统产品和服务的价值，得到当年的名义 GEP。

（4）进行年度间比较时，用价格指数将名义 GEP 折算成可比价 GEP。

（四）案例：贵州省生态系统生产总值（GEP）

2015 年，贵州省生态系统生产总值（GEP）为 23560.20 亿元。其中，生态系统调节服务总价值最高，为 18558.68 亿元，占 GEP 总值的 78.77%；其次是生态系统文化服务总价值，为 3788.86 亿元，占 GEP 总值的 16.08%；生态系统物质产品价值为 1212.66 亿元，占 GEP 总值的 5.15%（见图 5.2、表 5.3）。

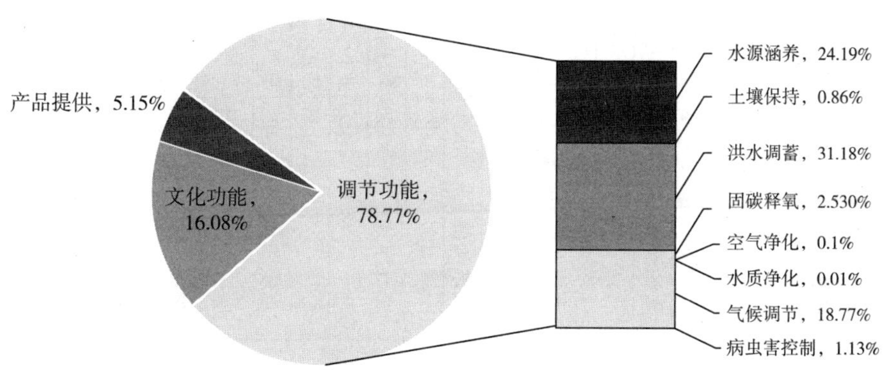

图5.2　2015年贵州省生态系统生产总值（GEP）构成

表5.3　2015年贵州省生态系统生产总值（GEP）核算总表

功能类别	核算科目	核算子科目	功能量	单位	单价	价值量	单位	小计	比例（%）	总计	比例（%）
产品提供	产品提供	农业产品	3202.24	万吨	—	1212.66	亿元	1212.66	5.15	1212.66	5.15
		林业产品	31.43	万吨	—						
		水产品	24.98	万吨	—						
调节功能	水源涵养	水源涵养量	689.84	亿立方米	8.26元/立方米	5698.06	亿元	5698.06	24.19	18558.68	78.77
	土壤保持	土壤保持量	36.06	亿吨	—	—	亿元	203.15	0.86		
		减少泥沙淤积	6.63	亿立方米	18.24元/立方米	120.95	亿元				
		减少氮面源污染	320.18	万吨	1750元/吨	56.03	亿元				
		减少磷面源污染	93.46	万吨	2800元/吨	26.17	亿元				
	洪水调蓄	水库调蓄量	889.44	亿立方米	8.26元/立方米	7346.79	亿元	7346.79	31.18		
	空气净化	净化二氧化硫	175.76	万吨	1260元/吨	22.14	亿元	23.15	0.1		
		净化氮氧化物	7.51	万吨	1260元/吨	0.95	亿元				
		净化工业粉尘	4.06	万吨	150元/吨	0.06	亿元				
	水质净化	净化COD	16.3	万吨	1400元/吨	2.28	亿元	2.86	0.01		
		净化总氮	1.26	万吨	1750元/吨	0.23	亿元				
		净化总磷	1.26	万吨	2800元/吨	0.35	亿元				
	固碳释氧	固碳	182.33	万吨	877.82元/吨	182.33	亿元	596.12	2.53		
		释氧	5539.01	万吨	747.04元/吨	413.79	亿元				
	气候调节	气候调节功能量	18024.79	万亿千焦	0.53元/千瓦时	4422.75	亿元	4422.75	18.77		
	病虫害控制	天然林面积	55989.04	平方千米	316.49元/亩	265.8	亿元	265.8	1.13		
文化功能								3788.86	16.08	3788.86	16.08
合计								23560.20	100.0	23560.20	100.0

1. 生态系统物质产品价值核算

2015 年，贵州省生态系统物质产品提供总价值为 1212.66 亿元，占 GEP 总值的 5.15%。其中，农产品产量为 3202.24 万吨，林产品产量为 31.43 万吨，水产品产量为 24.98 万吨。

2. 生态系统调节服务价值核算

2015 年，贵州省生态系统调节服务总价值为 18558.68 亿元，占 GEP 总值的 78.77%。其中，水源涵养价值为 5698.06 亿元，占调节服务总价值的 30.7%；气候调节价值为 4422.75 亿元，占调节服务总价值的 23.83%；土壤保持价值为 203.15 亿元，占调节服务价值的 1.09%。

3. 生态系统文化服务价值核算

2015 年，贵州省游客总数为 3.76 亿万人次，旅游总收入为 3512.82 亿元，生态文化服务价值为 3788.86 亿元，占 GEP 总值的 16.08%。

二、精准设计价值实现模式

为充分实现生态产品的价值，通过借鉴国内外生态产品价值实现的实践案例，精准设计物质供给类、调节服务类和文化服务类三种生态产品的价值实现模式。

（一）国际借鉴

1. 市场化生态补偿机制

在国外，基于“生态系统服务付费”理念的生态补偿模式主要分为三种：一是政府购买模式，即政府代表全体人民作为购买方，向生态系统服务的提供者购买生态服务；二是市场模式，即在生态服务受益方与提供方之间直接进行生态服务的交易；三是生态产品认证计划，即有关组织为生态产品提供认证，消费者通过市场自主选择、自由购买，从而实现为生态系统服务间接付费的一种方式。从交易的主体来看，市场化的生态补偿行为既可以在国家与国家之间进行，也可以在一国内部政府与生态服务提供者之间进行，还可以在地区与地区、上游与下游之间进行。

2. 生态资产资本化

通过生态投资、设立双边专业小组、自愿协议、设立国家基金、计量交易、公司购买、消费者付费、“水基金＋土地信托”模式等方式实现生态资产资本化。

例如，纽约与特拉华州之间的清洁供水交易。纽约市与上游凯茨基尔流域（位于特拉华州）之间进行了清洁供水交易。纽约市约 90% 的用水来自上游凯茨基尔和特拉华河。1989 年，美国环保局要求，所有来自地表水的城市供水都要建立水的过滤净化设施，除非水质能达到相应要求。在这种背景下，纽约市经过估算，如果要建立新的过滤净化设施，需要投资 60 亿 ~80 亿美元，加上每年 3 亿 ~5 亿美元的运行费用，则总费用至少要 63 亿美元；而如果对上游凯茨基尔流域在 10 年内投入 10 亿 ~15 亿美元以改善流域内的土地利用和生产方式，水质就可以达到要求。因此，纽约市经过比较和权衡之后，最后决定通过投资购买上游凯茨基尔流域的生态环境服务。为此，纽约市和纽约州等相关部门投入资金，实施凯兹基尔和特拉华水源保护项目，用于上游地区农民农业生产方式的转变、农地用途的转变、农村污水处理设施的建设等，为纽约市节省了 60 亿美元的水净化厂建设费用和 3 亿美元的运行维护费用。

（二）国内借鉴

1. 福建省生态产品价值实现机制

（1）福建省连江县海洋生态工业模式：通过建立自然资源价值核算体系、探索自然资源资本化路径以及培育实现绿色惠民新模式，实现改善海域生态环境，并融合休渔业等多重业态，有力促进传统渔业转型，实现产业化经营。

（2）“生态区位商品林赎买”模式：通过探索多样化改革模式、探索多元化资金筹集机制、创新经营管理模式，实现盘活生态资产、防范银行风险，发展村民组织，林农个人得利，保护森林资源。

（3）“武夷山水 + 绿色金融 + 生态银行”模式：南平市通过创新品牌运作模式、创新资本运作模式和创新资源资产运作模式，实现点“绿”成金。

（4）流域生态补偿筹集、分配、使用机制：福建省制定重点流域生态补偿办法，通过建立责任共担、长效运行的补偿资金筹集机制以及建立奖惩分明、规范运作的补偿资金分配机制，流域上、下游关系得到进一步协调，流域内各市、县加强流域水环境保护的积极性和主动性明显增强，水环境质量进一步提升。

2. 浙江省林业生态产品价值实现机制

浙江省深入践行“绿水青山就是金山银山”的科学论断，加快推进林业改革，突出了“生态产品”的特征，创新性地培育了林业新型相关产业，如森林旅游、林下经济、特色小镇建设等。

（1）以森林旅游为突破，发展森林休闲、森林养生、森林体验等产业。深度挖掘林业景观功能和生态功能，强化景观森林、古村落、古道、古树等森林休闲养生资源的修复保护和利用，培育融森林文化与民俗风情为一体的森林旅游。2017 年，全省森林旅游休闲养生产业产值达到1661亿元，占全省林业总产值的29.5%。

（2）推广“一亩山万元钱”模式，大力发展林下经济。2015年起，浙江省启动实施“一亩山万元钱”林技推广3年行动计划，大力推广竹林覆盖、名优经济林生态高效栽培、林下种植（套种）和原生态仿生栽培四大高效生产类型的10种创新科技富民模式。3年来，累计推广“一亩山万元钱”面积66.5万亩，实现总产值78.6亿元，增收36.1亿元。

（3）创新开展森林系列建设，有效搭建产业发展平台。围绕镇与村开展森林特色小镇和森林人家建设，通过整合区域森林资源、特色产业和乡土文化，加快促进林业与休闲旅游、生态教育、医疗康养、文化创意等元素的深度融合。目前，已列入创建的森林特色小镇73个、森林人家158个。

（4）浙江省以生态文化为特色，构建了森林生态品牌体系，将“生态林业”的品牌价值成功打响。通过推进品牌标准化建设，成功搭建了以标准为先导，实行产品质量追溯、企业诚信和质量监管体系“三位一体”的品牌质量保证体系。先后开展了“最美森林”“最美湿地”“最美古树”“最美森林古道”“最美护林员”等评选活动，并且在浙江省政府官方微博、微信网络平台等媒体上引起高度关注。

3. 浙江省丽水市生态产品价值实现机制

根据丽水市生态产品组成情况，丽水的生态产品价值实现机制包括生态农业、生态工业和生态服务业。在生态产业体系的建设中，丽水市依托良好的生态环境，充分发挥生态系统的产品供给、调节服务和文化服务的产品，发展生态农业、健康医药、旅游等生态型产业，打造了“丽水山耕”模式、“遂昌赶街”模式、“国镜药业”模式和“古堰画乡”模式，使绿水青山的生态价值转化为经济效益。

“丽水山耕”模式是丽水市实现农业绿色发展的典型模型。与全国许多山区城市类似，丽水市农产品品类多而散、主体多而小，形形色色的农业品牌难以在市场形成影响力和竞争力。为打造一个覆盖全市的农业公用品牌，引领农业产业体系转型升级，丽水市打造了“丽水山耕”农业公用品牌引领下的“1+N”全产业链公共服务体系，“1”为“丽水山耕”区域公用品牌引领，“N”为品牌背后标准化、金融化、电商化的服务，通过标准化建设确保农产品品质，通过创新金融破解融资难题，通过发展电商加大线上营销力度。

“遂昌赶街”模式是遂昌县在农村电子商务领域的突破性创新和实践，也是生态产品价值得以实现的重要途径。跟全国其他许多山区一样，遂昌山区地处偏远，农村人口居住极为分散，优质的山区农产品一直有“养在深闺人未识”的困扰，销售营销渠道是制约生态精品农产品发展的瓶颈。2013 年，遂昌县在网上销售的基础上，成立首家县域农村电子商务服务站（“赶街”网点）。其后，遂昌农村电子商务品牌迅速打响，先后获得浙江首批电子商务示范县、中国电子商务发展百佳县等荣誉。截至 2018 年 5 月，遂昌县已有网店 2000 多家，网货供应商 300 多家，第三方服务商 40 多家，农村电子商务从业人员 8000 多人，先后涌现出“茶叶村”“青糕村”“笋干村”“番薯干村”等 20 余个网上销售产品特色村，不断带动农民增收致富。2017 年，全县网销农产品 8.6 亿元，同比增长 17.8%。此外，“遂昌赶街”模式还为农民带去了“互联网 +”的全新思维，通过“互联网遂昌 +”发展生态农业、乡村休闲旅游、生态服务业等多种生态产业。在“赶街”模式的影响下，遂昌逐渐形成以生态农产品为主、其他多种生态产业为辅的电子商务产业体系。

“国镜药业”模式表明了良好的生态环境、清洁的空气也是发展的资本。丽水立足生态优势，着力将绿色循环理念植入发展进程，利用清新的空气、洁净的水源、宜人的气候等天然优势，吸引对生态环境要求高的企业落户和发展，促进“绿色青山”转化为“金山银山”。四川科伦药业并购落户于龙泉市的浙江国镜药业就是一个典型案例。四川科伦药业生产过程中对空气质量要求高，因龙泉市空气清洁，延长了空气过滤器更换周期，空气过滤袋初效、中效、高效的更换周期分别为以前的 1.3 倍、1.5 倍和 3~4 倍，通过减少过滤器更换次数，空气过滤袋的年更换成本由过去的 200 万元左右下降至现在的 90 万元左右，系统维护费用降低近 60%；另外，通过对燃煤锅炉进行生物质燃料的改造，将竹产品加工产生的边角料变成锅炉燃料，单瓶蒸汽耗用成本下降 90%，以前每年蒸汽使用费约为 850 万元，现在一年使用费约为 290 万元。2017 年，国镜药业实现工业产值 2.8 亿元，上缴税费 1200 余万元，企业业绩在科伦药业的 87 家分公司中由倒数跃升至前列，成为全省健康医药产业的标杆企业。

“古堰画乡”模式来自莲都古堰画乡小镇。这个小镇是“绿水青山就是金山银山，对丽水来说尤为如此”论断的提出地，多年的发展实际也证明这个论断的科学性与可行性。莲都古堰画乡小镇自然风光旖旎，人文底蕴深厚，是世界首批灌溉工程遗产和联合国教科文遗产所在地，是“丽水巴比松油画”的发祥地，是“中国摄影之乡”和中国书法家协会的主要创作基地。依托优越的自然环境与文化底蕴，古堰画乡小镇致力于艺术产业、文化旅游与生态旅游产业的发展，促使“旅游生活化、生活旅游化、生活旅游产业化、‘旅游 +’”的理念贯穿产业布局中。良好的自然与文化资源给古堰画乡带来了良好的经济效益，2017 年古堰画乡小镇全年共接待国内外游客 172.8 万人次，同比增长 8.24%。从 2006 年到 2017 年，小镇内景区核心区农民人均年收入从3000多元增至23170元；同时，空气常年达到国家Ⅰ类标准，92.8%断面的水质常年保持国家Ⅱ类标准。

4. 跨省流域上下游生态补偿机制

（1）成阿共建园区——横向生态补偿机制新探索：四川省阿坝藏族羌族自治州（以下简称阿坝州）和成都市分处岷江上下游地区，为保护好成都市的生活生产水源，双方协商在成都市郊区共同建设成阿工业园，阿坝州把现有工业企业迁入成阿工业园区，州内集中发展特色农业、旅游业、水电等产业。通过异地联合共建工业开发区，破解了生态保护区因环境约束而停滞的工业发展难题；通过构建合理的利益分配机制，化解了跨区域生态环境保护困境；通过资金的集中高效利用，弥补了“输血式”生态补偿中补偿资金不足和补偿标准难以量化的缺陷；通过优势资源互补，促进了区域产业的合理分工与协调发展。

成都市、阿坝州按6∶4投入，共同开发经营，对园区内的招商引资、工业增加值、创汇、税收等主要经济指标，成都市、阿坝州按6∶4分享。成阿工业园有效利用阿坝州政策优势和成都市人才、技术、资金等资源优势，大力发展节能环保、电子设备、装备制造等产业，园区发展迅速，不仅为阿坝州带来较为可观的财政收入，还大量吸纳阿坝州劳动力就业，实现两地双赢、经济效益和生态效益双赢的发展格局。截至2016年9月，成阿园区累计实现固定资产投资达247.5亿元（其中基础设施投入约80亿元），累计引进杭州士兰、康力电梯、鑫炬新材料、巴莫科技、上海同捷等项目139个，协议总投资为348.94亿元。园区工业总产值近131亿元，累计实现税收收入4.6亿元，规模以上企业56户，初步形成以节能环保为主导的产业集群。成阿工业园的实践证明，“飞地经济”是构建地区间横向生态补偿机制的有效形式，可在总结完善的基础上推广实行。

（2）广东省、广西壮族自治区九洲江流域生态补偿：在九洲江流域，广东省、广西壮族自治区印发实施了《九洲江流域水环境保护合作补偿实施方案》，补偿指标为《地表水环境质量标准》中 pH 值、高锰酸盐指数、氨氮、总磷、五日生化需氧量 5 项；考核目标为九洲江跨省界断面年均值达到Ⅲ类水质，2015 年、2016 年和 2017 年跨省界断面水质达标率分别达到 60%、80% 和 100%；补偿范围为玉林市陆川县、博白县；补偿标准为广东省和广西壮族自治区共同设立九洲江流域水环境补偿资金，各出资 3 亿元。中央财政依据考核目标完成情况确定奖励资金，对流域上游省份给予奖励，补偿资金主要用于玉林九洲江流域水污染综合整治、环境基础设施和能力建设、异地发展园区建设、畜禽养殖污染治理和清拆补偿等工作。

（3）东江生态补偿：东江发源于赣州市五县，河长 562 千米，流域面积为 35340 平方千米，平均年径流量为 257 亿立方米，是流域沿岸及珠三角、香港等地的重要饮用水水源，其水质好坏关系到区域可持续发展。2016 年 10 月，在财政部、环境保护部的支持推动下，江西省、广东省正式签署《东江流域上下游横向生态补偿协议》，补偿期限为 3 年（2016—2018 年），按照“成本共担、效益共享、合作共治”的原则，依据流域跨省界断面水质考核，以达到建立东江流域上下游两省横向水环境补偿机制，确保流域水环境质量稳定和持续改善的目的。

三、探索形成政策制度安排

基于建立健全的生态产品价值实现机制，通过完善生态产品价值实现机制的相关立法、加强生态综合执法和完善生态保护司法体系，从而建立生态产品价值实现的法律体系；通过建立生态产品统计标准和认证体系、建立健全生态产品统计法律法规体系与统计管理运行体制，进一步完善生态产品统计技术方法体系，结合新技术推进生态产品统计监测手段的现代化并强化统计人员专业素质，从而构建生态产品统计监测体系；通过健全自然资源资产产权制度、建立绿色金融体系和完善绩效评价考核和责任追究制度，从而强化生态产品价值实现的相关制度建设；通过从政策、资金、技术、宣传等方面建设生态产品价值实现的保障措施，进而形成一整套保障生态产品价值实现的政策体系和制度安排建议。

（一）建立生态产品价值实现的法律体系

完善生态产品价值实现机制的相关立法、完善生态保护司法体系和加强生态综合执法是生态产品价值实现机制的重要保障。

1. 完善生态产品价值实现机制的相关立法

将生态文明法制建设纳入地方立法计划，特别是要结合本地实际，大力推进生态产品价值实现的法制保障机制。以《中华人民共和国环境保护法》《中华人民共和国清洁生产促进法》《中华人民共和国循环经济促进法》等国家立法为依据，结合国家生态红线和生态补偿以及建立排污权和碳排放权交易等政策法律规定，逐步建立和完善本地的生态产品价值实现法律保障机制。

例如，贵州省在生态文明法制建设方面积极探索，不断创新完善，制定了《贵州省生态文明建设促进条例》（以下简称《条例》）等较为全面和科学的地方法规，为创设生态产品价值实现机制提供了立法依据。该《条例》第五十条规定，县级以上人民政府应当安排资金，用于支持有关生态文明建设的科学技术研究开发和有利于生态文明建设的科技创新和管理创新，推动资源节约型、环境友好型技术和产品的示范、推广与应用，提高自主创新能力。这为生态产品价值实现机制的建立与完善奠定了坚实的法制基础。

2. 完善生态保护司法体系

欠发达地区要强化环境资源立案、审判和执行机构之间，刑事、民事和行政三大审判之间的相互配合，形成环境资源审判的整体合力，以更好地发挥审判职能作用，不断提升服务、保障生态文明建设与绿色发展的司法水平。以大数据发展为基础，建设“智慧型生态法院”。将绿色发展理念作为环境资源审判的行动指南，牢固树立严格执法、维护权益、注重预防、修复为主、公众参与的现代环境司法理念。

例如，贵阳市作为全国环境资源司法审判的最早试点，在生态文明司法方面走在全国前列，最早创设环境法庭，创新绿色司法，典型案例被最高人民法院确认并在全国推广。

3. 加强生态综合执法

欠发达地区要坚持把保障生态环境安全作为生态执法的基本目标，强化日常生态环境管理，促进经济社会与生态环境的协调发展。加强人大、司法机关、行政监督机关对生态环境保护与资源法规实施情况的执法检查，针对突出问题开展查处生态环境违法行为的专项行动，形成连续性的执法机制，严厉打击破坏生态和污染环境的行为。把好产业准入关口，推动经济发展部门和生态环境部门的协调联动。推动建立跨部门的生态执法协调机构和工作机制。

（二）构建生态产品统计监测体系

生态产品统计监测体系是生态产品价值实现的有力支撑与保障，

需要在生态环境监测体系的基础上整合升级，建立一整套完善的生态产品统计体系。使生态产品价值实现目标具体化，科学评估自然生态系统的物质供给、调节服务、文化服务等功能提供的各类生态产品的功能量与价值量。生态产品统计体系建设必须紧抓六个方面：统计机构相对独立、职责体系分工明确、资源保障充足有力、统计方法科学、质量控制体系严格、信息发布和共享及时。具体而言，需要建立生态产品统计标准和认证体系，建立健全生态产品统计法律法规体系与统计管理运行体制，进一步完善生态产品统计标准与技术方法体系，结合新技术推进生态产品统计监测手段的现代化，强化统计人员专业素质。

1. 建立生态产品统计标准和认证体系

分类建立生态产品的统计标准和认证体系是统计监测的前提，也是促进生态产品价值实现的有力保障，可从确定生态产品库、设定生态产品标准、建立相应认证体系三个方面着手。确定生态产品名单，以严格保护自然生态系统原真性为导向，结合调查研究编制生态产品详细名录清单，确立省内生态产品库。在生态产品库的基础上，适度利用生态产品模式，建立适宜的产品标准。依据生态产品标准，开展生态产品认证，不仅有助于推进生态产品“创造—展示—营销—维护”的价值增值途径，也是生态产品统计工作的前提，有助于提高生态产品统计工作效率。

在生态产品标准上，可以针对三类生态产品进行制定。调节服务类生态产品，例如水源涵养、洪水调蓄、水土保持、海岸防护等，可根据环境监测标准和生态补偿标准确定具体统计标准。文化服务类产品标准则可参考现有的旅游区评定标准以及市场价值。其中，具体的文化类服务重点考虑服务标准，文化类产品重点关注加工流程，特色旅游、生态服务业可从价值、客流量、从业人数等角度设定等级与统计标准。物质供给产品相较于前两类，在市场机制方面相对成熟，也具有一定的国际标准可参考。物质供给类产品包括自然生态系统提供的物质产品、生态农业生产的物质产品，例如对生态农产品依据绿色产品和生态产品标准制定包装、标志、标签、净含量和感官等方面的具体标准。对于同一品牌，对产地环境、投入品、生产技术、种植流程设定统一标准，在国家农产品生产标准的基础上继续细化省域统计标准。

2. 建立生态产品统计法律法规体系与统计管理运行体制

建立生态产品统计法律法规体系的重要性在于明晰统计权责，保证统计活动的独立性。在生态环境统计管理运行体制的基础上创新建立现代化的观测站网和配套的动态更新运行机制，加强相关统计调查服务购买和统计数据产品开发，充分借助市场和社会力量，创新生态产品统计工作机制，不断降低生态产品统计数据调查和采集加工成本，提升统计监测数据的管理和社会服务能力。

3. 进一步完善生态产品统计标准与技术方法体系

以生态环境监测为基础，首先在部分欠发达地区试点补充设置各类生态产品数据点位和监测点，基本实现生态产品实物量的全方位、全口径调查。绘就“一张图”，将海量基础数据转化为直观的生态系统“价值图”。针对三类生态产品统计调查对象管理、统计数据采集加工、数据传送和审核汇总全流程及生态产品价值核算等关键技术环节，制订统一的元数据标准、操作规范和技术导则，建立健全的生态产品统计标准体系，规范统计工作。结合试点工作展开情况，完善相关报表制度及所需软件系统功能。针对直报报表和软件，编制分别的统计技术细则和软件使用说明，通过视频等多媒体手段实现相关技术培训的可视化，加强重点生态产品统计数据联网直报系统建设，在时机成熟后，把这项工作推广到全省。

4. 结合新技术推进生态产品统计监测手段的现代化

结合统计监测新技术与新方法，健全生态产品统计监测技术体系，引入高科技产品与技术手段并增大其在生态产品统计监测中的应用比例。依靠科技创新与技术进步，加强监测科研与综合分析，强化卫星遥感等高新技术、先进装备与系统的应用，提高生态环境监测立体化、自动化、智能化水平，鼓励科研部门和相关企业研发具有自主知识产权的监测仪器设备。整合生态产品大数据资源，形成数据共享开放、业务协同的省内大数据管理工作机制。加快统计监测信息传输网络与大数据平台建设，加强生态环境监测数据资源开发与应用，开展大数据关联分析，为生态环境保护决策、管理和执法提供数据支持。

5. 强化统计人员专业素质

统计人员是统计体系中的关键一环，从机构和人员安排等方面规定生态产品统计能力建设标准，确保生态产品统计能力和工作任务相匹配。强化生态产品统计从业人员管理，明确职责要求，建立定期培训制度，不断提高生态产品统计人员素质，注重其工作积极性，从多方面为生态文明建设贡献力量。

（三）强化生态产品价值实现的相关制度建设

1. 健全自然资源资产产权制度

自然资源资产产权制度是生态产品价值实现机制中根本性、关键性的制度，是管根本、管长远、管全局的制度。2019 年 1 月，中央全面深化改革委员会第 6 次会议审议通过《关于统筹推进自然资源资产产权制度改革的指导意见》。建议以水资源资产产权为先行机制建立制度，例如建立流域水资源数据采集制度、统一确权登记制度、水资源资产产权信息管理制度、开展水资源产权确权登记试点等，从而健全自然资源资产产权制度。

2. 建立绿色金融体系

绿色金融旨在将投融资决策过程中潜在的环境影响因素考虑进去，包括与环境条件相关的成本、风险和回报，环境保护理念成为金融部门考虑一切日常事务的基本前提，在金融经营活动中应重视对环境的保护、对社会经济资源的绿色引领，促进社会的可持续发展。要以绿色产业链设计为规划、以“绿色大数据”发展为优势，构建“绿色金融 +”绿色发展体系。

3. 完善绩效评价考核和责任追究制度

完善绩效评价考核和责任追究制度，对于生态产品价值实现的绩效评价考核要实行党政同责，地方党委和政府领导成员一岗双责，按照客观公正、科学规范、突出重点、注重实效、奖惩并举的原则进行，在资源环境生态领域有关专项考核的基础上综合开展。

（四）建设生态产品价值实现的保障措施

建议欠发达地区成立由政府领导牵头、其他有关部门负责同志参加的试点工作领导小组，加强部门协作，合理分工、各负其责，从试点开始推进生态产品价值实现，应从政策、资金、技术、宣传等方面制订试点建设的具体保障措施。

1. 政策保障

为保障欠发达地区生态产品价值得到良好的挖掘和转化实现，在制度建设方面，应当加大在自然资源资产产权制度、绿色金融体系、绩效评价考核和责任追究制度等方面的改革创新力度，在科学合理挖掘生态产品价值、促进生态产品价值市场化、通过生态保护获取合理收益等方面辅以一定的配套政策措施和制度安排。

2. 资金保障

直接的资金供给保障有财政专项资金类、经济援助 / 公益组织基金类、专项商业基金类与政府和社会资本合作（PPP）类；非资金类的其他交易手段也可作为等值资金进行直接市场交易以作为抵扣资金来源，例如一对一生态产品市场交易类、可配额市场交易类等。

3. 技术保障

通过龙头企业引进、高校及研究机构技术战略合作、人才引进、搭建技术交流平台、技术支持类生态补偿等措施，做好技术保障。

4. 宣传保障

通过完善线上官方宣传平台、举办类型丰富的主题活动、创新旅游营销模式，做好宣传保障。

第六章

国内外典型地区推动绿色发展的经验与启示

兼顾经济增长与环境保护是世界性难题。2015年，世界各国通过全球气候变化巴黎大会达成《巴黎协定》，欧美国家开始积极推进环境政策革新，敦促本国大力发展绿色经济、绿色科技及绿色新政。近60年来，人类环保意识不断增强、环境保护机构日渐增多、各国对环境保护的投入持续加大。在这一背景下，本章一方面对国际绿色发展的整体情况做出归纳整理，并结合具体案例分析知名资源型城市的绿色转型路径和经验；另一方面根据多种方式对国内城市进行筛选，选择了浙江省湖州市、贵州省毕节市、安徽省铜陵市、福建省三明市、山西省晋城市、湖南省永兴县与内蒙古锡林郭勒盟等作为参考，对其推动绿色发展的相关做法和经验进行全面梳理，以期能为我国欠发达地区推动绿色发展提供参考。

第一节 国外绿色发展典型实践经验及启示

绿色发展作为体现现代文明进步的理念，被世界各国普遍认可，已经成为当今世界的时代潮流。发达国家和地区与新兴市场国家和地区都在积极实施绿色发展战略：美国提出了“绿色新政”，欧盟制定了《欧盟 2020》发展战略，日本推出了“绿色发展战略”，韩国提出了《国家绿色增长战略（至 2050 年）》。以印度、巴西等为代表的新兴市场国家和地区也迅速加入了“绿色大军”行列，制定《国家行动计划》并着手大力推进。世界各国纷纷把绿色发展上升为国家发展战略（见表 6.1）。各国着力推进的事实证明了全球绿色竞争的氛围日益浓烈。面对新一轮绿色发展的契机，谁掌握了主动，谁就掌握了未来。

表6.1 国际社会对绿色发展研究概览

时间	文献	主要内容
1989年	David Pierce《绿色经济蓝皮书》	绿色经济是通过对资源环境产品和服务进行适当的估价，建立一种“可承受的经济”，实现经济发展和环境保护的统一，从而实现可持续发展
2002年	联合国开发计划署驻华代表处《中国人类发展报告2002：绿色发展必选之路》	现在是中国政府和人民对这些挑战做出反应的时候，也是做出正确选择、实现绿色发展和可持续未来的时刻
2009年	OECD《“绿色增长战略”宣言》	绿色增长是在防止代价昂贵的环境破坏、气候变化、生物多样化丧失和以不可持续的方式使用自然资源的同时，追求经济增长和发展
2010年	全球绿色增长研究所（GGGI）“GGGI Informational Brochure”	绿色增长是在经济增长和发展的同时，减少碳排放，增加可持续性，增强气候的适应能力

续表

时间	文献	主要内容
2011年	OECD《迈向绿色增长》	绿色增长是在促进经济增长及发展的同时，确保自然资产能不断提供人类福祉不济机遇的投资及创新
2012年	世界银行《包容性的绿色增长——可持续发展之路》	绿色增长是一种高效地、清洁地、包容性地使用自然资源的经济增长方式，清洁性体现在它最大限度地减少污染和对环境的影响；包容性体现在它对自然灾害的责任，以及环境管理和自然资本在防止自然灾害中的角色
2013年	联合国环境规划署《绿色经济与贸易：趋势、挑战和机遇》	目前可持续发展的贸易市场在不断壮大，绿色商品和服务新市场的涌现，为发展中国家提供了实现本国经济多样化和从上述不断增强的市场需求中获益的机遇
2014年	全球绿色增长论坛（3GF）	在绿色增长中将挑战变为机遇，呼吁全球消费者更有包容性，改变现有思维和生活方式，建立共享型经济，为下一代考虑；政府应该在引导消费趋势方面做出努力；各国企业则要努力发展可持续性的生产活动
2015年	生态文明贵阳国际论坛年会	在全球经济、贸易、资源一体化的今天，以国际合作的战略方法来管理全球的资源变得非常重要。加强绿色科技国际交流，扩大绿色产业国际合作，综合考虑各国不同的发展阶段和发展能力，实现共同绿色发展（世界自然保护联盟总干事，布鲁诺·奥伯勒）
2016年	联合国非洲经济发展委员会《2016非洲经济发展报告——非洲工业化绿色发展》	非洲的经济增长一直具有过多产生废物和明显过度消耗能源与材料的特点，所有这些导致了资源匮乏和生产成本提高。非洲国家应当跨越传统的、一切照旧和高碳的增长方式，转而追求一种实现绿色工业化的发展路径。这一发展方向的调整有利于结构性的转变，从而导致提高工业能力、具有附加值和高质量就业的绿色和包容性增长
2017年	OECD《各国在绿色增长方面的进展太慢》	虽然有迹象表明绿色增长，但大多数国家仅在一个或两个方面取得了进展，没有一个国家在所有绿色增长方面都表现良好。并且大多数被研究国家尚未将经济增长与化石燃料的使用和污染物排放完全脱节。进展往往不足以保存自然资产基础或减轻对生态系统和自然环境服务（如水净化和气候调节）的压力

续表

时间	文献	主要内容
2018年	美国智库大西洋委员会《中国的“一带一路”倡议能否促进经济增长，保持绿色发展？》	“一带一路”倡议不仅将为基础设施建设，尤其是能源建设带来资金保证，而且对全球应对气候变化具有重大意义，随着“一带一路”项目的成熟，将会更多地采用可再生能源和清洁能源技术
2019年	世界银行《加强中国生态工业园区的监管框架：中外绿色标准比较分析》	中国工业部门的绿色发展将决定生态文明建设的成功。这份新报告的目的就是协助政府利用新形成的国际标准来加快中国工业园区绿色发展的步伐
2020年	“下一代欧盟”复兴计划	欧盟把绿色转型作为欧洲经济新的增长战略，将促进自身向更加公平、高效和可持续的方向发展，有助于欧盟整体竞争力的提高

从国外的探索与实践看，资源型城市或工业型城市绿色转型是一个艰难而漫长的过程，德国鲁尔区、日本北九州、美国西雅图与英国曼彻斯特通过多种途径一定程度上成功实现绿色转型，在产业链延伸、引进科技项目、新型产业植入等方面积累了一些值得借鉴的经验。

一、德国鲁尔区绿色产业转型实践

（一）鲁尔区转型背景

鲁尔区位于德国中西部，与法国、荷兰、比利时、丹麦、瑞典等国接壤，区内具有丰富的煤炭资源。第二次工业革命时期，鲁尔区凭借其天然的地理位置优势和自然资源优势开始兴起，在区内建立了密集的港口和完善的航道、铁路及公路网络，打通了与欧洲经济发达地区之间的交通[①]；第二次世界大战期间，得益于鲁尔区巨大的钢材产

① 赵涛：《德国鲁尔区的改造——一个老工业基地改造的典型》，《国际经济评论》，2000年第2期。

量，这里成为德国最主要的武器供货地，鲁尔区的工业地位进一步提高，被称为“德国工业的心脏”。目前，鲁尔区仍是德国西部最重要的工业基地，年产煤量和钢产量分别约占德国西部总产量的 90% 和 70%，区内分布着大量炼钢、轧钢、制铁、炼油、汽车、造船、机器和电气设备制造等工厂。

第二次世界大战结束之后，伴随国际环境新的变化，鲁尔区开始面临结构性危机。一方面，石油和核电开始兴起，逐步代替煤炭成为工业发展首选的能源；另一方面，全球化的快速发展和国际开采技术的不断更新进一步压缩了鲁尔区煤炭产业的生存空间，鲁尔区的煤炭开采成本大大超过直接进口，在全球竞争中处于不利地位。多重因素作用下，鲁尔区煤炭需求量大大降低，随之而来的是严重的失业问题——1957 年鲁尔区共有 141 家煤矿，雇用了 50 万以上的矿工，到 1996 年已减至 7 万人。鲁尔区的其他工业如炼钢业、汽车造船业同样大规模缩减了工作岗位，1996 年德国的失业率是 10.3%，北威州为 10.5%，而鲁尔区的失业率为 16%。鲁尔区的经济发展因此遭受严重打击，逐渐退出德国乃至欧洲经济发展的中心地带。

（二）鲁尔区转型措施及效果

为了促进鲁尔区的可持续发展，改善鲁尔区的经济发展条件，20 世纪 60 年代起，在对区域具体情况进行充分调查和宏观把控的基础上，鲁尔区进行了一系列改造。鲁尔区的转型发展大致可以分为四个阶段，各阶段任务清晰、目标明确。

1. 第一阶段（1966—1974 年）：改善传统工业，完善基础设施

（1）扶持煤钢业，调整产业结构。这一时期，鲁尔区煤矿的开采与加工相较于世界其他地区成本过高，因而缺乏竞争力。政府着

力于对煤钢业进行产业保护，通过了一系列优惠政策。1966年，经济部长席勒呼吁鲁尔区全面重新工业化，继续发挥鲁尔传统工业的优势。

（2）加强基础设施建设，改善投资环境。相比南北方向的区域交通，鲁尔区内缺少东西方向的高效交通设施，因此联邦和州政府将交通运输网络列入《鲁尔发展纲要》，把完善交通运输网络列为发展鲁尔的首要任务，投资128亿欧元用于扩建公路网、新建主要城市的铁路网络等基础设施。这一举措使鲁尔区拥有了欧洲最稠密的交通网络，包括600公里高速公路、730公里联邦公路、3300公里乡村公路，近10000公里的铁路线，6条水运内航道，14个内河港口以及4个机场[①]。立体运输网络体系的建立吸引了大批企业前来投资建厂，创造了新的就业岗位，为新兴产业的发展奠定了基础，为鲁尔区的城市转型创造了条件。

（3）建设高校及科研机构，推动新技术产业的发展。20世纪60年代中期前，鲁尔区产业发展需要的主要是普通工人，很少受过高等教育。随着经济发展，人们逐渐认识到，新工业需要与现代技术相联系，煤炭和钢铁产业的工人不足以为产业升级发展提供足够的人力资本，教育的缺陷成为地区发展的障碍。为此，鲁尔区于1964年颁布了"教育紧急文件"，积极鼓励教育科研机构的发展。此外，鲁尔地区的应用技术大学以工程学院、学工学校和其他高等技术学校为原型，自1971年成立以来，一直致力于以应用为导向的学术研究，将技术转化为生产力，成为鲁尔高等教育系统的一个强力支柱。

---

① 张少华，侯瑞瑞：《从单一到多元 从制造到服务——鲁尔转型之路》，《城市发展研究》，2012年第2期。

2. 第二阶段（1975—1986年）：吸引资本技术，培育新兴经济

（1）挖掘原有产业潜能，提升传统工艺。在第二阶段前期，新产业尚未形成气候之时，为维持产业基本运行，政府选择继续对传统工业进行补贴扶持。对煤矿地区，政府实施了一项为期三年的特殊政策，一是通过德国联邦协调银行提供9亿马克的低息贷款；二是每创造一个就业岗位就补助企业5万马克；三是工人的转岗培训费用100%由政府资助。钢铁工业方面，由于受1974年全球性石油危机的影响，汽车和轮船需求量减少，钢铁产业产能过剩，许多钢铁企业被迫倒闭。在这种环境下，德国打破了欧洲煤钢联盟条约中“国家不允许对钢铁工业实行补贴”的规定，对钢铁工业实施各种补贴，并动用联邦资金介入大型钢铁企业的生产经营活动。

（2）支持新产业创新研发，推动产业转型。为摆脱危机，鲁尔区制定多项转型措施，开始从根本上改变扶持传统产业的战略，对区内产业进行了全面调整与改造。这一阶段的主要工作是单一产业的现代化和开办技术研发机构，以支持新产业创新研发。

1979年，北威州政府发布《鲁尔行动计划（1980—1984）》，大力支持新的前瞻性技术和创新活动。在杜伊斯堡成立了微电子电路和系统研究所，在盖尔森基兴设立了一个重油开采研究中心，这些都为后续新产业的发展提供了宝贵的技术基础。同时，为吸引区域外部的公司长期落户，鲁尔区出台了地皮价格优惠等引进措施。

3. 第三阶段（1987—1999年）：明确优势产业，开启区域合作

（1）鼓励地方发掘优势产业。1987年后，鲁尔地区初步进行了较多的试验性流程创新，其中最关键的政策是鼓励地方根据要素禀赋

发展比较优势产业。1989年《煤炭产业地区的未来倡议》将鲁尔区划分为六个小型区域，每个区域由两到三个市县组成，鼓励各地区根据自身条件确定各自的内生潜力，从而量体裁衣地确定优势产业。新的区域政策将规划权力下放至地方，赋予当地政府和企业极大的自主权力，使地方主体能够充分根据自身禀赋和比较优势发展优势产业。1989—1999年，鲁尔区和北威州在比较优势产业基础上推行了一系列政策，保证了新兴产业在企业入驻、技术研发和人口迁入等多方面的成效。北威州实施的《北威州－欧盟目标2号计划》，由政府出资150亿欧元，广泛支持中小企业项目。中小企业可以在近250个项目中获得资助。在《北莱茵－威斯特法利亚倡议未来技术（1985—1988）》推动下，北威州和鲁尔人口净迁入人数在1987年后转负为正，并在1989年达到峰值。这一阶段中，交由地方子区域识别发展潜在优势产业以及鼓励区域内城市间合作是鲁尔整个转型路径的最关键之处，鲁尔已基本完成向非资源型产业的转型。

（2）鼓励区域间多层次联动。1989年，《国际建筑展埃姆舍公园》（International Building Exhibition Emscher Park， IBA）的颁布标志着鲁尔区开启了长达十年的区域综合改造与合作。IBA计划并非如名字所示，只是一个公园，抑或只是一个单纯为建筑形式或技术表现所规划的竞赛场。它实际上是在兼顾实用性的基础上对环境进行整体规划和改造，使之能够满足人们对环境的生态修复、污染治理、旅游观赏、文化展示、居住、办公、商业服务等功能的多重需求。[①]在官、民、产、企四方协同作用下，IBA计划已初见成效。该计划把整个鲁尔工业区连成了整体，将800平方千米用地，250

① 冯萤雪，曹颖：《矿业棕地景观生态设计实例分析及比较研究》，《中国科技论文》，2016年第21期。

万居民的生活和工作空间通过埃姆舍尔公园联系在一起，将众多分散的城市建设项目合并为跨城市结构，对大规模的旧工业区进行系统更新重建，并将现有的区域绿色走廊与向东西方向运行的新绿色走廊联系起来。

鲁尔各区域间的联动整合还体现在工业遗产旅游的开发上。鲁尔市政协会（KVR）是执行 IBA 计划的区域规划机构，从 1998 年开始，该协会在对区内景点规划组合、大量营销与推广的基础上，制定了一条区域性的工业遗产旅游路线，将全区主要的工业遗产旅游景点整合为著名的“工业遗产旅游之路”。

4. 第四阶段（2000 年至今）：强化优势产业，区域一体发展

第四阶段鲁尔区的改造相对比较成熟，运用现代贸易中分工与合作的思想，明确了区内各个地方的比较优势，对优势产业进行重点扶持，提高了区内各行业的生产效率，推动了鲁尔区的转型，增强了鲁尔的全球竞争力。这些优势产业包括健康、医疗、新型能源、交通及物流、纳米技术等新型材料、文化与旅游等，这些行业的发展对重振鲁尔经济、缓解失业问题、提升环保水平都发挥着重要的作用。对鲁尔优势产业系统、明确的阐述和规划体现在 2000 年发布的《鲁尔项目计划》中。

区域一体发展则主要体现在文化和对外宣传上。例如 2010 年的“欧洲文化首都”项目，就是由发展程度不尽相同的地区联合申请，由埃森、波鸿、多特蒙德、杜伊斯堡、奥伯豪森共五个城市承办、展示，在这种多层次、跨地域的合作中增强居民对作为一个整体的鲁尔的认同感，也使得不同城市之间的联系更为紧密。在 2010 年“欧洲文化首都”项目中，鲁尔提出了“转型依靠文化，文化需要转型”的口号，通过各城市各地区间的协调配合，最终拿下了当年“欧洲文化首都”的荣誉称号。[①]“欧洲文化首都”项目也为老工业基地的文化性改造提供了契机，此后，发掘老工业基地的文化内涵、开发工业遗留建筑的现代化实用功能成为鲁尔转型过程中的共识，有效促进了社会、经济结构和城市空间的同步发展。

二、日本北九州绿色经济转型实践

（一）北九州绿色转型背景

北九州位于九州岛最北端，是九州岛最大的港口城市，地理位置优越，水上交通便利。20世纪初期，北九州的工业生产开始兴起，凭借优越的地理位置，迅速发展为日本四大工业基地之一，为九州岛及整个日本创造了巨大的经济效益。然而，随工业生产和经济发展而来的是严重的环境污染。二战结束后虽有过一段短暂的恢复期，但从20世纪中叶开始，随着工业的进一步发展，环境污染进一步加剧，公害问题层出不穷，给当地政府和居民造成了难以估量的经济损失与环境损坏，降低了城市的整体形象。比如，1968年发生在北九州的“米糠油事件”就是因为环境的重度污染使上万居民患上皮肤病，出现指甲发黑、眼结膜充血等症状，该事件也被列为世界八大公害事件之一；又如，20世纪中期，北九州感染哮喘病的人数逐年增加，极大损害了当地居民尤其是儿童的身体健康。为了修复环境，北九州市政府、民众、企业、学者等来自社会各个领域的团体通力合作，采取了一系列措施积极治理公害，并加强对环境的重视，积极谋求与

① 王芳芳：《1958年后联邦德国鲁尔工业城市的转型研究》，华中师范大学2018年硕士学位论文。

环境共生的方法，终于一步步实现了可持续发展目标，将环境事业提升到了新的高度。

（二）北九州绿色转型措施及效果

1. 第一阶段（20 世纪六七十年代）：公害治理

（1）大气污染治理。北九州市的大气污染主要源于煤尘沉降。作为传统的工业城市，北九州工厂群集、烟囱林立，居民对工厂排放出的烟雾习以为常，并一度将之视为繁荣的象征。随着经济的高速增长，工厂生产造成的煤尘、煤烟、二氧化硫等大气污染越来越严重。1963 年，北九州市日平均降尘量为 19.5kg/km^2，硫氧化物浓度日均为 0.82mg/100cm^2，污染最严重的城山地区煤尘沉降量达到 75kg/km^2，从 1959 年起连续位列日本第一。[①] 大气污染严重损害了居民的健康，染上呼吸道疾病的居民无法正常生活和工作，社会影响恶劣。基于此，北九州市开始重视并尝试解决大气污染的问题。20 世纪五六十年代，日本民间机构母亲会在当地大学教授的帮助下展开调查，对工厂提出了设置集尘器等改善设备的要求，并最终与企业达成了和解。北九州煤尘沉降量自 1965 年起逐渐降低，诸如此类的民间自发活动在其中起到了积极的作用，然而最根本的原因则是北九州能源结构的变化。随着工业的持续发展，北九州主要能源由煤炭转为石油，与之相伴的是煤尘煤烟大幅减少，而二氧化硫浓度持续增加。1969 年，北九州拉响了日本第一个城市烟雾警报。为了改善城市环境，政府与企业采取了一系列措施。

第一，推出煤烟限制法。政府为了从源头控制煤烟的排放量，对

---

① ［日］岸本千佳司，彭雪：《日本北九州市的环境政策演变：从克服公害到创建环境首都》，《当代经济科学》，2010，32（6）：91。

大气污染来源进行了持续的调查、监督与管理。提前向政府申报并通过审核的企业方可在大气污染严重的地带建造新的工业设备，旧的工业设备排放煤烟浓度超标时则需重新改造。这项工作由政府派遣的专家负责，深入到工厂进行设备检测，提供技术指导，并传播防止公害的思想。第二，提高能源利用率。能源并非取之不尽、用之不竭，20世纪70年代石油的紧急短缺迫使相关企业更新生产设备及加工技术，提高能源的利用率，这一改革间接降低了工业生产过程中有害物质的排放。第三，设置公害监视中心。公害监视中心是时刻对工厂污染物排放进行监督的专门机构，一旦检测到大气污染程度超标，就会对工厂和居民示以警报；除对大气整体污染情况进行监督之外，公害监视中心还有权核定具体工厂的硫氧化物排量，并命令排放超标的工厂降低排量。第四，限制硫化物的排放量。北九州市通过与排放硫氧化物的工厂签订协议的方式，强制缩减工厂的大气污染物排放，要求企业积极承担社会责任，通过选用更加清洁的原材料、限制生产规模等方式降低大气污染程度。例如，1973 年，要求硫氧化物排放量较多的48 家工厂提交将重油中的硫黄成分降至 1.5% 以下、K 值降至一半以下的改良计划书等。这些做法从源头进行治理，有效降低了大气污染。

（2）水质污染治理。第一，民间自发开展调查活动。当地母亲会、劳动组合公害对策等委员会在当地大学生的帮助下展开水样调查、水质实验等，并将结果整理出版。第二，与大气污染治理类似，政府在1968 年通过《水质保全法》设置了排水水质标准。最开始是对废水中水银的含量进行限制，随后镉、氰基等化学物质都作为污染物被纳入水质检测的范畴之内。第三，清理淤泥，处理废物。政府检测到污水中水银、砷、镉、氰基等未经处理的废物沉降后附着在海底，对海湾生态环境造成了根本破坏，为彻底修复海湾生态环境，政府组织了湾底淤泥的清理工作，该项目持续了一年左右，此后洞海湾水质得到了显著改善。

2. 第二阶段（20 世纪八九十年代）：综合环境复兴

20 世纪八九十年代，在基本解决了公害问题的基础上，北九州绿色发展转向新的阶段，有两个主要方向：一是继续提高生态环境质量，建设综合性宜居城市；二是开展国际交流，在亚洲国家间推广其公害治理经验。这一阶段的指导性文件是 1988 年颁布的《北九州市复兴构想》。

（1）注重基础设施建设。为便利居民生活，提高居民的生活质量，《北九州市复兴构想》提出了一系列基础设施建设计划，涵盖了环境、医疗、文化、教育、福利、交通等各个方面，具体包括：第一，绿化方面，积极建造公园，如津之森公园、响滩绿地、山田绿地等，振兴农林渔业，改造老旧住宅，妥善处理废弃物，稳定供给用水；第二，医疗健康方面，全面建设医疗急救体系及无障碍化体系，搭建跨越小学校区、区、市三级的地域福祉网络，提供儿童抚养支援；第三，文化方面，积极推动文化振兴，举办北九州国际音乐节、北九州戏剧节等文化会演活动；第四，科教方面，建立北九州学术研究城、北九州技术中心等。推进基础设施建设的一系列措施使得北九州的宜居指数显著提高，同时也收获了社会各界的高度认可和评价，并获得了多项国际荣誉，如 1990 年联合国环境规划署的“全球环境 500 佳”、1992 年全球首脑会议上的“联合国地方自治体表彰”、2002 年约翰内斯堡世界首脑会议上的“可持续发展奖”等。

（2）推进国际合作，对外输出经验。随着全球各地人们环保意识的提高，越来越多的国家和地区开始致力于打造环境友好型城市。在这一背景下，北九州凭借效果显著的环境治理成绩，积极向国外输出经验，同时注重城市间的联动与合作，致力于以“技术产品”代替“工业产品”从而提高北九州的可持续发展前景。这其中最有代表性的就是于1980年成立的财团法人国际技术协力协会（KITA）。该协会是在北九州青年会议所、北九州工商会议所、西日本工业俱乐部三大民间团体以及北九州市和福冈县的共同帮助下成立的，成立之后又获得了当地企业、大学及政府部门的大力支持。该协会以面向个人和团体的环境保护研修课程为载体，积极开展实践性研究工作，是北九州最主要的向国际社会输出可持续开发经验的组织。到KITA成立的第三十年，该协会已经接收了来自133个国家的5366名海外研修员，累计派遣144名专家前往25个国家进行技术支持与指导。

3. 第三阶段（21世纪以来）：全面打造低碳社会

（1）建设生态工业园。日本生态工业园区是在学习欧美国家先进经验的基础上设立的，其指导思想与欧美国家类似，都是希望能够将企业和研究机构集中于一块区域内，提高产品的研发、生产及应用效率。日本的第一个生态工业园区就是北九州生态工业园，于1997年获准成立。北九州生态工业园区的一大特色是注重工业废物的回收利用和净化处理，在区内汇集了一大批来自不同行业的众多废弃物再处理工厂和中小型废弃物处理企业，使各工厂在完成各自的循环利用生产之外，还能够进行联动合作，使废弃物在各工厂之间实现资源交换循环和充分利用，进而实现环保产业的零排放。主要的再生项目包括塑料瓶、办公设施、汽车、家电、医疗器具、建筑混合废物、有色金属等。实证研究方面，北九州生态工业园通过政府、大学与企业的合作把从事回收利用和废弃物处理相关研究的机构集中在一起，大力建设环境相关技术的开发基地，以期孕育新的环保产业商机。区内有福冈大学资源循环及环境控制系统研究所、新日本制铁株式会社、北九州环境技术中心、九州工业大学生态工业园区验证研究中心等多个研究机构，以及复合金属再生利用验证研究、废物清洗系统验证研究、最终填埋场早期稳定化技术验证研究、污染土壤净化技术、有关生物塑料验证研究、高灵敏度光催化剂型泥炭成型研究、有关食品残渣的验证研究、完全无排放型最终处理场、废弃物无毒化处理系统等研究项目[①]。此外工业园区还对外提供研修培训、展示新技术新产品等服务。

截至 2009 年 3 月，园区总投资额约 605 亿日元，创造雇佣岗位约 1300 个，接待考察者共计约 75 万人次。北九州生态工业园区的建立，不仅有效利用了工业废弃物，降低了环境污染，提高了相关领域的高等教育水平和研究水平，还创造了大量就业岗位，为北九州市找到了新的经济增长点，拉动了全市经济的整体发展。

（2）建设环境首都。2003 年，经过 15 年的建设发展，北九州市复兴构想期满结束，取而代之的是“环境首都”的发展理念。该理念是在复兴构想的基础上，在全球变暖的背景下，以更宏大的视角全面考虑环境问题，继续提高北九州市的自然环境，以期将北九州全面打造为真正适宜居住的城市。北九州政府还在国家政府的支持下推出了以节能减排、低碳生活为目标的“环境示范都市”工程。该工程的宗旨是“率先构建最尖端的低碳型社会，引导国际社会未来发展的道路”，具体目标则是通过官民企研四方合作，探索工业城市、人口老龄化城市及环境外交在低碳革命背景下的发展路径与生存方式，从而使居民的生活更为便利、城市发展更加可持续。在“环境示范都市”工程指导下，市内的八幡东区东田地区及八幡东区平野地区都取得了卓越的

① [日] 岸本千佳司著，彭雪译：《日本北九州市的环境政策演变：从克服公害到创建环境首都》，《当代经济科学》，2010，32（6）：94。

治理成绩。东田地区为实现节能减排，不断引入太阳能、天然气、氢气等清洁能源，还对硬件设备进行投资整改，以全面降低 CO_2 排放量为目标，一方面重新利用工业遗留建筑物，另一方面开发新型环境友好型住宅。平野地区成立了“亚洲低碳化中心”，在国内促进北九州市内环境关联企业的商务活动，在国际上促进北九州低碳化技术向亚洲各地转移。2008 年 7 月，北九州市成为日本首批 6 个环境示范都市之一。

三、美国西雅图绿色发展实践

（一）西雅图绿色发展背景

西雅图建市于 1869 年，全市面积约 369.2 平方千米，人口超过 60 万，其地理位置特殊，两面临海、两面环山，旅游资源丰富，是美国重要的商业文化中心和贸易口岸[①]。

严格意义上说，西雅图不曾以工业作为支柱产业，不属于典型的工业城市，但大工业时代西雅图石油公司等企业的工业开采和加工制造活动还是留给了西雅图严重的环境污染；到 20 世纪 90 年代，外来人口增加造成的环境污染、交通堵塞等问题对西雅图的公共治理形成了巨大挑战；进入 21 世纪之后，西雅图也未能躲过全球性的能源短缺和气候变化，其生态环境面临严重威胁。实际上，早在 20 世纪初期，西雅图管理者就将城市整体规划和设计的理念落实到实践当中，力图打造生态宜居的城市环境；之后伴随时代发展和环境变化，西雅图不断更新其治理手段。总体而言，西雅图的环境意识及可持续发展理念

① 梁江，孙晖：《可持续发展规划的范例——西雅图市总体规划述评》，《国外城市规划》，2000年第4期。

一直处于世界领先水平，对于已有的资源注重保护，对于被破坏的资源注重修复，近几十年曾多次被评为“美国最适合居住的城市”。

（二）西雅图绿色发展措施及效果

1. 推动绿色基础设施建设

城市绿色基础设施是指一个由自然区域和其他开放空间互相联系的网络，能够保存自然生态系统的价值和功能，维持洁净的空气和水体，为人类和野生动植物生存提供广泛的福利。通过生态修复可以恢复并创造更多的绿色开放空间及生态廊道，增强城市绿色基础设施的网络构建和生态功效，对城市绿色基础设施的完善起着重要的作用。早在 1903 年春天，西雅图就邀请奥姆斯特德兄弟公司的主设计师约翰·查尔斯·奥姆斯特德及其助手来此地做了约 6 周的实地勘察、寻访、探讨、规划和设计，为西雅图提出了一个初步的公园和康乐发展的综合性规划，这个规划注重公园及康乐场所的均匀分布，要让该市居民在 10 ～ 15 分钟内步行就可抵达其中的一个地方，去享受散步、娱乐、参观、运动及其他室外活动的愉悦，是西雅图绿色基础设施建设的开端。西雅图其他绿色基础设施建设还体现在以下几个方面。

2. 土地及植被改造

西雅图为城市园林和绿地可持续发展制定了一系列管理项目。第一，累计储备基金园林重建项目。这个项目意在改进现有园林的诸多问题，走可持续性养护园林的道路，它包括去除入侵植物和杂草，提高公园植被配置的质量，改善灌溉和排水系统，创建更多低养护要求的园林，改善野生动物生存环境，保护自然天成的海岸线及湿地等。第二，城市森林重建项目。从 1994 年起，西雅图市开始启动城市森林改进项目，它的目标是提高公共拥有的森林的质量、可持续发展及安全度。不同年龄的市民为此奉献了很多时间和智慧。以2002年为例，大约有2600名志愿者投入康乐局各个领域中，其中很大比例是用在城市森林里入侵植物的灭除、森林植物和小道重建的活动中。第三，林间小道项目。这个项目以提高和改进现存林间小道管理与养护为目标，对公园系统内约112.65千米长的林间小道做了系统的调查、存档，就其现有状况进行路线图绘制、状况分类和描述，并对林间小道的建造和维护提出了标准化规范。

3. 保护水循环系统，重建城市溪流

与美国其他城市相比，拥有众多淡水湖泊和河流的西雅图水资源丰富，但城市发展和人口增长使得当地雪山雪盖缩小、湿地干涸、鱼类洄游量减少。这些生态现象使西雅图政府将恢复城市区域水循环提上日程，通过城市雨水径流的治理和可渗透地面的增加，恢复区域的自然水文功能，提升该市的水体质量和数量。

2001年竣工的“街道边缘新方案”通过增建雨水花园成为西雅图城市雨水治理的先驱。该新方案将第二大道东北段改造成拥有数个雨水花园的曲折街道，以就地处理和分流雨水径流，并配合耐水湿植物的种植，让植物和土壤净化雨水，在维护河川生态、补充和涵养地下水的同时，恢复城市区域水循环。之后，西雅图公务局将这项雨水径流处理技术推广到市内主要街道，并结合建设生态停车场、恢复城市湿地等手段努力改善水环境。西雅图公园系统还为城市各部门和企业协调、合作试验安装了一系列计算机和自动控制的喷灌系统，以及节约用水零件，这些新系统现已在45处公园使用，预计每年可节水约10万立方米。

4. 完善公共交通系统

为减少西雅图的温室气体排放，减轻城市交通对环境的影响，恢复具有一定自稳性和持续性的城市生态系统，西雅图政府投资约2000亿美元改善公共交通系统，为市民提供更便捷、更频繁、辐射面更广的公交车、轻轨、轮渡等公共交通工具。为鼓励市民步行及骑自行车出行，西雅图增加了近200个行人专用坡道，并优化了约50个行人穿越道，自行车道也从以前的40千米延长至80千米。为减少私人汽车的使用，西雅图实施了道路收费及停车场增税制度。此外，市政府的许多工作用车是电、油两用的，还生产了警察的电动巡逻车和人行道上使用的小型电车。目前，西雅图政府正试图通过建设生活机能健全、公共交通便捷的居住社区，进一步推广低影响的交通模式。

5. 改造工业遗留建筑，开发新型绿色建筑

西雅图煤气厂公园被视为世界范围内第一次目标明确地将工业废墟改造设计为现代公园的成功尝试，其设计师为美国著名风景园林师理查德·哈格。这次改造不仅仅是对工业建筑的改造，更是对包括绿地、水源等自然环境在内的方方面面的可持续改造。首先，哈格提出要对煤气厂的工业建筑进行保留，原来用于生产的工业设备作为巨大的雕塑和工业遗迹被保留了下来——东部机器被刷上了红、黄、蓝、紫等鲜艳的颜色，有的被覆盖在简单的坡屋顶之下，成为游戏室内的器械，有的则被改造成餐饮、休息、儿童游戏等公园设施及艺术园——这样做既减少了成本也实现了废物的再利用。其次，对被污染的土壤的处理是整个设计的关键，表层污染严重的土壤虽被清除，但被石油精和二甲苯污染的深层的土壤很难清除。哈克建议通过分析土壤中的污染物成分，引进能分解这些污染物的酵素和其他有机物质，通过生

物和化学的作用逐渐清除污染。实际改造时，在土壤中添加了下水道中沉积的淤泥、草坪上修剪下来的草木和其他可以做肥料的有机物，以增加泥土里的细菌去分解半个多世纪沉积下来的化学污染物。改造完成后，基于多方面的生态主义原则为指导的设计不仅使公园建造预算极低，而且用于维护、管理的费用也很少；不仅在环境上产生了积极的效益，而且对城市生活也起到了重要的作用。直到今天，市民和游人还是会在此集会，庆祝美国独立纪念日，观看联合湖壮观的烟花，并开展放风筝、音乐会等休闲活动。

西雅图煤气厂公园的改造保持了工厂的历史、美学、实用价值，节省了建筑成本，实现了资源的再利用，开创了生态净化工业废弃地的先例。此后，在这种理念的指导下，西雅图将位于梅格洛里亚社区和沙点社区内的普吉湾海军基地分别改造为探索公园和梅根奈森公园。这一系列城市废弃地的修复项目，使西雅图地区闲置的受污染土地得以修复，并改善了城市的生态环境。

2000 年，西雅图开始实行绿色建筑政策，规定 465 平方米以上的公共建筑都必须符合美国绿色建筑规范（以下简称 LEED）。位于市区的西雅图公共图书馆正是以 LEED 为指导，通过引入自然光、阻隔热源、防止室外光污染和利用所收集的雨水灌溉等生态设计，降低建筑对城市生态环境的影响。而西雅图巴勒德社区的公共图书馆分馆则在实行 LEED 的基础上，运用绿屋顶技术，在降低都市热岛效应的同时，为鸟类和其他小动物提供栖息地。而 2007 年完工的奥林匹克雕塑公园则以卓越的设计理念和对城市滨水区域生态修复的贡献，荣膺 2007 年美国景观设计师协会（ASLA）设计荣誉奖。此外，都市农场和雨水智慧计划等生态设计理念也在西雅图社区内被广泛推广。在政府和非营利机构的支持下，许多社区将公共绿地改造成既可生产有机食品，又能支持本土动物生存的都市农场，而一些住户更将自家庭院改造为可收集和净化雨水的雨水花园。

四、英国曼彻斯特多元化产业发展经验

（一）曼彻斯特产业发展背景

曼彻斯特是位于英格兰西北部的国际化都市，一般指大曼彻斯特都市区，由位于大曼彻斯特都市区中心的曼彻斯特市、索尔福德市和特拉福德市的城镇地区共同构成，是排在伦敦和伯明翰所在地区之后的英国第三大都市区。

作为曾经的工业中心和仅次于伦敦的中心城市，曼彻斯特在第二次世界大战后经历了从繁荣到衰落，再通过转型重新回归繁荣的过程。曼彻斯特是世界上第一个工业化城市，从工业革命开始一直是全球领先的棉纺织和纺织机械制造中心，是兰开夏棉纺区最大的生产中心、最重要的市场，也是英格兰西北部最大的商业中心。然而，19 世纪五六十年代，曼彻斯特自工业革命兴起的棉纺织产业被其他城市超越，传统工业式微。在此背景下，其工业开始向棉产品深加工和棉纺织机械制造转变，这是曼彻斯特工业化过程中的第一次结构性转型。[①]此后，经历了经济大衰退和第二次世界大战，19 世纪 70 年代末，曼彻斯特棉纺织产业和航运产业相继陷入严重衰退，城市经济萧条，就业岗位减少，居住人口锐减，大量土地被弃置，房地产市场陷入停滞，城市面貌日益破败。空前严重的经济、社会和空间问题引起了广泛的关注。

① 曹晟，唐子来：《英国传统工业城市的转型——曼彻斯特的经验》，《国际城市规划》2013年第6期。

19 世纪 80 年代初，内城各级相关政府机构——从大都市区议会到各自治市镇——都制定了一系列措施来推动城市更新，从而引发了曼彻斯特经济、社会和空间形态的全面转型。如今，曾被称为“蒸汽加汗水”的曼彻斯特已经成为多元化产业发展的新型城市，是英联邦内重要的商务、金融、保险和运输中心，也是英国中西部重要的艺术、媒体、高等教育和商业中心。

（二）曼彻斯特产业多元化发展措施及效果

1. 政府积极引导确定主导产业

为了寻找曼彻斯特新的发展方向，当地政府首先分析了城市的特长：曼彻斯特拥有优越的地理位置，位居英国中心，离伦敦非常近；曼彻斯特一直有发展自由贸易的传统，同时经济自由化和合作运动使曼彻斯特成为国际性大都市，这些都是发展服务业的前提。于是，曼彻斯特政府和企业顺应这种城市发展趋势，迅速转型发展服务业，及时引导、打造服务业竞争优势。

曼彻斯特服务业的崛起和发展，为制造业的顺利转型和城市复兴奠定了基础，同时提供了大量就业机会，使曼彻斯特逐渐成为英国西北地区的商务、金融、保险和运输中心。金融方面，通过一系列转型，曼彻斯特成为英国第二大金融中心，其金融类服务业包括银行和基金管理、保险、法律和审计、管理咨询、建筑工作和房地产等多个经济活动中处于前沿的服务类别。对比英国其他主要城市，曼彻斯特的金融和商务服务类就业比例明显高出许多，而其传统制造业的就业比例则相当低。曼彻斯特的航空服务业也在 21 世纪初实现了扩张。曼彻斯特机场是英国仅次于伦敦希思罗机场的第二大机场，2005 年，该机场承载客运总数超过 2200 万人次，货运总量超过 15 万吨。机场本身也不仅是交通运输的连接方式，更是充满活力的新经济部门——每承载 100 万人次旅客，将为全国、西北地区以及大曼彻斯特都市区分别创造 3000 个、2000 个和 1425 个就业机会。

2. 培养新兴产业集群

在服务业的带动之下，曼彻斯特形成以文化创意产业和高新科技产业为主导的多产业集群经济结构。世纪之交，曼彻斯特提出“创意产业之都”的口号，并以此为基础进一步巩固、提升城市转型发展的成效。曼彻斯特政府通过推行城市文化复兴计划和持续的文化基础设施建设，促进了创意产业、媒体产业、体育产业、教育产业、生物医疗产业等知识型、创意型、休闲型产业的兴起，通过持续的文化驱动和城市营销，曼彻斯特被提振为英国乃至欧洲重要的以文化、创意、旅游为特色的都会。如今，曼彻斯特是英国西北地区的创意产业集散地，拥有众多全英国知名的高等教育、文化和媒体制作机构，驱动着当地创意经济的发展。在英国金融时报指数（FTSE100）列出的全球 100 家大公司中，有 80 家在曼彻斯特地区设有分公司或办事机构；大量国际知名企业的全球总部(《卫报》媒体集团、英国独立电视台等)、全国总部（阿迪达斯、阿斯利康制药有限公司等）和地区总部（英国广播公司、西门子、谷歌等）等也纷纷在曼彻斯特落户。

在高新科技产业领域，通过与地区内的大学和科研机构建立合作，推动现有产业的技术创新，发展战略性新兴产业。高新技术产业的发展需要相关产业及产业集群提供必要的原材料、资金、技术、服务和人才等，从而带动相关产业产出的增加，同时，高新技术带动国民经济各个领域的发展。这种产业间的关联性使得政府在规划时注重推动以大企业集团为中心的产业集群的形成，高度重视综合交通、水、电、排污等基础设施的共享，提高基础设施的利用效率，提高土地利用的集约化水平，降低企业的运行成本，提高产业的整体水平与核心竞争力。

3. 推进空间改造

（1）曼彻斯特凯瑟菲尔德城市遗址公园的改造。凯瑟菲尔德是曼彻斯特的内城保护区，位于1764年修建的全世界第一条工业运河布里奇沃特运河的终端，有建于公元79年的罗马城堡、建于1779年的全世界最古老的运河仓库、1830年建成的世界上第一条铁路等具有历史意义的建筑，保存着完好的蒸汽铁路机和纺纱机，还拥有高架铁路、铁桥等景观。1982年，凯瑟菲尔德被命名为英国第一处城市遗产公园，其通过综合利用实现工业街区的保护与经济振兴的改造理念主要体现在以下四个方面。

第一，保留遗存建筑。凯瑟菲尔德城市遗址公园立足工业历史和文化背景，保护和整治重点建筑，突出标志性的空间与交通节点，科学利用运河、高架桥等列入保护名录的文化资源，将通往利物浦的铁路终点站改造为小型科学博物馆等，充分发挥遗存建筑物的历史价值和实用价值。第二，注重美学价值。景观是一种具体的、可视的教育工具，是在意识中起重要作用的客观媒介。因此，凯瑟菲尔德城市工业遗产重视视觉风貌上的维护，对立面、视廊、天际线等进行了专门规划，将景观看作一个互动交往的过程，利用代表性和风格独特的建筑吸引经济、科技和艺术的当代诉求，将工业设施转变为时尚公寓、工作室、俱乐部、城市休闲中心和艺术中心等具有现代功能的建筑。第三，注重文教功能。通过将工业历史与多种形式的新经济和旅游活动结合，向当地居民和游客传递历史信息。例如，通过将工业区改造成保持工业特色的旅游地，每年吸引游客数量超过200万，不仅激发了地区活力，还培育了当地社区居民的历史归属感。第四，注重生态功能。凯瑟菲尔德工业遗址借鉴了鲁尔地区“工业自然”和比特费尔德、沃尔芬等的“工业花园世界”等理念，通过群居物种介入废弃和停用的工业遗址，在废弃、停用或者修复的工业遗址上种植新的绿化带，实现了自然植被再生。

（2）其他空间改造。斯宾尼菲尔德是英国目前最大的城市中心区办公楼建设项目，被看作一个正在崛起的新金融中心，有“北方的金丝雀码头”之称。作为曼彻斯特商业中心地区的延伸区，斯宾尼菲尔德规划建设和改造42.75万平方米高质量的商业、市政、居住、零售和开放空间，力求创造一个集聚多元化景观和文化特质的功能片区。该项目达到了英国绿色建筑评估体系的优秀等级，是旧城地区生态节能更新的典范。

索尔福德码头地区基于其独具特色的挖入式港池形态，以码头为单元成片式整体开发。2006年启动的“媒体城一期”项目位于索尔福德码头地区西部，占地面积约15平方千米。该项目通过混合开发，将大学、公寓、酒店和休闲娱乐等设施综合设置在各个街坊单元中，吸引了大批影视、媒体企业入驻。空间形态方面，《媒体城一期》各建筑采用色彩系统作为识别符号，所有建筑围绕一个绿化广场呈扇形展开，形成了一个完整的建筑组群。交通组织方面，通过曼彻斯特地面轻轨系统可以便捷到达媒体城，同时索尔福德市的高频率巴士服务也将媒体城与周边地区紧密联系在一起，未来还可通过运河水运与曼彻斯特市中心建立联系。

通过一系列空间改造，曼彻斯特如今拥有充裕的办公空间，高水准的商务服务和创新环境，类型丰富且高品质的博物馆、剧院、艺术馆和音乐厅等公共设施，大大小小的公共空间串联成网且每个空间都独具特色。中心城区的中央商务区、大教堂周边的千禧地区、唐人街、欧洲最高的豪华公寓比瑟姆大厦、皮卡迪利花园、新维多利亚车站等，都是中心城区新的地标性形象标识。在索尔福德码头地区，洛瑞艺术中心、帝国战争博物馆北馆、媒体城、老特拉福德球场等则构成了文化、艺术、体育氛围浓厚的新滨水区形象。随着改造的不断深入，曼彻斯特地区的形象越来越丰富多彩。

五、国际绿色发展实践启示

（一）充分发挥政府的主导作用

首先，立法明确，执法有效。例如西雅图市政府制定详细、具有可操作性的配套管理法律文件，为公共环境行为提供规范蓝本；强化城市公共设施部门的管理职能和人员配置，并结合市情，丰富管理手段，注重管理实效（政府设立 24 小时的免费热线电话，市民一旦投诉、举报违法或者市容不洁，视察员立即前往处理）；疏堵结合，以疏为主，包括设立专门公司进行市场的管理，确保市场干净、有序，执法仅仅是管理的补充手段（该市城市公共设施部门负责管理乱贴的 4 人中，3 人负责清理，只有 1 人负责处罚）；处罚程序科学，政府部门不直接行使行政执行权，而是借助金融和司法的参与，使矛盾化解。

其次，在财政金融方面，多种类型的城市开发建设资金（城市开发资金、城市更新资金、城市资金等）对私人企业参与城市更新项目起到了积极作用。这些资金的投入优化了私人和公共投资的比例，对城市更新起到了关键的刺激和撬动作用。

最后，在空间政策方面，通过设置企业区等特殊政策区，以空间的不均衡性形成对各类发展资源的集聚效应，以点带面触发城市衰败地区的全面转型。同时，以重大发展计划或事件作为空间吸引力的要素，在城市各个空间板块的发展资源上不断推陈出新。

（二）以产业绿色转型为抓手，塑造绿色产业结构体系

首先，寻找接续替代产业，延长产业链条。例如，鲁尔区转型发展的一大特点就是在传统产业转型升级的基础上，通过寻求接续替代产业延长产业链条，培育多元化的产业体系，从根本上改变资源型城市单一的产业格局。在 20 世纪 60 年代煤炭危机到来前，鲁尔区的产业集群主要集中在采矿、钢铁和机械制造行业。随着危机的到来和转型的进行，传统产业集群逐渐开始向电力、厂房建设、铸造、轻金属等行业延伸发展，并随着政策支持和资金倾斜进一步带动了医疗、健康、旅游及高新技术等现代化产业体系的成型。如今的鲁尔区已经从产业结构单一的传统工业区转变为多元化产业协同发展的综合经济区，打造了更加可持续的现代化服务产业体系，实现资源型城市可持续发展的目标，为其他资源型城市转型提供了一个很好的示范，因此这个模式一般被称为“鲁尔模式”。

其次，依托工业遗存发展工业旅游和文化创意产业。鲁尔区对老工业基地的工业遗存没有进行彻底的清理改造，而是大力发掘其潜在的经济、历史、文化和生态价值，发展工业旅游和文化创意产业，将其打造成鲁尔区服务业的特色品牌，也成为鲁尔区转型的典型经验之一。据统计，去往鲁尔区的游客，从 1987 年的 130 万人增至 2008 年的 310 万人，再到 2014 年超过 370 万人，国内外游客共预订了 740 万人次左右的过夜住宿，每年还有约 250 万游客到鲁尔大都会参加区域贸易展览会和国际贸易展览会，这些都极大地促进了鲁尔区的经济发展。此外，鲁尔区还特别注重对不同地区工业旅游资源的统筹规划

与整合，由相关部门和专业人士共同设计了四条“鲁尔旅游路线”，分别是工业自然、工业文化、工业建筑和地标之路，构建了鲁尔区多方位、多层次的工业旅游模式。在此过程中发展出的公园景观整体开发、商业化购物旅游、中小型工业博物馆改造等模式也被不断应用于世界各地老工业基地的改建之中。

（三）推动民众形成绿色低碳生活方式

西雅图市政府订立了一系列有力的“环境行动计划”，并以身作则，坚决执行。西雅图市是全美低碳城市的典范，是美国第一个达到《京都议定书》温室气体减排标准的城市。从西雅图市发布的报告《*Building for Tomorrow*，*Today*》可以看出，西雅图市的低碳城市行动主要包括以下五个方面。第一，家庭能源审计。以较低的审计成本来计算家庭以及企业办公室的碳排放。通过家庭能源审计达到三个目标：给众多失业的年轻人提供培训，让他们从事审计工作，从而创造一些新的就业岗位；通过家庭能源审计帮助家庭降低能源方面的支出；通过家庭的节约用电，关闭一些火电厂和燃油电厂。第二，阻止城市继续向外无限扩大，把重心重新放回中心城市建设，改善因市民上班距离远造成的碳排放增加现象。第三，改善建筑物的能源效率；改善公交系统的效率，控制公共交通的碳排放。第四，积极改善电力供应结构，利用融雪等水利设施进行发电，积极投资发展风电。第五，发展城市范围内的环境管理和监控系统。政府每三年请第三方机构对减排结果进行评估，查看是否达到了减排7%的目标，并根据评估结果改善政府和市民的活动。

第二节　国内绿色发展典型实践经验及启示

我国有诸多曾经面临或正在面临绿色转型发展问题的城市，本部分综合考虑发达地区和欠发达地区的代表性，筛选较为成功推动绿色发展的地区，例如“两山”理论发源地浙江省湖州市，以及曾经是欠发达地区，但通过绿色发展顺利转型的福建省三明市等，通过剖析这些城市面临的发展背景、绿色转型历程与做法、转型成功经验等，为我国整体欠发达地区推动绿色发展提供可借鉴的实践经验。

一、湖州市绿色发展的实践经验及启示

（一）湖州市绿色发展概况

湖州市位于浙江省北部、太湖南岸，是上海、杭州、南京三大城市的共同腹地，是长江三角洲地区重要的生态涵养区和生态屏障，具有良好的自然景观和生态环境。湖州市也是国家历史文化名城，文化底蕴深厚，旅游资源丰富。

在 20 世纪 90 年代，以安吉余村为代表的部分湖州乡镇，走的是靠山吃山、用资源换财富的路子，红红火火的“资源经济”一度让村集体经济年收入高达数百万元，但随之而来的是严重的环境污染和生态破坏。

作为“绿水青山就是金山银山”科学论断的首次提出地，湖州市持续深入推进绿色发展的探索与实践，逐步实现了从黑山恶水到青山绿水、从靠山吃山到以山养山的转变，已逐步走上了生态文明建设和经济社会发展的可持续发展道路。

截至 2019 年，湖州市发布了全国首个《生态文明标准体系编制指南》地方标准，已制定并发布 57 项生态环保相关领域的标准，其中 9 项为国家标准。城乡一体、循环经济、绿色矿山、美丽公路、绿色制造等领域的标准化建设，湖州市走在全国前列。现在的湖州市成功树立了“在湖州看见美丽中国”城市品牌，打造了践行“绿水青山就是金山银山”科学论断的样板地、模范生。

更可贵的是，在湖州市“两山”实践过程中，始终关注让老百姓共享“两山”的转化过程。2019 年，湖州市城乡居民收入比为 1.7：1，远低于全省、全国水平，真正让人民群众在践行“两山”理念中获得“生态红利”。

（二）湖州市绿色发展的主要做法和经验

1. 围绕生态优先调整产业结构

湖州市积极谋划构建绿色高效的产业体系。一是扎实推进落后产能淘汰。严格产业项目准入，将行业分为鼓励发展类、限制发展类、禁止及淘汰类三类，把使用严重污染环境的工艺、设备的企业项目列入禁止及淘汰类，不予审批、核准或备案。深入开展落后产业化解、建成区重污染企业搬迁改造等行动，全面完成钢铁、水泥、平板玻璃、化工、焦化等行业的落后产能淘汰工作。为淘汰落后产能，湖州先后对纺织、印染、蓄电池等 10 多个行业进行专项整治，关停小散乱企业 3000 余家。

二是大力推进循环化改造。不断推动实施城乡生活垃圾、城市大宗固废、生物质废弃物等六大重点领域 88 个资源利用重点项目，加速构建循环型产业体系。持续推进园区循环化改造，全省率先实现省级以上园区循环化改造全覆盖。不断提高资源利用效率，制定出台《关于进一步深化改革提高环境资源利用水平的若干意见》，实现餐厨垃圾无害化处置及资源化利用设施全覆盖。

三是在新能源、新材料、装备制造等行业打造了天能、超威、微宏、诺力机械等一批国家绿色制造示范企业。市级财政每年安排10亿元专项资金，重点支持5～10家企业和项目，着力培育特色的节能型、环保型、高附加值的示范企业及产业集群。目前已涌现的湖州丝绸小镇、吴兴美妆小镇、德清地理信息小镇、长兴新能源小镇等一批特色小镇，以特色产业立足，成为推动经济增长的新引擎。

2. 升级乡村农业旅游新业态

湖州市不断探索乡村旅游大产业格局，首先将美丽乡村建设与乡村休闲旅游相结合，形成了以美丽乡村带动的“生态＋文化”模式、以洋家乐带动的“洋式＋中式”模式、以旅游景区带动的“景区＋农家”模式、以休闲农庄带动的“农庄＋游购”模式和以“乡村十景”为主体的多种模式，根据不同村情做强做大区域公用品牌。

湖州市将建设美丽与经营美丽相结合，不断提升休闲农业和乡村旅游的竞争力，从农家乐到民宿，从乡村旅游到乡村休闲度假，再到乡村生活，不断适应消费结构的升级，提升休闲农业和乡村旅游品质。一方面，不断完善管理，加速探索乡村旅游资源分类与评价乡村生态旅游景区环境质量、乡村旅游安全管理规范、乡村旅游服务质量认证体系、乡村生态旅游景区建设、乡村民宿管理规范、旅游商品购物规范等标准的制定与落地；另一方面，注重利用科技提升管理水平，国内首创将区块链技术运用到景区管理中，景区管理得更为透明，进而提高景区管理机构管理能力，降低景区管理风险控制成本，促进景区事业长远发展。湖州市打响了“乡村旅游第一市、滨湖度假首选地”品牌，也为全国美丽乡村建设树立了样板。

3. 打造绿色金融体系

湖州市利用 2017 年 6 月获批全国绿色金融改革创新试验区的契机，加快发展绿色信贷、普惠金融，构建完善的绿色金融体系。

湖州银行因地制宜地积极开展绿色信贷业务，以信贷产品创新推动地方经济的绿色发展。吴兴区织里童装是湖州市最具特色的区域块状经济之一。针对其配套产业“低小散”的砂洗、印花等对织里镇及周边带来的环境问题日益凸显，湖州银行推出“园区贷”产品，为区内砂洗城的建设和园内企业的生产经营提供资金帮助。通过将“绿色资金”引入地方特色产业、打造产业园的举措不仅使园区污染问题得到统一处理，更推动了传统的小微型企业集聚园区，向绿色转型，加快了绿色产业园区的建设。

湖州市还大力发展普惠金融，强化对村域经济的支持。探索适应“三农”特点的民间合作金融组织体系。探索建立农产品期货期权市场，开展“订单 + 保险 + 期货（期权）”试点。深化农村产权抵押贷款创新，进一步创新“产权抵押 + 信用担保”相结合的贷款方式，开发多种低利率、高额度的产权抵押贷款组合产品。扩展“三农”保险创新，提供更多绿色保险产品。健全农村金融风险防范体系，完善不良资产处置机制。优化农村金融环境，夯实农村信用体系基础。

湖州市还鼓励有条件的农业企业直接上市，鼓励绿色小微企业挂牌融资，引导、鼓励开展“三农”融资担保业务，发展政府支持的“三农”融资担保和再担保机构，完善银担合作机制。

4. 以绿色治理持续推动绿色发展

2004 年，湖州市在干部政绩考核中取消了 GDP 指标，在全国率先开展地区绿色 GDP 考核，把资源、生态等环境约束性指标纳入对区县的综合考核。其中，生态环境指标划分为环境保护、资源利用、循环经济等三大类，细分为美丽乡镇创建、水生态文明建设、“四边三化”等 20 项具体指标，形成了体现生态文明建设要求和成效的评价指标体系；同时采取“个人述、群众评、组织考”的方式对干部进行考核，注重发挥生态考核的激励和导向作用。考核结果与干部年度考核等次直接挂钩，同时作为干部选任的重要依据，对生态文明建设中表现优秀的干部给予提拔重用，对造成重大生态环境事故的实行“一票否决”。通过考核绿色 GDP 指数实现了生态发展由“潜绩”向“显绩”转变，使保护“绿水青山”、改善生态环境、增强可持续发展能力等这些过去“看不出”的干部工作业绩，变得看得见、可评价、可比较，从而推动选人用人由“重经济发展”向“重科学发展”转变。

2008 年起，湖州市在全国率先开展绿色 GDP 核算的实践，2019 年 12 月，湖州市印发《湖州市领导干部自然资源资产离任审计实施办法（试行）》（以下简称《实施办法》），全面规范湖州市领导干部自然资源资产离任审计工作。《实施办法》明确了自然资源资产离任审计以土、水、大气、林、田、湿地等自然资源的管理开发与生态环境保护为主要载体，区县、乡镇党政主要领导干部及承担自然资源资产管理和生态环境保护工作部门的主要领导干部为被审计对象；将贯彻落实中央和省、市党委、政府及上级主管部门关于生态文明建设的重大决策部署情况，遵守自然资源资产管理和生态环境保护法律法规情况等 7 个方面作为审计内容及审计重点；要求按照“三个区分开来”的原则，分好、较好、一般、较差、差 5 个等次客观评价被审计领导干部的履行责任情况，并详细阐释了每个等次评价的具体依据和标准。针对绿色审计特点，湖州市积极利用“地理信息 + 大数据”，精准识别审计疑点；采用无人机，实现现场核查的精准化、高效化、无障碍化。

湖州市注重强化全域绿色发展理念，加强各类规划的统筹管理和系统衔接，实现美丽乡村建设规划与土地利用总体规划、城乡空间布局规划、生态体系建设规划、基础设施建设规划、产业发展规划、社会事业及公共服务发展规划的多规合一。发展改革委、规划、国土资源、生态环境等十余个部门，通过“一张图”上编制、审批、管控，避免“规划打架”，减少审批时间；同时，各接入平台部门能够对空间数据共享、共用、共管。自2018年12月28日上线运行以来，截至2019年6月，已有2100余个项目被纳入平台储备库，800余个项目完成策划生成并进入实施库，为项目加速审批提供了先决条件，为实现“最多跑一次”奠定了坚实基础，成为湖州市压缩审批时限、优化营商环境的重要举措和必要保障。

5. 用法治力量推进生态协同治理

湖州重视生态文明建设领域的地方立法工作。截至2019年5月底，湖州市已先后出台六部实体性地方性法规，其中包括《城市市容和环境卫生管理条例》《湖州市禁止销售燃放烟花爆竹规定》《湖州市美丽乡村建设条例》等。目前，湖州市正加快研究制定大气污染防治、河道管理、生活垃圾分类等方面的地方性法规。

湖州市设立专门机构负责承办危害食品药品安全、破坏环境资源保护犯罪案件等相关工作，精准打击破坏环境资源犯罪。湖州市凭借全力打造的“生态环境司法保护一体化平台”，可实现整合社会资源，充分发挥司法机关、行政机关的力量，实现多部门合作，打通案件流转渠道，促成办案平台的一体化。湖州市还不断延伸审判触角，在安吉余村、长兴仙山湖等地设立5个环境资源巡回法庭，并多次开展巡回审判。湖州市环境案件打处居全省同类地区第一位。

6. 打造共治共享的绿色发展环境

让保护“绿水青山”成为全民自觉是湖州市绿色发展最重要的群众基础和力量源泉。湖州市注重乡村环境治理。2003 年，湖州市开始以提升农村环境综合整治内容为重点，围绕“布局优化、道路硬化、村庄绿化、路灯亮化、卫生洁化、河道净化”的目标，逐步改变了村庄“脏、乱、差”的局面；湖州市还按照城乡基本公共服务均等化要求，以生活垃圾收集、生活污水治理为重点，从源头上推进农村环境综合整治，农村面貌发生了整体性的变化；2011 年至今，湖州市按照生态文明和全面建成小康社会的要求，推进科学规划布局美、村容整洁环境美、创业增收生活美、乡风文明身心美的“四美”建设，以宜居、宜业、宜游为目标，不断推进农民幸福生活的家园建设，推动整个农村面貌逐步发生质的变化。

湖州市有针对性地打造城市绿色生活。湖州市一直奉行“环保问题从娃娃抓起”的理念，早在 20 世纪 80 年代，就在一些中小学内设立“环保课堂”；到了 20 世纪 90 年代，学生环保教育普及率达到 100%。在培养形成绿色行为习惯方面，湖州市针对机关绿色采购、绿色居民小区、绿色学校、绿色商场等，建立评价指标体系和相关标准，强化绿色产品及消费导向。建立公众日常生活习惯相关的绿色行为规范，提倡绿色低碳生活。

优美的环境和绿色的生活塑造了湖州市的绿色品牌。多年以来，中央广播电视总台以及下属的各个频道，包括《人民日报》、新华社等主流媒体以前所未有的高度和空前聚焦的强度，对湖州市践行“两山”理论，打造区域生态优势，进行了多轮的集中报道，宣传界称为“湖州旋风”或“湖州现象”。党和国家领导也多次对湖州市的创举和措施给予肯定。

绿色品牌带来了明显的社会效益和经济效益。太湖溇港文化已经入选世界灌溉工程遗产名录，湖州桑基鱼塘系统成功入选全球重要农业文化遗产名录，世界地理信息大会永久会址坐落于湖州德清县，世界乡村旅游大会永久会址确定在湖州吴兴区潞村。湖州还成功引进了一大批规模大的工业制造项目和休闲旅游项目，包括绿色金融改革试验区、生态文明示范市、全国文明城市等。这为湖州下一阶段的再发展积蓄了力量、奠定了基础。

二、毕节市绿色发展的实践经验及启示

（一）毕节市发展背景

毕节市地处贵州省西北部，与四川省、云南省接壤，是西南部地区重要的交通枢纽之一。毕节市处于多山区，海拔较高，有着丰富的矿产资源，尤以煤炭资源多而闻名，煤储量居贵州省之首。资料显示，目前毕节市已探明的煤炭资源储量为 313.65 亿吨，其中可开采煤炭储量高达 247.3 亿多吨，海拔 2000 米以上的储量则多达 700 多亿吨，占贵州省煤炭资源储量的 50% 以上；并且毕节市煤炭质地优良，绝大部分为优质无烟煤，杂质含量低，使用时对环境污染小。除煤炭资源外，毕节市铁、铅、锌、磷等资源储量同样高，截至 2018 年，已开发 30 多种矿产资源，形成以煤炭、铁、铅锌、黄磷冶炼为主的采掘、冶金、电力工业格局。

长时间的矿产资源采集与金属冶炼“三废”排放物对毕节生态环境造成了不利影响。“资源诅咒”在毕节市有较为明显的表现：第一，单一的资源型产业结构导致资源部门的扩展与其他行业的萎缩，产业结构失衡。庞大的采掘、冶金工业往往产出中间产品，“挤占”了技

术含量高和附加价值高的最终产品工业和高新技术产业的发展，“挤出”了制造业，使得毕节市在中国制造业快速发展阶段错失了良机，沦为依赖资源的低工业化地区。第二，毕节市顶着“落后资源型工业区”的帽子，人才缺口极大。由于资源型产业的产出固定，对人力资源需求小，人力资本投资回报率不高，因而缺乏人力资本积累的内在动力，导致当地高素质人才流出、外地高素质人才不愿意流入，人力资本被“挤出”。第三，自然生态压力大，城市环境问题突出，资源型产业外部性成为经济发展的障碍。资源型产业历来是“高消耗、高污染、高排放”的产业。从生态环境层面来看，资源型产业发展大量侵蚀土地、污染水源和空气，对生态环境造成严重威胁。其中，随着优质煤的减少与产业持续扩张，煤炭产业所产生的主要污染物如二氧化硫、二氧化碳、烟尘废气、工业固体废物等的排放量都呈递增趋势。地质方面，毕节市是典型的喀斯特地形地貌，山区与丘陵面积比例大，容易发生滑坡、泥石流等自然灾害。长期的开采活动不仅造成大量的水土面积流失、土地沙漠化及境内自然地质地貌景观的破坏，同时还加大了地质灾害发生的可能性，引发安全隐患。

在面临“人民贫困、生态恶化、人口膨胀”三大难题的情况下，1988 年国务院批复建立毕节“开发扶贫、生态建设”试验区，为岩溶山区生存发展探路子，是全国第一个在欠发达地区建立的“开发扶贫、生态建设”试验区。毕节试验区建设要尽锐出战、务求精准；同时，要着眼长远、提前谋划，做好同 2020 年后乡村振兴战略的衔接，着力推动绿色发展、人力资源开发、体制机制创新，努力把毕节试验区建设成为贯彻新发展理念的示范区。

（二）毕节市绿色发展的经验及启示

1. 深入贯彻新发展理念，突出规划引领

按照指示精神，毕节市印发《关于坚决打好污染防治攻坚战夯实贯彻新发展理念示范区建设基础的实施意见》，提出46条具体措施。2019年，毕节市黔西县正式印发《黔西县建设贯彻新发展理念示范区规划》，提出建设“现代产业体系先行区、协调发展引领区、生态文明建设样板区、多党合作模范区、人力资源开发新标杆”，以规划引领，真正让习近平总书记的重要指示精神在毕节市落地生根、开花结果。

2. 发展循环经济，大力构建现代绿色产业体系

一是循环工业经济，优化能源产业布局，淘汰落后产能。以黔西县为例，2016—2020年，该县煤矿淘汰落后产能，关闭煤矿共计9个，去产能243万吨/年；同时，不断提高能源资源利用率，减少生态环境污染，强化瓦斯、矿井水、煤矸石等再利用，利用率分别达到50.07%、68%和100%。推进新型能源化工基地建设，依托黔希化工，加快推进黔希煤化工升级改造和延伸产业链，食品级二氧化碳项目已基本完工。二是打造农旅融合，发展绿色旅游。以黔西县为例，该县2019年累计接待游客1489万人次，旅游收入141.6亿元，较2018年分别增长49.8%和21.11%。

3. 加强生态文明建设，坚持绿色理念

毕节市坚持把生态修复作为林业生态建设的首要任务。毕节市生态环境建设的历史欠账较多，1988年森林覆盖率仅为14.9%，水土流失严重，生态环境恶化。试验区建立后，毕节市干部群众牢记“近期做示范、远期探路子”的历史使命，紧紧围绕“生态建设”试验主题，发扬文朝荣[①]“艰苦奋斗、无私奉献、愚公移山、改变面貌、造福子孙”的崇高精神，大力实施生态修复工程，致力于生态环境的修复重建。1988 年到 2014 年，先后实施了退耕还林、天然林资源保护、石漠化综合治理等 10 多项生态建设工程，完成营造林面积 1346.13 万公顷，实现了森林覆盖率年均增长 1 个百分点以上的目标。昔日的“荒山秃岭”变成了今天的“绿色银行”。

4. 建立健全绿色人文体系

着力推动生活方式绿色化，增强全民环境意识、节约意识、生态意识，选择低碳、节俭的绿色生活方式和消费模式。一是积极推动绿色消费革命，倒逼生产方式绿色转型。倡导环境友好型消费，推广绿色服装，引导绿色饮食，鼓励绿色居住，普及绿色出行，发展绿色休闲。二是弘扬正确的价值理念和消费观念，让绿色生活成为公众自觉自律的行为。广泛传播生态文明理念，积极培育生态文化、生态道德，使生态文明成为社会主流价值观。三是构建全民行动体系，形成推进生活方式绿色化的强大合力。开展节约型机关、绿色学校、绿色社区创建，加强绿色生活信息发布，帮助消费者获取绿色产品信息，为公众践行绿色生活提供必要的服务。

5. 坚持把制度创新作为贯彻新发展理念的活力源泉

一是探索建立森林保险制度。坚持以扶持林业生产发展为目标，以提高林业抵御自然灾害能力及林业生产经营者灾后自救能力为出发点，以确保林木安全和促进林业生产经营者增收为核心，按照“试

---

① 文朝荣，男，彝族，1942年3月23日出生，中共党员，贵州毕节人，贵州省毕节市赫章县河镇彝族苗族乡海雀村原任村党支部书记，2014年2月11日，因积劳成疾医治无效去世，享年72岁。2014年6月，文朝荣被中央组织部追授为全国优秀共产党员，2015年1月被中央宣传部授予“时代楷模”荣誉称号。

点先行、以点带面”的原则，探索建立由保险监管、财政、金融、林业等部门与保险经办机构、林业企业、林业专业合作社、林农等多方积极参与的政策性森林保险工作机制。二是研究建立绿色发展生态文明目标考核体系。研究制订可操作、可视化的生态文明考核指标，加大对资源消耗、环境保护、生态效益指标在经济社会发展评价中的权重，组织开展生态文明考核工作。三是探索建立水资源管理机制。继续实施最严格的水资源管理制度；研究编制《毕节市水资源保护规划》，划定毕节市 50 平方千米至 300 平方千米（或河长 10 千米以上）河流水功能区，提出各个水功能区限制排污总量；继续开展建设项目水资源论证和规划水资源论证工作。四是探索建立能源消费总量管理和节约制度。根据国家、省的统一安排，合理确定全市能源消费总量目标，加强能源消费总量控制。研究建立和健全节能减排工作机制与节能目标责任制；交通、建筑、公共机构、农业农村、商务等部门应加强本系统节能管理并开展主管行业用能统计工作；全面执行国家节能标准体系，重点督促重点用能单位落实单位产品能耗限额标准。严格固定资产投资项目节能审查制度。五是充分结合实际特色，探索生态保护新模式。毕节市积极利用立体生态优势，探索出了“山顶植树造林戴帽子、山腰坡改梯配经果林系带子、坡地种绿肥盖地膜铺毯子、山下多种经营抓票子、基本农田集约经营收谷子”的“五子登科”立体生态建设模式，实现了山水林田路的综合治理，生态效益、经济效益和社会效益统筹兼顾。

三、铜陵市循环经济发展的实践经验及启示

（一）铜陵市发展背景

铜陵市位于安徽省南部，长江下游南岸，处在有色金属矿脉上，其中铜储量居全国之首，自古便“因铜得名、以铜而兴”，素有“中国古铜都，当代铜基地”之称。早在商周时期，铜陵已有采铜、冶铜的历史。1953 年，铜陵有色第一冶炼厂建成投产，成为新中国第一座铜冶炼厂，年产 2000 吨粗铜。这里诞生了新中国第一炉铜水、第一块粗铜锭，铜陵有色金属集团控股有限公司也在铜陵逐渐发展壮大。直至第一个五年计划末，铜陵有色第一冶炼厂的铜产量占全国总产量的 47.5%。铜陵市成为我国铜工业基地，在中国工业化道路上具有举足轻重的地位。

20 世纪 90 年代，铜产业产值一度撑起全市 90% 的经济总量，但 20 世纪末以来，铜陵面临着资源型城市的一贯问题，包括资源濒临枯竭、产业结构单一、环境污染严重、生态破坏较多、基础建设滞后、民生问题突出等。在 2009 年，铜陵市被正式列入资源枯竭型城市，迫切寻求转型之路。在转型过程中，铜陵市面临诸多挑战。第一，产业层次不高，全市规模工业仍以存在高能耗、高排放的“二高”现象的原材料工业为主，铜、化工、建材、钢铁冶炼、电力等总产值占比接近全市工业总产值的 90%。虽然发展新兴产业与替代产业的目标明确，但除铜基新材料产业规模较大以外，其他战略性产业发展规模仍处于较低水平，竞争优势不明显，缺乏龙头企业带动；重大项目缺乏，引领性、标杆性的重大产业项目更是严重缺乏。第二，创新能力不同。除铜陵有色、铜化外，铜陵市尚未有第三家实力较强的科研机构，支撑全市发展的高等院校、科研院所等创新资源不多，普通高等学校仅 3 所。创新投入有限，2018 年全市全部工业法人单位 R&D 人

员折合全时当量合计仅 3893 人，R&D 经费内部支出合计仅占主营收入的 1%。相应的产出也较少，2018 年专利申请数为 1767 件，整体创新实力不强。第三，人力严重短缺，铜陵市人才政策与周边地区相比优势不明显，引进人才特别是高端人才相对较少，铜陵籍高校毕业生回铜陵意愿不强，加上本地高等院校较少，人才短缺现象严重。由于新开区的建设，很多企业迁至郊区，“用工荒”成为企业达到产能目标的一大阻碍。

（二）铜陵市绿色发展的经验及启示

早在 20 世纪 80 年代，铜陵市就提出转型。21 世纪以来，铜陵市政府提出“抓住铜、延伸铜、不唯铜、超越铜”的发展思路，同时着重整治环境问题。

1. 调整产业结构，打造新增长动力

依托着庞大的铜产业根基，铜陵市调整产业结构，以铜为基，拓展延伸打造新增长动力。“抓住铜”，即仍以铜产业为支柱。“延伸铜”，即在铜冶炼的基础上发展铜基新材料，拓展延伸铝合金轻型合金、高品质特殊钢等高端金属结构材料，瞄准中高端市场需求；同时，乘时代的“顺风车”，将铜产业与“互联网 +”结合，打造信息化的铜工业。“不唯铜”，即大力发展新兴产业，对新材料、电子信息、精细化工、先进装备制造、节能环保等产业，给予新兴产业充分的成长空间，为铜陵市后续发展打造新的工业增长点。“超越铜”，一方面未雨绸缪发展替代产业，推动工业机器人、工程塑料及耐高温特种纤维材料、新药创制、集成电路引线框架及封测装备、智能汽车及通用航空装备等 5 个重大工程发展；另一方面发展第三产业，包括利用长江岸线、高速枢纽、铁路过境等交通优势发展物流服务业，以铜陵市博物馆和新建成或修复的生态园、湿地公园等为主打，发展文化旅游业等。

2. 修复生态环境，恢复城市生机

铜陵市修复环境破坏，对水、天、绿地的监管三管齐下，恢复铜陵市生机。铜陵市政府官网发布了2004年以来的铜陵市环保工作计划。纵观铜陵市十多年的环保工作计划可以发现，空气氮硫化物浓度、环境噪声、饮用水水质、工业固体废弃物等始终是环保工作的重点。近年来的报道则表明，铜陵市政府正有计划地从大气、水源、绿化三方面展开行动。

大气方面，铜陵市政府重点实施工业企业物料堆场整治、挥发性有机物治理、机动车尾气污染管控三大计划，2017 年采取封闭、半封闭措施对全市 78 个物料堆场进行了“车间化”管理，淘汰关闭一批不能稳定达标排放的企业，对环境违法行为实施行政处罚与高额罚款。2019 年印发实施《铜陵打赢蓝天保卫战实施方案》，持续推进工业企业大气污染防治治理，对重点企业实施超低排放改造。统计公报和生态环境局工作总结显示，2019 年铜陵市空气环境质量优良天数比例为 80.8%；以工业源排放为主的二氧化硫、氮氧化物平均浓度较上年同期分别下降 12.9% 和 2.7%，优于国家空气质量二级标准限值，已超额完成二氧化硫和氨氮省控“十三五”减排目标任务。

水源方面，铜陵市组织实施长江生态保护修复项目 40 个，紧盯长江干流、主要支流及重点湖库，针对水污染四大来源：工业、农业、生活和航运重点管控，推进水污染治理、水生态修复、水资源保护“三水共治”。将全市河湖划分为九大水系，全面建立四级河长体系，共设立市级总河长 2 名、副总河长 1 名、市级河长 7 名；设立县级河长 25 名、乡镇级河长 107 名、村级河长 398 名。铜陵市对于水源地保护非常重视，2004 年就以饮用水源水质达标率保持在 98% 以上为目标，自2013年起全市县城及以上集中式饮用水水源地水质达标率始终保持在100%，2019年地表水3个国控断面水质均值保持稳定达标，地表水质量稳居全省第3位。

绿化方面，铜陵市在保护已有的西湖湿地公园的基础上，2017年打造长江200平方千米、大铜官山50平方千米和东、西湖50平方千米三大生态廊道，新增、改造提升绿化面积140.9万平方米，完成人工造林9300亩，市区新建大量生态公园、广场，对曾经的矿山废弃地进行地质环境综合治理和植被修复；2015—2017年修复破损山体累计达1.5万亩，拥有国家级绿色矿山11家，国家级绿色矿山试点企业5家，全市绿色矿山创建面达70%，历史遗留矿山地质环境恢复治理率达92.46%。在2017年的基础上，2018年建成区绿化覆盖率仍有提升，市辖区园林绿地面积由5948公顷上升至7350公顷。同时，铜陵市大力实施净土保卫战，出台《铜陵市2019年净土工程实施方案》，开展重点企业排查整治、用地土壤信息采集、约谈存在问题的企业等，土壤环境质量持续保持稳定。

3. 积极改善民生，完善基础设施建设

面对基础设施建设和民生问题，铜陵市政府积极改善人民生活，完善基础设施建设，增强城市综合承载力。铜陵市政府采取包括修路、改造老旧小区、建成开放文化体育场馆、建成污水管网等系列措施，推进棚户区改造，鼓励创业的同时保障困难群体再就业，做好社会保障。2018年，铜陵市已完成市辖区城市用水普及率、城市燃气普及率100%的目标，生活垃圾无害化处理率达100%，城市公共交通运营线路长度、客运总量均较2017年有约10%的提升。2019年，部分地区污水处理厂扩建改造工程、截污纳管改造工程如期完工，基础设施建设再次取得突破；同时，全市常住居民人均可支配收入比2018年增长 9.2%，支出增长 8.7%，人民生活质量逐年提高。

4. 寻求绿色发展，打造循环经济

面对铜陵市政府对环保的高标准、严要求，企业高度配合，主动寻求绿色发展、打造循环经济。为淘汰落后产能，铜陵有色于 2008 年关闭了第一冶炼厂，又于2017年关闭第二冶炼厂，取而代之的是“双闪”“奥炉”两厂区整合而成的第一大单体矿铜冶炼工厂，用更高效的方法炼铜，铜冶炼规模从曾经的年产 2000 吨粗铜扩大到年产 130 万吨高纯度阴极铜，高纯阴极铜率先领跑行业。面对铜矿资源枯竭问题，铜陵有色与厄瓜多尔达成合作，建立专属矿场，在 2020 年 2 月，首批厄瓜多尔米拉多铜矿的铜精矿抵达铜陵，这个项目将使铜陵有色铜原料的自给率从 5% 提高到 10% 以上，摆脱资源枯竭的束缚。为打破垄断，铜陵有色下属分公司及铜陵华创新材料有限公司、华科电子材料有限公司等突破多项技术，打破部分铜加工品完全依赖进口的局面，延伸铜陵有色的铜加工产业链。为减少污染，铜陵有色采用“闪速熔炼 + 闪速吹炼”的环保工业，从源头上减少污染物硫的产生。面对工业废水，铜陵有色对炼铜废水净化处理后再利用，2018 年厂区水循环利用率达到了 97%，下游企业铜陵华创新材料有限公司高价引入国际领先的反渗透膜工艺处理含铜废水，生产过程排出的水可以循环再利用。2018 年，全市工业用水中，工业取水总量为 2.04 亿立方米，而重复用水数量高达 24.25 亿立方米；近十年来，每单位工业产值呈下降趋势，这些都是节能环保、循环经济的成果。

5. 积极建设“无废城市”

2019 年 4 月 30 日，铜陵市从 59 个候选城市中成功突围，入选国家首批 11 个“无废城市”建设试点。“无废城市”的建设主要围绕工业固体废物和城区生活垃圾的处理。早在“无废城市”试点前，铜陵已经将提高工业固体废物利用率纳入议程，并取得了显著成效。目前，铜陵市正在按照“无废城市”建设试点实施方案，围绕铜产业和建材循环产业链条，提升工业固体废物“资源化”利用、农业废弃物“全量化”循环、生活垃圾“链条化”管理、危险废物“零风险”管控、固体废物管理“制度化”协同（见图 6.1、图 6.2 和图 6.3）。企业也在积极推动工业废物的利用，例如铜陵有色引进设备，从炼铜废渣中二次选矿，剩余尾渣用于制造水泥，实现废物再利用。

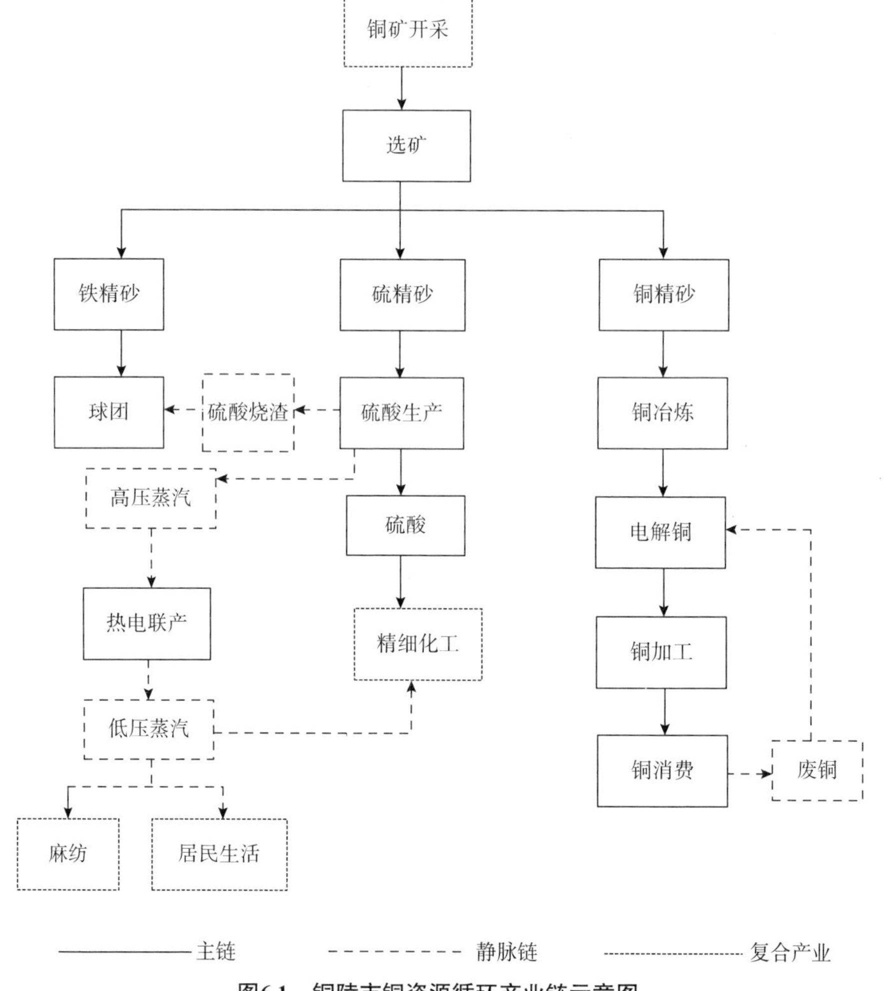

图6.1 铜陵市铜资源循环产业链示意图

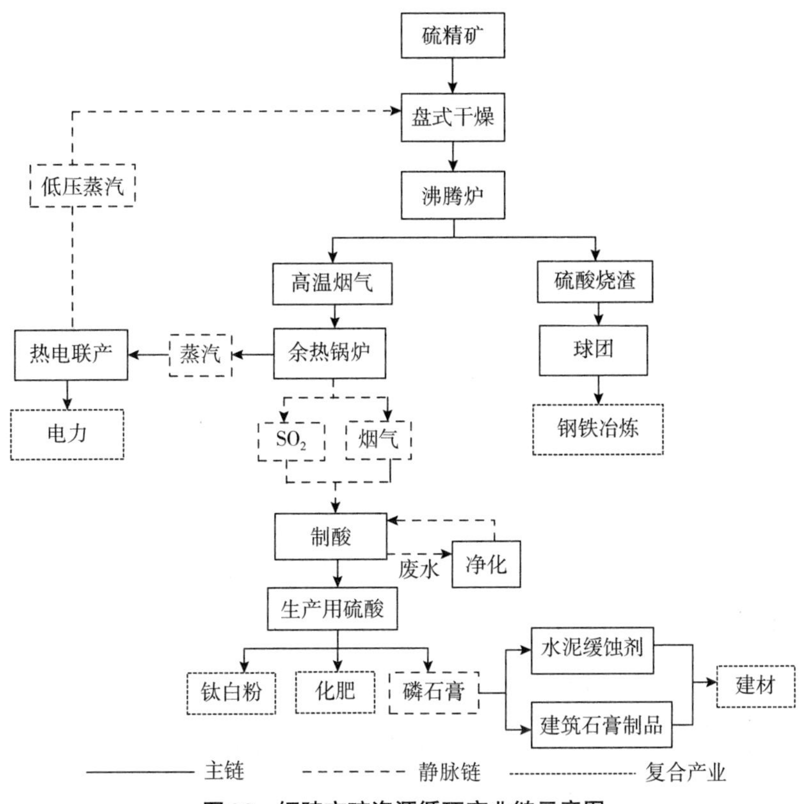

图6.2　铜陵市硫资源循环产业链示意图

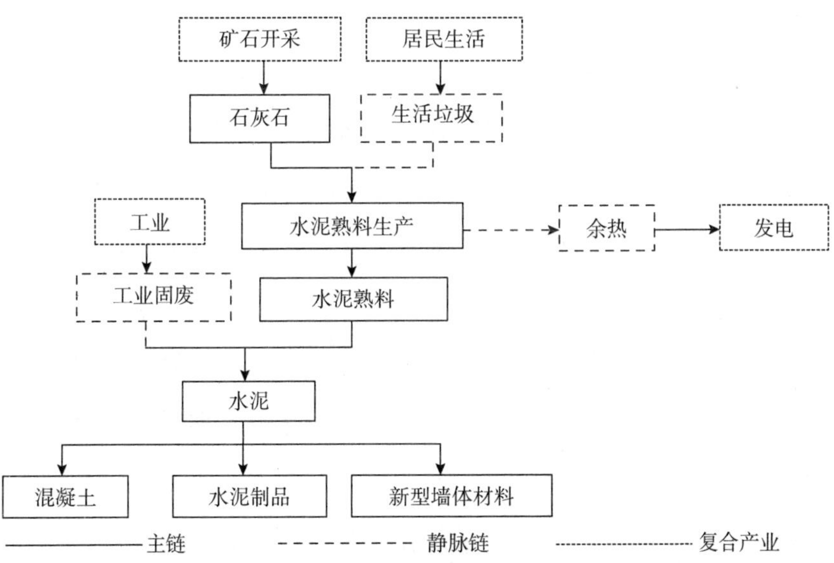

图6.3　铜陵市石灰石资源循环产业链示意图

四、三明市老工业基地绿色发展的实践经验及启示

（一）三明市发展背景

三明市位于福建省西部中段，处于武夷山脉和戴云山脉之间，境内以中低山及丘陵为主。三明市森林资源丰富，森林覆盖率超过75%，是全国四个活立木蓄积量超过1亿立方米的设区市之一，素有“绿色宝库”“中国绿都”的美誉。2016年9月，三明市被国家林业局授予“国家森林城市”称号。三明市拥有铁、金等金属矿产资源和煤、石灰岩、重晶石等非金属矿产资源，资源分布受地质构造影响。三明市地跨福建省三大构造单元，地质结构上存在四条断裂带，矿产资源分布不均，特定矿产资源主要分布于某一区域。三明市主要河流为沙溪、金溪、尤溪，辖区内有大量山区性河流，水资源相对丰富，但季节性变化大，雨季易发生洪涝，旱季水量不足。

三明市是一座传统的工业城市，中华人民共和国成立以来，逐渐形成了冶金、林产、机械制造和纺织四大产业。20世纪末，三明市工业体系以钢铁、化工为主，尽管在福建省内有一定的竞争优势，但企业大多采用粗放的生产方式，环境污染严重；以资源加工型工业为主，工业品大多是中低端产品，工业效益不高，2007年三明市黑色金属冶炼及压延加工业企业劳动生产率甚至低于福建省平均水平，在经济转型和高质量发展的迫切要求下，产业竞争力不足，可持续发展能力弱；地处福建省内陆，又在山区，交通不便，运输成本高。林业产业结构呈“二一三”的发展格局，以林产品加工和制造业为主的工业林业占据林业产业份额的主要地位，未能在发展经济的同时保持生态优势，

林业产业加工业的主营业务的收入利润率还在缓慢下滑；林业第三产业对林业经济的贡献尤其低，不到10%，对森林的利用处于低层次阶段，制约了林业产业的转型升级。三明市传统产业基本上存在产业链短、不完善的情况，产业之间的配套协作、集群效应不明显。研发投入不足、创新能力弱、高质量人才紧缺等，限制了三明市发展高端产业、制造高附加值产品的能力。

21世纪初，要求正确处理发展经济与保护生态的关系，转变生产方式，避免资源浪费与环境破坏。三明市开始转型发展之路，一方面关停了上百家能耗大、污染重的工业企业；另一方面协助企业改造老技术、发展新技术，实现环保升级。经过多年发展，三明市走出了一条“机制活、产业优、百姓富、生态美”的新发展理念实践之路。

（二）三明市绿色发展的经验及启示

1. 大力支持新时代四大产业发展

（1）钢铁与装备制造业。三明市冶金产业基础扎实，主要发展的是黑色金属冶金及压延产业，现有规模以上企业约80家。近几年，三明市依托已有的冶金及压延产业和机械制造产业大力发展钢铁与装备制造业，重点推进钢材产业链延伸和产品结构调整，加快金属复合材料、轻合金制造、钨制品精深加工、铜铝金属制品和离心铸管等产业发展，打造全国重要的商用车和新能源汽车生产出口基地、海西重要装备制造业基地和高端铸造产业基地。

（2）新材料产业。新材料产业包括石墨（烯）、氟化工和稀土产业。三明市作为南方石墨主要储藏地，与清华大学、厦门大学合建石墨烯产业技术研究院，目前已建成永安市石墨烯专业园区，集聚了

20多支博士研发团队和一批科创企业，并为石墨和石墨烯产业提供用电优惠政策；三明市萤石储量大，可支持氟新材料发展，目前拥有三元、明溪、清流氟新材料产业园等发展平台和10家氟新材料企业；三明市拥有南方离子型稀土储量200万吨，以此建成的三明稀土工业园是福建省政府确定的两个稀土工业园区之一，拥有三明厦钨新能源、三明稀土开发公司等龙头企业。

（3）文旅康养产业。文旅康养是三明市始终坚持绿色优先、推动林业改革的结果。三明市曾经拥有林产的村庄苦于无法将林产变现，面临着卖木头赚钱的诱惑。以常口村为代表的一些村庄打消了卖林子的念头，坚守天然林。随着三明市集体林权制度改革的全面启动，家家户户拿到了林权证，提高了经营森林、维护森林的积极性，森林产物如竹笋等成为村民收入的一大来源。在林农为没钱经营而犯难时，三明市再度探索，在全国率先推出了林业金融改革，林农只需用自家林产做担保，就可得到银行的低息贷款，用来丰产培育，扎实提高了森林质量，也让林农获得了实在的收益。截至2019年底，三明林业总产值达1146亿元，农民人均涉林纯收入5090元，占农民人均可支配收入的三成。

随着人们对森林功能多样性的客观需求提升，以及老龄化的提高，森林康养有广泛且日渐增长的市场需求，是林业与旅游、文化、康养等产业的深度结合。2016年，国家林业局而发的《林业发展“十三五”规划》将康养产业作为新型林产业纳入规划，2017年国家林业局等十一部委联合制定的《林业产业发展“十三五”规划》提出大力培育康养产业，2019年国家林业和草原局等四部委联合对森林康业产业的发展专门颁布了《关于促进森林康养产业发展的意见》等，表明国家对森林康养产业的重视，为森林康养产业的发展带来大量关注，奠定了政策基础。三明市政府也高度重视发展全域森林康养产业，中共三明市委九届九次全会把森林康养产业写入相关实施意见，明确提出了生态产业化及森林康养的工作要求。以常口村为例，常口村森林覆盖率达 92%，是国家 3A 级旅游景区，依靠山美水美的自然风光和淳朴的乡情，吸引了大量本地、外地游客来观光打卡，带动村里的旅游服务业发展。2018 年，三明市接待国内外游客总人数为 3300 多万人次，已建成全国森林康养试点 5 个、全国森林旅游示范县 2 个、中国森林氧吧 4 个、中国森林体验基地 2 个、森林养生国家重点建设基地 1 个、国家森林小镇建设试点 1 个。

（4）特色现代农业。特色现代农业是基于三明市粮食、水果、食用菌、茶叶、苗木花卉等产量居全省前列、拥有 1713 种药用植物和 36 个国家地理标志保护产品、近 300 种地域特色品类的农林产品的情况迅速发展起来的。2019 年，三明市特色现代农业产值已经突破 1000 亿元。目前，三明市着力壮大高优粮食、绿色林业、精致园艺、生态养殖、现代烟草等五大特色现代农业。

2. 大力发展以沙县小吃为代表的特色现代服务业

三明市沙县小吃如今已经闻名遐迩，遍布全球 62 个国家和地区，而 20 世纪 90 年代做小吃只是作为乡亲们养家糊口、维持生计的一种方式。随着薄利多销策略的成功，沙县小吃填补了低消费的空白，打造了独特的名气，政府也开始着手解决冒用品牌、质量不齐、技术欠缺、竞争激烈的问题，维护好沙县小吃的招牌，保障沙县小吃的发展。沙县对开店的小吃业主提供技能、选址等培训，对外地经营的业主设有驻外联络处，帮助他们解决实际困难，巩固沙县小吃向外发展的成果。2008 年，沙县小吃集团有限公司成立，标志着沙县小吃转型成为“标准化、连锁化”的现代餐饮，至此沙县小吃开始了统一的宣传、供给和经营模式，规模也在日渐壮大。2019 年，沙县小吃在全国门店超过 8.8

万家，年营业额超过 500 亿元，成为名副其实的支柱产业，也成为沙县乃至三明市的名片。沙县小吃还带动了沙县的农牧业、食品加工业和旅游业的发展。小吃需要大量原材料和配料，拉动了沙县下属村子的中药材、食用菌等种植基地的发展，家禽养殖、调味品生产、食品加工等众多合作社相继成立，带动 30 余万人致富。沙县连续办了 20 多届小吃节，随着沙县小吃的名声扩大，小吃节也吸引了越来越多来自各地的游客，将沙县的其他旅游资源宣传出去。2019 年，沙县吸引超过 500 万人次观光旅游，旅游总收入达 54.48 亿元，年轻人回流创业，沙县经济增长充满活力。

3. 以老百姓需求为导向，大力保障民生

第一，三明市有大量老旧小区，做好建新和改旧成了当务之急。三明市紧紧围绕群众的需求，不做表面文章，积极与群众沟通、修改施工方案，把钱用在解决急需问题上。第二，三明市还率先推行医疗改革，是全国医改示范城市、国家级医养结合试点城市，打破长期存在的“以药养医”等顽疾，降低居民看病开销。2019 年，三明市人均医疗支出不到全国平均值的一半。第三，养老紧跟人民需求，三明市创新性开办社区“乐龄家园”，为老人提供文娱场所，养老服务设施覆盖率接近 100%。第四，三明市还在环境方面提高居民生活质量，紧抓卫生与城市“双修”。2018 年，三明市通过国家卫生城市复审，持续开展“生态修复 3+1”与“城市修补 3+1”，重点围绕“山、水、气同治同修 + 生态云平台建设（生态修复评估体系）”和“基础设施、公建配套、城市景观 + 城市修补评估体系”，进一步补齐民生短板。市区民生不断优化，美丽乡村建设也未曾落下，三明市不断改善农村村容村貌，100% 的乡镇建成垃圾转运系统，92% 的乡镇建成生活污水处理设施。

第七章

推动绿色发展，建设新发展理念示范区的思考与建议

“十四五”时期是开启全面建设社会主义现代化国家新征程、向第二个百年奋斗目标进军的第一个五年。推动绿色发展，建设新发展理念示范区将进入重要的战略机遇期。立足新阶段、贯彻新理念、构建新格局，我们要把握新机遇，谋划构建绿色发展格局、打造绿色产业体系、形成现代绿色治理体系、完善绿色发展长效机制，这是推动经济社会发展全面绿色转型、建设人与自然和谐共生的现代化的关键。

第一节　立足新阶段 超前谋划绿色发展新格局

一、深化认识，实现跨越式发展

绿色发展能够实现地区经济持续增长，甚至是跨越式发展，是符合国家和世界大趋势的发展方式。在当前实践中，部分欠发达地区还存在对绿色发展认识不深的问题，如将降低煤炭资源依赖简单理解为减少煤炭燃烧、发展煤化工产业，未意识到煤炭产业可以实现绿色转型发展；将发展旅游业简单理解为打造人工景点，未意识到旅游的真谛是通过欣赏自然美体现人与自然的和谐；旅游业发展不仅是景点，还必须有管理、保障、服务等综合配套措施的提升。

深化绿色发展认识，实现地区跨越式发展需要提高学习能力、创新学习方式、建设学习型组织，具体可以从三个方面入手。一是强化思想政治学习。要深入把握习近平新时代中国特色社会主义思想，理解其中各组成部分、子系统之间的有机联系，认识到绿色发展不是孤立的，要将学习成果融入地区总体发展规划、城市规划之中。二是创新学习方法。要增加现场交流学习，尤其是欠发达地区要多到相对发达地区深入学习。不应局限于短期考察、座谈等传统学习方式，而要在此基础上探索干部交流挂职、蹲点学习、长期学习等形式，多取经、深取经、取真经。此外，重大工程、重大决策论证阶段需广开言路、广开思路，借助外部智库的智力、知识，形成竞争性设计方案，通过科学决策程序选择实施方案。三是充分利用好外来人才。未来城市间的竞争是人才的竞争。近些年包括深圳、成都、广州、杭州等大城市掀起的“人才大战”充分表明了城市对人才作用的新认识。欠发达地区吸引人才可以尝试打“亲情牌”，积极向当地走出去的人才发出邀请，在就业岗位、创业支持、生活保障等方面给予优待；或以建立实验室、试验基地、工作站等形式与知名专家团队合作，让“优秀者优先、能干者能上、有为者有位”。坚决避免人才引进承诺不兑现、引而不用。此外，要建立合理的人才使用机制，重点让外来人才培养本地绿色科技人才，建设本地专家团队、技术能手，争取长久留住人才，提升绿色发展核心竞争力。

二、立足实际，探索绿色发展路径

坚持一切从实际出发，是辩证唯物主义世界观的根本要求，实践活动必须符合客观规律、客观条件。坚持一切从实际出发的现实指导意义，就是各地要在遵循新发展理念这一根本性要求的基础之上，根据各自发展基础、发展阶段、发展条件制定最符合自身情况的发展规划，选择最能够实现整体目标的发展路径。“十四五”规划指出，“十四五”时期生态文明建设要实现新进步，到 2035 年要“广泛形成绿色生产生活方式，碳排放达峰后稳中有降，生态环境根本好转，美丽中国建设目标基本实现”。绿色发展是实现这一全国性远景目标的必然要求和内在发展逻辑，但各地探索绿色发展路径要从自身发展阶段、发展条件出发，实践路径可有不同轨迹。

一是根据经济社会发展总体水平，探索绿色发展路径。现代化产业基础较好、总体经济社会相对发达的地区，如浙江省湖州市绿色发展目标应该定位在尽早实现碳中和，而现代化产业基础相对薄弱、资源依赖还程度相对较高、总体社会经济发展水平相对较低的地区，如贵州省毕节市绿色发展目标定位应该是尽早实现碳达峰。二是根据地区特性，探索绿色发展路径。如毕节市正在建设贯彻新发展理念示范区，具有得天独厚的政治资源、政策资源，具有通过多党合作助力脱贫攻坚的成功经验和来自全国的知识、人才、资金支持，因而毕节市绿色发展必须更有超前性，实践路径应更具有原创性、前瞻性，才能真正体现示范引领价值。三是根据自身自然禀赋，探索绿色发展路径。自然禀赋包括地理区位、气候、自然资源等，地理区位较好的地区，如湖南、广西、江西、贵州等地绿色发展要充分利用靠近长三角、珠三角、成渝经济圈的区位优势，做大做强绿色农业，成为“米袋子”“菜篮子”“绿色原料供应基地”。自然资源独特的地区，如毕节拥有百里杜鹃、织金洞等优势自然资源，可以在旅游业上做文章，“以点串线、以线带面”，优化区域内各旅游景点的交通线路，形成三日游、七日游、十日游等不同档次的旅游套餐；配套发展旅游康养、观光农业产业，实现外地游客“引得来、留得住、有好评、有黏性”。

三、创新机制，绿色发展推动乡村振兴

“十四五”规划提出，“优先发展农业农村，全面推进乡村振兴”，“十四五”时期民生福祉达到新水平，“脱贫攻坚成果巩固拓展，乡村振兴战略全面推进”，“实现巩固拓展脱贫攻坚成果同乡村振兴有效衔接”。众多欠发达地区刚刚脱贫，脱贫攻坚机制还需持续、成果还需巩固和拓展，脱贫攻坚战结束后面临着外部关注降低、外部支持减少的挑战，实现自身稳定、持续发展是未来重中之重，实现乡村振

兴是难中之难。传统资源依赖型、外部驱动型发展模式不能再重启，最佳可持续发展道路还是通过绿色发展。

在实现农业农村现代化的新征程中，要充分发挥市场交易机制、生态补偿机制、创新驱动机制等在巩固拓展脱贫攻坚成果、推动乡村振兴中的重要作用。一是市场交易机制是乡村绿色振兴之基。乡村绿色振兴的重要支柱是发展绿色农业。各类生态农产品、农家乐在互联网时代迎来新的契机，欠发达地区可通过多种形式促进市场交易。一方面可通过建立农业经济合作组织，实现组织上和地理上的规模化经营，积极申报"三品一标"，提升农产品竞争力和附加值；通过共建、共营的方式打造当地绿色农业龙头企业，促进市场交易实现。另一方面可以强化招商引资，引进大资本，利用"企业 + 农村合作社 + 农户"等多种经营模式发展绿色农业，成为城市菜篮子、绿色工业原料仓。无论是共建还是引进外部资本，均要实现管理标准化、经营规模化、产品品牌化、营销网络化。二是生态补偿机制是乡村绿色振兴之翼。2021 年 1 月，生态环境部出台了《碳排放权交易管理办法（试行）》，进一步消除了生态补偿机制操作障碍，全国性的碳排放交易机构即将建立，这为欠发达地区绿色发展带来了新机遇。欠发达地区应争取建立地方性碳排放交易中心，通过碳汇交易、生态银行，以村为责任单位，让植树造林—碳汇交易成为发家致富的新增长、农民就业的新高地、乡村振兴的新抓手。三是创新驱动机制是乡村绿色振兴之源。创新本身就是资源要素，20 世纪七八十年代开启的我国农村改革和农村改革试验区实践证明，农业生产、经营组织制度创新可以释放农业活力，促进农业发展；网络技术进步表明，技术创新可以更好地了解顾客需求，改变宣传和销售方式，拓展市场范围，促进农产品价值实现，如视频网络平台可以打造“乡村明星”“网络红人”“地区代言人”，实现新型就业和致富；人工智能的技术进步表明，科学管理、智能化生产可显著提升农业产出率、生产效率、产品质量。绿色发展技术创新是乡村绿色振兴的关键，各地要明大势、抢先机，积极推动创新驱动机制所需的基础设施建设、体制机制建设，保障措施制定。

第二节 贯彻新理念 布局绿色产业体系

一、因地制宜，找准绿色转型突破口

新发展理念的落实需要在经济社会发展各个领域实现全面绿色转型，而全面绿色转型需要各个地方找到适合自身发展阶段、发展特点、资源禀赋的突破口，加快推动绿色低碳发展。各地应充分挖掘自身产业潜力，充分根据自身禀赋和比较优势发展地方优势产业，以优势产业带动产业链条延伸和产业集群发展。充分发挥优势产业的突破口作用，如前文提到的德国鲁尔区转型发展，一大特点就是通过寻求传统产业绿色突破口，延长产业链条，培育多元化的产业体系，从根本上改变资源型城市单一的产业格局。在20世纪60年代煤炭危机到来前，鲁尔的产业集群主要集中在采矿、钢铁和机械制造行业。随着危机的到来和转型的进行，鲁尔以电力、铸造、轻金属等行业为突破口推动产业转型，并随着政策支持和资金倾斜逐步带动医疗、健康、旅游及高新技术等现代化产业发展。如今的鲁尔，已经从产业结构单一的传统工业区转变为多元化产业协同发展的综合经济区，打造了更加可持续的现代化服务产业体系，实现了资源型城市的可持续发展。

我国不同地区应根据自身发展阶段、发展需求，整体谋划绿色产业转型发展，科学有序统筹布局，形成以现代农业、循环工业、生态产品价值实现为主导的绿色产业新格局。有的发达地区可以着力培育绿色新兴产业，促进生态环境保护产业与新兴产业融合，有的欠发达地区则可以着力推动传统产业智能化、清洁化改造，同时逐步培育新兴产业。在找准产业绿色转型突破口的过程中，应着力发挥产业带动作用，特别是在新技术、新业态的引入和培育方面，进一步增强产业的辐射性和集聚性，真正形成可持续的绿色产业。

二、挖掘优势，改造提升传统产业

构建绿色产业新格局并非对传统产业的全面摒弃，而是依据发展阶段不同，依据产业结构与产业基础的差异，选择兼顾经济发展与生态环境保护的最优路径。我国很多发达地区有很好的传统产业基础，应进一步发挥传统产业优势，如福建省三明市依托已有的冶金及压延产业和机械制造产业大力发展钢铁与装备制造业，重点推进钢材产业链延伸和产品结构调整，加快金属复合材料、轻合金制造、钨制品精深加工、铜铝金属制品和离心铸管等产业发展。目前，三明市已逐步将自身打造为全国重要的商用车和新能源汽车生产出口基地、海西重要装备制造业基地和高端铸造产业基地。

对于欠发达地区而言，运用绿色发展理念改造提升传统产业是从传统发展模式过渡到绿色发展模式的重要抓手。我国欠发达地区资源型城市的传统产业普遍面临资源枯竭、发展后劲不足的困境。但选择和培育新的经济增长点，并不意味着要完全放弃传统的资源型产业。恰恰相反，通过对传统的资源型产业进行技术、工艺和设备改造，不仅可以提高资源采收率、利用率，而且可以延长资源产业链，带动相关产业发展。如日本北九州，在新产业尚未形成气候之时，为维持产业基本运行，政府选择继续对传统工业进行补贴扶持。通过对传统产业的改造升级，提升传统工艺，挖掘原有产业潜能，打造新的产业增长点。

三、创新驱动，摆脱资源路径依赖

（一）着力通过绿色技术实现创新式发展

特别是欠发达地区可以通过创新技术手段、创新产业发展思路，避免资源陷阱，摆脱资源路径依赖。绿色技术是推动传统工业化发展方式向绿色发展方式转型的根本支撑，应大力应用较为成熟、能够带来明显经济社会效益、发挥示范引导作用的重大绿色技术，如绿色城市建设和建筑设计、绿色城市基础设施建设、绿色和可再生能源系统、污水处理绿色技术、绿色交通工具等。通过绿色技术的植入与推广，欠发达地区可以探索摆脱资源路径依赖，实现跨越式发展的新路径。

（二）抓住全国碳排放交易机构设立的契机

欠发达地区可以通过碳排放交易实现可持续发展，特别是通过碳排放交易将欠发达地区的碳汇资源变为金融资本，可以有效促进发达地区和欠发达地区之间的交易与合作。如，毕节市有较为丰富的林业资源，一方面可以将林业资源作为碳汇产品，推动碳排放交易，培育新的经济增长点；另一方面可以积极探索开发绿色技术，将林业资源转化为生态产品，实现生态价值。

（三）大力推进产学研结合，为选择和培育新经济增长点提供人才和技术支持

走产学研相结合的道路，无疑是选择和培育新的经济增长点的必然要求。为此，一要加快改革科技管理体制，加大科研经费投入，为促进技术进步提供体制保障和资金支持。二要成立不同类型的“技术转化中心”，加快科学技术向生产力的转化进程。三要通过政府提供资金援助等措施，鼓励企业之间以及企业与科研机构之间开展科技合作。四要大力开展职业技术教育和职工培训，为新经济增长点的选择和培育提供人才技术支持。

四、试点推动，碳中和布局优先考虑欠发达地区

“十四五”规划建议提出“降低碳排放强度，支持有条件的地方率先达到碳排放峰值，制定2030年前碳排放达峰行动方案”。我国应对气候变化自主行动目标的进展虽然整体顺利，但“十四五”时期重点行业和地区碳排放减排压力仍然巨大。欠发达地区是确保碳达峰与碳中和目标实现的关键区域，国家应重点指导欠发达地区制定实施既符合其经济社会发展实际和高质量发展要求，又确保完成国家碳达峰行动方案的措施。

与此同时，为实现2060年碳中和目标，应在碳中和布局方面重点考虑欠发达地区，优先选择欠发达地区实施碳中和试点计划，同时通过法律、规划、标准、信息披露、财税金融政策等推动这些技术和计划得以实施并具有可持续性。

第三节　适应新格局 构建现代绿色治理体系

一、政府主导，加强政策制度的创新驱动与保障

（一）通过立法为环境保护提供制度保障

欧盟在一体化进程中十分重视强化环境职能，通过不断完善环境政策立法，推进各种环境合作与行动。1972 年巴黎峰会是欧共体建立其环境政策及法律体系的一个重要转折点，先后通过 6 个环境行动纲要，敦促环境政策的重点从环境保护向环境一体化和可持续发展转变，环境政策的方向从末端治理向一体化的产品政策转变，并使欧盟环境政策成为国际社会关于区域环境合作的示范模式。德国是欧洲最早开始关注环境问题的国家之一，1972 年通过第一部环保法《垃圾处理法》，90 年代初环境保护被写入《基本法》，形成最为完备具体的环境立法和最为严格细致的环境标准。德国联邦及各州的环境法律法规有 8000 余部，同时实施欧盟的约 400 个相关法规。日本北九州在转型过程中也有中央政府和地方政府颁布的一系列法案为依据。

各国的经验表明，完善相关法律和执法体系，可为绿色发展提供法律保障。由于绿色发展涉及经济、社会的各个方面，特别是涉及公众利益，还需要财政的补偿和支持，是一项复杂的系统工程。我国要实现绿色发展迫切需要完善的法治体系和严格的执法、监督机制。完善法律体系要求我们制定法律法规时，要体现法律法规的完备性、约束性、激励性和可操作性，在此基础上制定出来的法律法规才能给绿色发展政策和措施提供鲜明导向的指导和规范。与此同时，恪守严格、

公正、有效的执法和监督，才能在绿色发展过程中最大限度地保护公众利益。

（二）综合利用各种绿色发展的政策工具

致力于建设绿色福利国家的瑞典，既是世界上实施环境保护最为严格的国家之一，又是在环境保护方面运用最多经济手段的国家。据经济合作与发展组织（OECD）2004 年的评估，瑞典实行了约 70 项以市场为基础的经济手段，最引人瞩目的是从 20 世纪 90 年代早期到 21 世纪初先后开征二氧化碳税、硫税、氮氧化物税、天然沙砾税、垃圾填埋税等环境税和绿色税收改革，同时为减轻新增环境税对能源部门造成的税收负担，对工业部门的原能源税采取豁免或减免政策，从而达到抑制污染、改善环境、提高财政收益等多重红利。目前国际上用于环保的经济政策工具主要包括环境税、补贴、排污权交易、环境基金、政府采购、绿色信贷等，其核心是理顺激励机制，引导企业主动减排。环境税通常是针对矿产资源开采和工业生产排放而征收的，是让排污者为自己对社会造成的负外部性埋单，以抑制排污行为，征收的环境税一般纳入预算，或是用于污染治理等特定用途。政府可以对环保企业和产品的生产和消费采用免税、贴息或专项资金等方式进行补贴，具体可以分为鼓励投资、清洁生产、消费环节的补贴。如美国各级政府为引导企业使用清洁能源，出台了大量政策对企业进行高额补贴，还对利用清洁能源发电的企业实行所得税减免，政策优惠期甚至长达 10 年。排放交易权是根据设定的全社会排放总量目标，政府按一定规则将其分配给企业，允许企业之间进行配额交易。在这种形式下排放配额变成可以交易的商品，这种方式通过价格形成机制引导企业的排放行为，不仅可以控制排放总量，还可以优化市场机制和分担减排成本，同时灵活性比较高。

（三）加强跨部门整合与协同机制建设

绿色发展国家通常都经历过环保部门整合、重组、赋权的改革，都注重通过强化环保职能、加大环境政策执行力度来推进绿色发展。如，法国于 1971 年创设环境保护部，其后陆续成立“可持续发展部际委员会”“可持续发展国家咨询委员会”“经济、环境和计划委员会”“公众辩论国家委员会”等机构制定和推行可持续发展的国家战略，拓展公民参与绿色发展的环境政策权能，又于 2007 年进行内阁改组，环保部门合并了生态部、能源部与可持续发展部以及区域与规划委员会等部委的关键职能，在国家部委中具备较高的行政级别和管理权限。英国于 20 世纪 90 年代开展以可持续发展为核心的部门整合与机构改革，解决环境管理的职能冲突和环境法律政策的碎片化问题，促进环境管理职能和环境政策法律的双层一体化。经过一个漫长而曲折的过程，最终于 1996 年设立了环境局，把原本分散于许多管理机构的环境保护和污染防治职能集中于一个统一机构。1990 年启动“绿化政府”运动（2001 年更名为“为了可持续发展的政府”），先后成立环境与可持续发展内阁委员会，组建绿色部长委员会，改组内阁委员会，设立下议院环境审计委员会，建设以可持续发展为核心的整合型政府，追求环境治理一体化基础上的可持续发展。可见，绿色发展要注重统筹协调，重视和激励所有利益相关者，协调和改善中央与地方之间、不同地区之间、监管部门与公众之间的良性协同关系。此外，要尽快建立融合关键政府部门和利益相关者的制度安排，保证其可计量性和透明性，通过合适的方式和渠道向不同利益诉求的受众和利益相关者积极分享监管与评价的信息，建立持续性的沟通机制，完善参与程序和冲突处理机制。

二、企业主动，推进绿色发展市场化运行

充分发挥市场机制作用是发展绿色经济的内在驱动力，市场化激励和改革也是保障绿色发展可持续的必由之路。不仅政府要加大对绿色共性技术研发的支持，加快绿色产品、产业标准的建立完善，而且更需要通过体制机制创新激励企业、研发机构、服务中介及各类社会组织的长期参与，营造共同致力于绿色产业发展的社会氛围。这方面成效显著的国家，如：奥地利终极动员令式的环境政策相当严厉和高效，为早期的终端技术和如今的清洁技术等绿色技术发展提供了强有力的企业支持制度；日本政府采取综合性的环境措施与长远计划，改革工业结构、资助基础设施建设，鼓励节能技术与低碳能源技术创新的私人投资，持续投资化石能源的减排技术装备，投资燃煤电厂烟气脱硫技术装备，形成了国际领先的烟气脱硫环保产业。

我国绿色发展也需要充分发挥市场机制的作用，激发各类市场要素与政策创新的活力，加大对绿色发展企业的激励。在处理好市场与政府关系的基础上，探索生态补偿、排污权交易等经济型规制手段，激励形成产学研用各类要素参与环保的稳定持续机制，通过设立基金、补贴、奖励、贴息、担保等多种形式，最大限度地发挥公共投入在市场机制下的“杠杆效应”。同时，积极建立促进绿色发展的金融市场，包括运用绿色信贷、债券、股权投资等金融产品工具，支持节能环保项目和企业的节能减排投资与创新；引导和督促金融机构履行绿色发展社会责任。另外，还需进一步强化和实质性推进资源价格市场化改革，

建立能够反映资源稀缺程度和环境成本的市场化价格形成机制；重点推进水、电力、煤炭、石油、天然气等关键性资源产品的定价机制改革。

三、公众参与，积极推动形成绿色生活方式

要实现全社会自上而下、从理念到实践的绿色发展行动，最终建构双向的绿色循环发展模式。这就要求我国当前必须提高全社会的生态环境保护意识，形成保护生态环境人人有责的理念，对公民保护生态环境的责任和义务予以明确。公众作为绿色消费和社会监督的重要力量，在履行保护生态环境义务的同时也能享受到生态环境保护带来的利益。因此，必须加大绿色发展理念的宣传力度，努力提高每个公民的生态环境保护意识。一方面要建立生态文明教育体系，将生态文明教育贯穿公民一生；另一方面要将公民纳入绿色发展监督机制的系统中，发挥公民监督的强大力量。建立公民参与的良好机制，将环境保护的信息平台公开，打通公民参与监督的渠道，完善公益诉讼制度。发挥绿色发展专业机构的作用，完善咨询、宣传和服务，不断增强和提高公民生态环境保护及绿色消费的理念和行动能力。

第四节　抓住新机遇 构建绿色发展长效机制

一、规划引领，强化绿色基础设施建设

绿色发展，不仅仅是指经济上的绿色可持续，更是指环境上的绿色可持续。良好的城市生态环境不仅可以满足人民群众对高质量生活

的追求，还可以吸引外来投资、创造更多就业机会。从国际绿色发展的经验案例可见，各个国家和各个城市在绿色转型的过程中都十分注重基础设施建设，包括废弃地再利用、工业遗产开发、都市型农业开发、经济住房建设、道路交通体系建设、绿地公园系统建设、教育机构建设等。这些绿色发展措施既极大地改善了人们的生活条件，同时绿色基础设施又给外来企业创建了良好的投资环境，有利于经济的可持续发展。

（一）深化绿色基础设施的观念和认识

绿色基础设施是与城市自然生态和绿色空间相关的概念，关注对象从传统“灰色”基础设施，如道路、渠堤、管线、公共建筑与设施等，扩展到绿色空间体系中，包括城市及其周围、城市地区之间，甚至所有空间尺度上一切自然、半自然和人工的多功能生态网络组合而成的人类栖居空间的基础。绿色基础设施的观念旨在突破传统生态保护的局限性，构建新的、更全面立体的人文与自然空间，最终实现生态、社会、经济系统的协调和可持续发展。

（二）制定和实施国家和地方层面的绿色基础设施建设专项规划

绿色基础设施的建设布局是生态效益的培养基、经济效益的倍增器和社会效益的孵化器。在完善新型城镇化战略、构建高质量发展的国土空间布局和支撑体系中，要突出绿色基础设施规划布局的基础性和重要性，才能构建国土空间开发保护新格局。

（三）与绿色产业布局密切融合，奠定产业支撑基础

绿色基础设施的建设，一方面在新发展阶段，可促进传统高能耗、高污染产业和企业的转型升级，走绿色低碳创新经济的新道路；另一方面在规划布局中大力推动绿色技术应用，加大对环保、节能、清洁能源、绿色交通、绿色建筑等领域的投入，可积极培育和发展绿色新兴产业，塑造地区经济的新支柱。

（四）注重基层特别是县域内绿色基础设施建设

中国在高速城镇化过程中，有近半数的新增城镇人口并非进入到大城市，而是在县级城市中实现了城镇化和非农化，因而县域内绿色基础设施的建设布局，将关系到未来国家绿色发展的整体格局。

二、制度创新，加快完善绿色考核机制

领导干部是推进绿色发展进程中的“关键少数”，是引领绿色发展的关键力量。领导干部树立和巩固“绿色政绩观”，形成环境高质量保护和经济高质量发展并重的发展思路，主动发力带头破解未来发展中面临的障碍和困难，对践行绿色发展，贯彻新发展理念至关重要。

（一）以绿色发展引领政绩考评

发挥目标评价导向作用，除经济增长指标外，加大生态环保指标、节能减排指标、民本民生指标等权重，构成新的综合考核标准，纠正单纯以经济增长速度评定政绩的偏向，强化绿色发展绩效评价考核的激励约束功能；根据区域发展主体功能定位的差异，制定差异化分类

的评价考核指标；探索构建人民群众参与考评和监督的机制，优化考评结果应用。

（二）探索绿色发展评估指标体系

结合联合国环境规划署的绿色经济测度指标体系、OECD 绿色增长指标体系以及中国绿色发展指数测算体系等探索，从环境承载能力、政府生态治理政策支持度、绿色增长及效率等多维度开发科学的绿色发展指标评估体系；结合中央和各地制定的碳达峰、碳中和具体路线图和发展目标，科学合理设置重点产业碳排放指标，设置低碳环评实施细则和指南，开发绿色经济发展综合评价指标体系；鼓励有条件的地方先行先试，加快完善适应自身发展阶段、经济高质量发展和生态高质量保护兼顾的绿色发展评估指标体系。

（三）逐步建立绿色 GDP统计体系

细化完善能源消费统计制度，加强新能源和可再生能源使用统计，完善重点资源统计，研究建立绿色生产、绿色消费相关指标，建立碳排放统计体系；研究建立自然资源与生态环境实物统计与国民经济核算国家制度，逐步推广和完善“绿色会计核算”“绿色审计核算”体制，推动绿色 GDP 统计体系的规范化和制度化建设。

（四）提升绿色发展信息化监测评估水平

充分利用大数据平台，建立并完善绿色发展监测评估体系，建立健全绿色发展动态信息采集机制；加大资源环境监测平台标准化建设和统筹管理力度，如，重点污染源动态监测平台，地方节能在线监测体系，碳排放监测体系等；建立和完善监测评估信息共享机制。

（五）强化绿色发展监督保障

加大绿色发展相关领域各类监察执法的统筹协调力度，强化新建项目环评、能评、环保设施制度和排污总量控制制度的绿色执行监管。

三、强化绩效，形成可持续的投入保障机制

绿色发展离不开可持续的投入保障机制，应充分发挥政府和市场两方面的积极作用，综合运用财政、金融、价格、生态补偿、环境权益交易等多种政策工具，在投入力度和政策红利上向新发展理念示范区建设区域优先倾斜，加快形成多元化、可持续的绿色发展投入保障机制。

（一）加大财政投入力度，优化支出结构，形成引导撬动效应

深入落实生态环境领域中央与地方财政事权和支出责任，划定生态环境领域省以下财政事权和支出责任，各级财政统筹运用一般公共预算、政府性基金、专项债等多种资金渠道，保障本级政府支出责任得到落实；发挥中央财政专项资金引导作用，采用生态风险补偿、股权投资、绿色奖补、贴息等财政支出方式，带动地方财政、金融机构以及社会资本的绿色发展投入；对新发展理念示范区建设，明确中央和地方的资金投入分担办法，以中央和省级政府转移支付为主，特别加强欠发达地区建设新发展理念示范区的基本投入保障，鼓励民间资本投入新发展理念示范区建设和绿色发展重点领域；进一步推进全面实施预算绩效管理改革试点示范，提升绿色发展重点领域财政资金的

使用绩效；落实完善相关税收优惠政策；积极构建有利于绿色发展的财政制度体系，注重制度设计，突出生态红线、生态补偿、考核评价、责任追究、绿色产业等关键领域，加快建立健全市场化机制，以制度创新释放发展红利。

（二）完善绿色投融资体系，拓展资金来源渠道

一是发挥针对性、差异化绿色金融政策的调节作用，鼓励金融机构创新绿色金融产品。根据不同行业特点和企业需求，开发绿色债券、碳金融产品、绿色保险等相关产品，实现定制化、差别化的金融服务；扶持开发绿色债券指数、绿色股票指数，推进绿色资产证券化；稳妥推进基础设施领域不动产投资信托基金试点，探索开展项目收益权、特许经营权等质押融资担保。二是加强绿色信贷实施情况监测评估和风险管理，逐步完善绿色金融业务的激励机制和高污染高耗能项目贷款约束办法，同时强化社会监督和第三方监测评估。三是鼓励金融机构绿色发展领域资金向欠发达地区倾斜；扶持地方小额贷款公司拓宽融资渠道，增加产业脱贫再贷款、林业生态项目贷款和绿色基础设施贷款，提升绿色信贷业务的服务质量、提高贷款额度、简化审批程序、推进普惠进程等。四是发挥绿色产业基金引导作用，健全投资回报机制，调动社会资本积极性。适当鼓励基层政府和社会资本共同设立区域性绿色发展基金，按照市场化机制投资管理，重点投向清洁能源、智慧城市、环境保护、绿色生产、绿色消费、绿色出行等领域，重点支持成长型企业、民营企业和中小企业发展绿色经济。

后 记

本书是中国发展研究基金会课题组及众多支持单位、专家通力合作的成果。

本书如期付梓，特别感谢参与调研、撰写的课题组专家潘灿平、穆献中、郭兆辉等教授，是他们的深度参与、专业奉献保障了本书的研究水平；同时，需要感谢参与研讨、评审的马晓飞、逄锦福、翟留栓、赵兴波、李来来等专家学者，他们的真知灼见、修改建议提升了本书的研究质量。

在研究过程中，课题组先后实地调研了贵州省毕节市、浙江省湖州市、江苏省苏州市的多个区县、乡镇、村庄和企业，这些地方的绿色发展实践为研究提供了鲜活的案例基础。在此，诚挚感谢毕节市政府发展研究中心吴森绪主任、毕节市发展和改革委员会张家富总规划师和彭伟调研员、毕节市政府发展研究中心汤鑫科长、湖州市政府办公室调研处沈健处长；同时，真诚感谢毕节市七星关区、纳雍县、织金县、黔西县、大方县，湖州市吴兴区、南浔区、德清县、长兴县、安吉县的相关部门领导同志、工作人员为调研提供的帮助。

中国发展研究基金会课题组为本书的研究、编写、修改、出版付出了大量精力和心血。时任基金会副理事长卢迈同志担任课题组顾问；方晋秘书长、俞建拖副秘书长对课题研究给予了大力支持；程会强研究员统筹了该课题整体研究，包括设计研究框架、主持研讨讨论、审阅统改书稿等；研究三部都静主任、朱美丽副主任与办公室副主任刘阳博士、项目主任李姚姚博士等同志共同承担了项目的具体组织工作，并深度参与了实地调研、书稿撰写、书稿修改和会议研讨。

我们衷心感谢参与课题研究、写作、审核、出版等环节及提供帮助的所有单位和个人。

中国发展研究基金会课题组

2021 年 10 月